평생 저축밖에 몰랐던 66세 임 여사,

# 주식으로 돈 벌다

# 임 여사가 했으면, 당신도 할 수 있다!

# 평생 저축밖에 몰랐던 66세 임 여사,
# 주식으로 돈 벌다

**따라만 하면 복리로 불어나는 무적의 주식 통장**

강환국 지음

P page2

# 주식 1도 모르는 엄마에게

# 퀸트를 가르치다

"아들, 주식 가르쳐 줘."

2022년 여름, 갑작스러운 엄마의 한마디로 이 책 프로젝트가 시작되었다. 왜 갑자기 60대 여성이 주식과 퀸트 투자에 관심을 두게 되었을까? 본격적인 투자 수업을 시작하기 전에 우리 엄마 이야기를 좀 해야겠다.

부모님은 일찍 결혼해 학자의 길을 걸었다. 그러던 중 독일에서 장학금을 받을 기회가 생겨 우리 세 가족은 독일로 가게 되었다. 부모님은 1998년과 1999년에 각각 박사학위를 마치고 한국으로 돌아갔고 나는 독일에 혼자 남아서 고등학교와 대학교를 다녔다. 유학 생활을 마치고 귀국했을 때 두 분에게는 이렇다 할 재산이 없었으니 40대 초반을 거의 무일푼으로 시작한 셈이다. 아들이 30대 말에 은퇴한 것과 상황이 달랐다.

여기까지 들으면 매우 절망적인(?) 상황인데 이는 곧 반전된다. 나도 사회생활 초년에 '안 쓰는 것'을 꽤 잘했는데, 사실 엄마를 보고 배운 것이다. 엄마는 나보다 훨씬 더 절약을 잘한다. 맞벌이하기는 했지만, 돈 되는 업종에 종사하지 않았던 두 분의 연봉은 높지 않았다. 하지만 부모님은 최대한 아껴 쓰면서 모은 돈을 부동산에 투자하기 시작했다. 그리고 마침내 2022년이 되자 돈 걱정 없는 노후를 누릴 수 있게 되었다. 엄마를 보면서 나는 소득이 높지 않은 일반인도 누구나 경제적 자유를 얻을 수 있다는 사실을 깨닫게 되었다. 이 과정을 옆에서 본 것이 내 **파이어(FIRE)**[*] 달성에 큰 영향을 주었다. 엄마가 40대에 시작한 걸 나는 20대 초반에 시작한 것뿐이다.

**파이어(FIRE)**[*]
경제적 자유를 이루고 조기은퇴한다는 뜻의 'financial independence, retire early'의 약자

물론 엄마는 내가 **퀀트 투자**[**]를 하는 건 알고 있었다. 그러나 나에게 딱히 투자법을 전수받을 생각은 하지 않았고, 나도 엄마가 알아서 재테크를 잘하고 있는 것처럼 보여서 굳이 알려줄 생각을 하지 않았다. 그런데 갑자기 웬 주식?

**퀀트 투자**[**]
오로지 '숫자'에만 기반해 결정을 내리는 투자 방식. 객관적 수치 지표를 바탕으로 매매 전략을 세워서 투자한다.

영문을 몰라서 무슨 말이냐고 묻자 엄마의 이야기는 이랬다. "부동산에서는 더 이상 고속상승을 기대하기 어려울 것 같아. 그리고 월세는 그대로인데, 2013년부터 서울 부동산 가격이 너무 올라서 월세 수익률이 1%대밖에 안 돼."

예를 들면 A라는 아파트의 2014년 매매가는 1억 5,000만 원, 월세는 60만 원이어서 당시 월세 수익률은 4.8%(720만 원/1억 5,000만 원×100)였다. 하지만 2022년에는 매매가가 6억 원인데 월세는 그대로라 월세 수익률이 1.2%(720만 원/6억 원×100)로 떨어지게 된다. 지금까지는 가격이 많이 올라서 불만이 없었지만 당분간은 가격 상승을 기대하기 어려우니 받을 것이 월세밖에 없는데, 수익률이 겨우 1.2%인 투자를 할 수는 없다는 이야기였다.

### 2014년과 2022년 부동산 월세 수익

| 연도 | 가격 | 월세 수익(월) | 월세 수익(연) | 월세 수익률 |
|------|------|-------------|-------------|-----------|
| 2014년 | 15,000 | 60 | 720 | 4.8% |
| 2022년 | 60,000 | 60 | 720 | 1.2% |

단위: 만 원

이 말을 듣자 여러 생각이 떠올랐다. '엄마가 퀀트 투자로 돈을 많이 벌면 내가 나중에도 경제적으로 별로 지원을 안 해도 되겠네? 효도라는 건 역시 물고기를 잡아 드리는 것보다 낚시법을 알려드리는 거지?'

나는 투자자의 자질을 볼 때 '이 사람은 손절*을 할 수 있나?'를 최우선으로 본다. 쉽게 말해서 손절이 가능한 투자자는 훌륭한 투자자가 될 자질이 있으며, 손절을 못하는 투자자는 평생 돈을 벌 수 없다고 확신한다(이유는 뒤에서 차차 설명하겠다). 그런데 엄마는 가격

**손절\***
'손절매'를 줄인 말. 투자 시 손해를 보더라도 적당한 시점에서 끊어내는 것

이 10%, 20% 떨어진 주식을 여러 차례 손절한 적이 있기 때문에 주식투자를 배워서 돈을 벌 만한 자질이 충분히 있다고 판단했다. 그럼 엄마가 내가 가르친 대로 투자하면 돈을 벌 가능성이 매우 크고, 이 내용을 바탕으로 책을 쓸 수도 있겠네? 이거 대박이다!

게다가 한국은 OECD 국가 중 가장 노후 대비가 안 된 나라라고 한다. 구글에 '노후 대비'라는 키워드를 검색해 보면 50대 이상 인구의 80%가 노후 준비가 크게 부족하다는 결과가 나온다. '당신은 현재 노후를 준비하고 있습니까?'라는 질문에는 '아니다'라는 답변이 '그렇다'라는 답변보다 압도적으로 많았다. 대한민국의 노인빈곤율은 2020년 기준 39%라고 한다. 그렇다면 엄마처럼 나이가 있으신 분들에게도 이 책이 꼭 필요할 것이다.

게다가 지금 경제활동을 하고 있는 30~50대도 소득이 있지만 노후 대책은 없는 경우가 비일비재하다. 퀀트 투자 왕초보를 위해 처음부터 가르치는 수업이므로 투자 초보자라면 누구나 이 책의 독자로 적합하다. 좋았어! 수요는 충분히 있겠다.

나는 엄마에게 최선의 투자 교육과 실습을 제공하기로 결심했고, 여러분은 그 수업에 같이 참여하게 된 것이다.

첫 수업은 2022년 8월부터 시작하기로 했다. 그에 앞서 나는 '주식투자를 위해 꼭 필요한 기본 지식'이 무엇일지 고민했고, 그 결과 다음 내용만 가르치면 누구나 투자를 시작할 수 있겠다는 결론을 내렸다.

## 주식투자를 위해 꼭 알아야 할 것들

**1. 목표**: 어느 정도 벌고 어느 정도 리스크를 감당할 수 있는지 알아야 그에 맞는 투자전략을 짤 수 있다.

**2. 자산배분**: 투자의 기초이자, 크게 잃지 않는 투자전략을 만드는 데 가장 중요한 요소이다.

**3. 마켓타이밍**: 최근 가격 흐름과 계절성을 통해 마켓타이밍 투자를 하면 단순 자산배분 포트폴리오보다 수익을 높일 수 있다.

**4. 개별주 투자**: 퀀트 투자 기법을 통해 시장보다 훨씬 더 높은 수익을 내는 종목을 찾을 수 있다.

**5. 포트폴리오 만들기**: 1~4를 종합해서 장기적으로 유지가 가능한 고수익 저위험 포트폴리오를 만들어야 한다.

**6. 투자 심리**: 지식이 충분해도 우리의 마음은 계속 투자에 개입해서 우리가 올바른 길에서 떠나도록 유혹한다. 투자를 할 때 심리가 어떻게 작동하는지 알아야만 성공할 수 있다.

위 6가지 중 들어본 이야기도 있고, 처음 듣는 용어도 있을 것이다. 앞으로 천천히 하나씩 알아볼 테니 걱정할 필요는 없다.

이 정도 지식을 전달하려면 10번 정도 만나면 충분하다고 생각했다. 10교시의 수업이 끝나고 나면 엄마뿐 아니라 누구나 평생 퀀트 투자로 먹고 사는 데 필요한 지식을 습득할 수 있을 것이다. 남은 것은 평생에 걸친 실전과 복기뿐이다. 20년 후 1,000억 원이 넘어 있을 엄마의 포트폴리오를 상상하면서 기분 좋게 커리큘럼을 짜기 시작했다.

# CONTENTS

프롤로그 주식 1도 모르는 엄마에게 퀀트를 가르치다 → 4

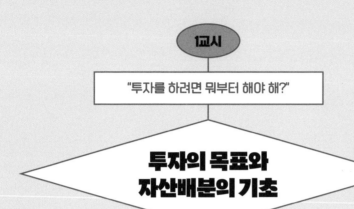

**1교시**

"투자를 하려면 뭐부터 해야 해?"

# 투자의 목표와
# 자산배분의 기초

투자에서 가장 중요한 목표 설정                    → 21

연복리 수익률과 72의 법칙                        → 22

내가 견딜 수 있는 최대 손실, MDD                 → 25

손실을 제한하는 자산배분                          → 28

주식의 흐름과 역사                                → 30

주식은 왜 존재할까?                               → 31

돈을 빌리기 위해 발행하는 채권                    → 32

채권 가격은 어떻게 움직일까?                       → 36

금리는 언제 오르고, 언제 떨어질까?                → 38

실물자산은 어떻게 사고팔까?                        → 39

ETF의 다섯 가지 장점                              → 40

한국 투자자의 비장의 무기, 달러                    → 43

경제에도 4계절이 있다                             → 45

자산배분의 결론                                   → 50

**2교시**

"잃기 싫으면 돈을 쪼개라고?"

# 손실을 줄이는
# 자산배분 전략

코스톨라니의 달걀 이론과 경제      → **55**

정적자산배분의 역사      → **60**

정적자산배분 vs. 동적자산배분      → **60**

가장 심플한 자산배분 전략, 60/40 포트폴리오      → **62**

정적자산배분의 리밸런싱      → **65**

단순하면서 효과적인 영구 포트폴리오      → **71**

영구 포트폴리오 이모저모      → **78**

영구 포트폴리오는 정말로 해리 브라운이 만들었을까?      → **80**

자산배분의 끝판왕, 한국형 올웨더 포트폴리오      → **81**

한국형 올웨더 포트폴리오의 특별한 장점      → **90**

주식시장은 과연 공평할까?      → **97**

자산배분, 다시 한번 복습      → **99**

**3교시**

"주식도 잘되는 놈이 계속 잘되는구나!"

# 흐름에 올라타는
# 추세추종

추세추종을 꼭 알아야 하는 이유 → 105

공매도는 왜 비난을 받을까? → 106

절대모멘텀 vs. 상대모멘텀 → 108

위험자산과 안전자산을 나누는 기준 → 110

부자의 투자법, 개미의 투자법 → 111

추세추종 전략의 종류 → 113

선택한 전략을 무조건 따라야 하는 이유 → 120

왜 아직도 사람들은 퀀트 투자를 안 할까? → 123

**4교시**

"너는 지금 무슨 전략으로 투자해?"

# 강환국이 사용하는 추세추종 전략

강환국의 기존 추세추종 전략들 → **131**

빠른 전략과 느린 전략 → **139**

강환국의 새로운 추세추종 전략 1. 채권 동적자산배분 → **141**

강환국의 새로운 추세추종 전략 2. 변형 듀얼모멘텀(느린 전략) → **149**

강환국의 새로운 추세추종 전략 3. BAA 전략(빠른 전략) → **158**

모든 측면에서 개선된 BAA 전략의 성과 → **164**

강환국이 사용하는 신 3개 혼합전략 → **169**

엄마의 자산배분 전략 만들기 → **172**

**5교시**

"이건 미신이 아니라 확률 게임이네!"

# 이길 확률을
# 높이는 계절성

엄마가 만든 전략의 백테스트 결과는?                    → 177

MDD 낮추기, 생각보다 쉽다                          → 183

퀀트를 처음 시작한 사람, 왜 중간에 포기할까?            → 185

마켓타이밍과 계절성                                → 188

2나 3으로 끝나는 해에 저점이 온다                     → 190

중간선거가 있는 해에 저점이 온다                       → 193

십일사 천국, 오십 지옥                             → 194

세 가지 우주의 기운이 하나가 될 때                     → 204

계절성은 미신일까?                                → 208

6교시

"그래서, 무슨 주식을 사야 하는데?"

# 개별주 투자는
# 소형주로

재무제표 기초지식 알고 넘어가기    → 213

어떤 개별주를 사야 할까?    → 215

무서운 소형주 효과    → 216

개별주 투자 프로세스와 퀀트 프로그램의 필요성    → 221

10분위 테스트를 직접 해보자    → 224

나쁜 기업을 거르는 방법    → 232

왜 사람들은 소형주를 외면할까?    → 236

소형주에 대한 3가지 편견    → 239

기관이 빠진 소형주 투자 리그    → 245

7교시

"이 회사가 잘되고 있는지 어떻게 알아?"

# 성장하는 기업 찾기

무엇이 성장해야 성장주일까? → **251**

성장 지표 10분위 테스트 실습 → **256**

왜 재무제표에 이미 성장이 반영된 후에도 주가는 계속 오를까? → **262**

개별주 투자전략 만들고 백테스트하기 → **264**

초보들이 퀀트 투자를 그만두는 때 → **275**

전략에 맞는 종목 찾기 & 리밸런싱 → **280**

"남들이 모르는 숨은 강자를 어떻게 찾지?"

# 저평가주, 그리고 우량주

저평가된 주식의 특징 → 289

저 PER 기업 vs. 고 PER 기업, 어디에 투자할까? → 293

10분위 테스트의 중요성 → 297

여러 지표를 섞어서 전략을 만드는 방법 → 300

저 PER 주식, 무조건 좋을까? → 308

백테스트의 생활화, 무엇이든 의심하고 검증하라 → 311

돈 버는 게 목표라면 우량주는 몰라도 된다 → 315

강환국이 보는 가치투자의 문제점 → 321

9교시

"좋은 주식 찾는 방법, 이제 알겠어!"

# 실전 개별주
# 전략 완성

새로 만들어본 전략의 성과는?                    → 327

임희숙 전략 한국 백테스트 결과                    → 330

임희숙 전략 미국 백테스트 결과                    → 333

퀀트 투자 고수와 하수의 차이                     → 338

**10교시**

"수업 끝! 이대로만 투자하면 되겠다!"

# 비퀀트 투자와
# 포트폴리오 구성

비퀀트 투자도 하고 싶다면 → 343

비퀀트 투자에서 가장 중요한 리스크 관리 → 344

2% 이내로 손실을 제한해야 하는 이유 → 348

**왜 인간은 손절을 못할까?** → 354

드디어! 엄마 포트폴리오 탄생 → 356

2022년 11월부터 2023년 4월까지
강환국이 실제로 투자한 전략 → 359

전략을 실행할 때 가장 중요한 것 → 363

엄마에게 추천하는 최종 포트폴리오 → 365

퀀트의 수익률, 앞으로도 지속될 수 있을까? → 367

**수업 후기** 아들에게 배운 퀀트라는 새로운 세계 → 372

# 1교시

"투자를 하려면 뭐부터 해야 해?"

# 투자의 목표와 자산배분의 기초

QUANT

# 투자에서 가장 중요한 목표 설정

식상하게 들릴 수도 있겠지만, 투자에서 제일 중요한 것은 목표 설정이다. 대부분이 직장에서는 MBO*를 잘 지키는데 본인만의 재무적 MBO는 전혀 없다는 점이 나는 늘 아쉽다. 회사에서는

> **MBO***
>
> 'management by objectives'의 약자. 달성해야 할 일의 목표를 설정하고, 그 목표 달성을 위해 노력하여 목표와 대비해 결과의 업적을 평가하는 것

보통 직원들에게 매년 매출과 영업이익 목표를 세우도록 한다. 그러면 처음에는 한숨을 쉬다가도 어떻게든 연말까지 그 목표를 달성하는 직장인이 대부분이다.

그런데 내가 편한 노후를 보내기 위해서 혹은 파이어에 도달하기 위해서 어느 정도의 돈이 필요한지, 그 목표를 이루기 위해서 어느 정도의 수익률이 필요한지는 모르는 경우가 태반이다. 이걸 알아야 투자를 어떻게 할지 결정할 수 있다.

엄마 같은 경우는 다행히도 이미 은퇴했고 경제적 자유에 도달해서 꼭 이뤄야 할 목표는 없었다. 그래도 투자를 통해 기대하는 바를 파악하기 위해 이 부분부터 먼저 짚고 넘어갔다.

투자의 목적이 뭐냐고 묻자 엄마는 "돈 버는 것이지"라고 답변했다. 일단 굉장히 훌륭한 답변이다. '당연한 답변 아닌가?'라고 생각할 수 있으나, 사실 투자하는 사람들의 주요 목적은 천차만별이다. 크게는 다음 3가지가 가장 많다.

① **재미**: 도박 심리를 충족하기 위해서, 재미와 스릴이 있어서

② **과시욕**: 남들에게 본인의 지식을 뽐내며 잘난 척하고 싶어서, 내 생각과 이론이 맞았다는 것을 세상에 증명하고 싶어서

③ **군중심리**: 남들도 다 하니까 나도 해야 할 것 같아서, 투자하는 친구나 지인들과 어울리고 싶어서

나는 돈을 벌기 위해 투자하는 사람들이 의외로 많지 않다고 본다. 심지어 주 목적은 도박이나 인정 욕구 충족인데 돈을 벌고 싶다고 착각하면서 투자를 하는 사람도 많다. 어쨌든 엄마의 답은 만족스러웠다. 엄마에게 '돈 버는 투자'를 알려줘야지.

## 연복리 수익률과 72의 법칙

어느 정도 벌었으면 좋겠냐고 물어보니, 엄마는 "요즘 예금 수익이 3~4% 정도 되는데, 그럼 한 10% 정도는 벌어야 하지 않을까?"라고 답했다. 크게 높은 수익률을 원하지는 않으니 수업이 별로 어렵진 않겠다는 생각이 들었다. 이때 매우 중요한 '복리' 개념을 설명하고 넘어가야겠다.

아마 엄마가 말한 10%는 **연복리 수익률**\*을 의미할 것이다. 복리와 단리 수익은 다르다. 단리 수익률 10%는 자산 100원이 110,

> **연복리 수익률**\*
> '원금+수익'에 또다시 수익이 붙어서 매년 복리로 불어나는 수익률

120, 130원으로 성장한다는 의미다. 하지만 돈은 늘 복리로 움직인다. 100원에서 10%가 붙으면 110원이 되는 것까지는 똑같지만, 거기서 또 복리로 10%가 붙으면 110원이 121원(110×1.1)이 되고, 또 거기서 10%가 붙으면 133원(121×1.1)이 된다.

나는 복리를 '원금이 2배 되는 데 걸리는 시간'이라고 정의한다. 아인슈타인이 만들었다고 알려진 '72의 법칙'에 따르면, 72를 연복리 수익률로 나누면 돈이 2배가 되는 데 걸리는 시간을 알 수 있다. 예를 들어 연복리 수익률이 9%라면 돈은 8년 만에 두 배가 된다(72/9=8). 연복리 수익률이 12%면 돈은 6년 만에 두 배가 된다(72/12=6). 각각의 연복리 수익률에 따라 자산은 아래 표와 같이 증가한다.

실제로 수치를 넣어서 계산해 보면 계산한 값이 72의 법칙과 매우 비슷하게 나온다는 사실을 알 수 있다. 예를 들어 연복리 수익률

### 72의 법칙, 돈이 늘어나는 시간

| 연복리 수익률 | 2배 되는 시간 | 4배 되는 시간 | 8배 되는 시간 | 16배 되는 시간 |
|---|---|---|---|---|
| 4% | 18 | 36 | 54 | 72 |
| 6% | 12 | 24 | 36 | 40 |
| 8% | 9 | 18 | 27 | 36 |
| 10% | 7.2 | 14.4 | 21.6 | 28.8 |
| 12% | 6 | 12 | 18 | 24 |
| 14.4% | 5 | 10 | 15 | 20 |
| 18% | 4 | 8 | 12 | 16 |

단위: 년

이 8%면 9년 후 자산은 '$1.08^9 = 1.999005$'가 된다. 이는 원금이 99.9% 성장했다는 의미인데, 72의 법칙으로 도출된 결과인 '두 배'와 거의 비슷하다. 그래서 직접 복리를 통해 원금이 2배로 증가하는 기간을 계산하는 것보다는 72의 법칙을 사용하는 편이 훨씬 빠르다.

이해도를 확인하기 위해 엄마에게 테스트 질문을 하나 던졌다.

"연복리 수익률이 10%면 원금이 몇 년 만에 두 배가 될까?" 엄마는 어렵지 않게 대답했다. "7.2년."

"그럼 14.4년 후에는?"이라고 물었더니 4배라고 정답을 맞췄다.

"21.6년 후에는?" 세 번째 질문에 엄마가 답했다. "6배?" 이건 틀렸다. 4배의 2배인 8배가 정답이다.

여기서 복리 효과가 무엇인지 어렴풋이 볼 수 있다. 약 7년 만에 자산이 2배가 된다는 의미는, 내 자산이 1, 2, 4, 8, 16, 32, 64, 128, 256, 512, 1024······ 이처럼 점점 빠르게 커진다는 뜻이다.


어쨌든 연복리 수익률 10%를 만들어서 7.2년 만에 원금을 두 배로 불리는 것은 무난히 달성할 수 있는 목표다. 다른 목표는 뭐가 있을지 물었더니, 엄마의 답변이 좀 놀라웠다.

"나는 투자를 수양의 방법이라고 생각해. 투자를 통해서 나를 다스리는 거야. 나이가 들면 다 골치가 아파서 점점 편한 것만 찾게 되는데, 투자라는 건 신선한 자극이야. 새로우면서도 약간의 스트레스를 주지. 이게 나에게 활력을 줄 거라고 생각해. 누군가는 미술품을 감상하고, 운동을 하면서 활력을 얻겠지만 나는 숫자에서 얻을 수 있어. 숫자는 정직하고, 신비로운 힘이 있다고 생각해. 투자는 결과가 숫자로 나타나기 때문에 거짓이 없어. 말로 할 수 있는 건 대충 넘길 수도 있고 자기합리화도 가능한데, 투자에서는 그게 불가능하잖아. 시장이 나에게 알려주거든. 내가 맞았는지 틀렸는지.”

나는 이런 방향으로는 한 번도 생각해본 적이 없다. 그런데 ‘투자는 수양’이라는 말은 맞는 것 같다. 나도 늘 투자 성공의 80~90%는 심리, 10~20%는 기술이라고 말하기 때문이다. 그 ‘심리’라는 것은 결국 자신만의 싸움이고, 수양을 해야 이 싸움에서 이길 수 있는 게 아닐까?

## 내가 견딜 수 있는 최대 손실, MDD

마지막 목표 하나가 남아 있어서 다시 질문했다.

“수익률 목표는 누구나 공감할 거고, 수양과 신선한 자극 얘기는 나는 처음 듣는 목표네. 그런데 보통은 리스크 관련 목표, 또는 최대 손실에 대한 목표가 있기 마련이야. 최대 손실은 MDD*라고도 부르는데, 가장 많이 감당할 수 있는 손실이 어느 정도인지에 대한 거야. 엄마는 지금까지 주로 부동산에 투자했는데 거기서 10% 이상의 손실을 본 적이 아마 없었겠지? 또 집 가격은 매일 찾아보지 않고, 찾아본다고 해도 그 가격이 정확하지도 않아. 그래서 아직 엄청나게 큰 손

> **MDD***
> 'maximum drawdown'의 약자로,
> 투자 시 경험할 수 있는 최대 손실폭

실을 경험한 적이 없을 거야. 근데 주식은 매일, 아니 초 단위로 가격을 볼 수 있고, 실제로 하루에 몇 퍼센트씩 오르고 내리는 경우가 비일비재해. 그래서 부동산보다 훨씬 더 큰 손실이 발생할 수 있어. 그게 수익의 양면이야."

엄마는 투자를 시작할 때부터 최대로 잃을 수 있는 금액을 정하고 그 금액에 도달하면 손절하겠다는 의견을 밝혔다. 그런데 손절을 통해 손실을 제한할 수 있긴 하지만, 여러 번 연속 손절하게 되면 큰 손실이 발생할 위험이 있다. 매수한 종목이 10% 떨어져서 손절하면 그 순간에는 10%를 잃지만, 5번 연속 10% 손절하게 되면 포트폴리오가 반토막이 날 수도 있는 것이다. 이렇게 여러 차례 손절을 하면 손실이 누적되어 커질 수 있다.

그래서 일단 '어느 정도의 손실이 내가 견딜 수 있는 최대 범위인가?'를 미리 결정하고 여러 방법을 써서 손실을 최대한 그 범위 내로 제한하는 방법을 찾아야 한다.

엄마는 여유자금으로 투자하는 것이기 때문에 최대 30%의 손실을 감수할 수 있다고 말했다. 물론 잠재 손실이 그렇게 큰 투자 기법을 가르칠 생각은 전혀 없었지만, 일단 알겠다고 답했다.


**이제 목표가 세워졌다.**

**연복리 수익률 10%, MDD(최대 손실) 30%, 자기 수양!**

여기서 엄마가 한마디 덧붙였다. 지금은 여유자금으로 하는 투자기 때문에 최대 30% 손실을 감내할 수 있는 거고, 여유자금이 아니라면 이 정도를 감수할 수 없다고. 동의한다. 여유자금, 즉 있으면 좋지만 없어도 당장 삶의 질에 영향을 미치지는 않는 돈으로 투자할 경우 조금 더 큰 리스크를 감수할 수 있다.

엄마는 투자 공부를 본격적으로 시작하기 전에 다음과 같은 의견도 냈는데, 이 전망이 맞는지 나중에 확인해 보자.

"나는 2023년 주식시장이 좋다는 전제를 하면서 조금 더 리스크를 부담할 수 있다고 판단했어. 2022년에 주식시장이 많이 떨어졌잖아. 다른 사람들이 얘기하는 걸 들으니까 이만큼 많이 떨어졌으니 다시 조만간 오를 것 같더라고."

"그렇긴 해. 주식시장이 크게 하락하면 L 모양을 보이기보다는 U나 V 모양으로 반등하는 경우가 많지." 내가 맞장구를 쳤다.

엄마는 "인간의 제도라는 건 사람들이 같이 만드는 거야. 근데 계속 바닥으로 떨어지면 '우리 다같이 죽읍시다!'할 것 같지는 않아. 다시 주식시장을 끌어올리는 강한 힘이 있을 거야. 그래서 내년에 장이 좋다고 판단해서 리스크 부담을 좀 더 크게 가져가고 싶어"라고 덧붙였다.

어느 정도 맞는 말인 것 같다. 하락장이 지속되면 중앙은행이 돈을 푸는 경우도 많고, 가격이 많이 내려가면 '많이 싸다'고 생각해서 주식을 매수하는 가치투자자나 큰손들도 늘어난다.

# 손실을 제한하는 자산배분

목표를 설정했으니 본론으로 들어갈 때가 되었다. 투자의 모든 근본과 기초는 **자산배분**[*] 아니겠는가? 그래서 넌지시 이런 질문을 던졌다. "근데 우리가 주식에만 투자를 하면 손실을 30%로 제한할 수 있을까?" 엄마가 확신 없는 얼굴로 말했다. "어렵겠지?"

> **자산배분**[*]
> 가지고 있는 돈을 주식이나 채권 등 여러 투자 대상에 비율을 나누어 투자하는 것

주식시장은 꽤 자주 반토막, 즉 50% 이상 하락하는 구간이 온다. 그런 대하락장에서는 우리가 아무리 스마트한 투자전략을 활용하더라도 주식에만 투자하면 큰 손실을 피해갈 방법이 사실상 없다. 반토막 장이 오는 것은 당연히 바라지 않지만, 그것은 그저 우리의 바람과 희망일 뿐 반토막 장은 몇 년에 한 번은 무조건 온다. 이 재앙은 절대 피할 수 없다.

손실을 제한하는 방법은 앞서 설명한 손절도 있고, '자산배분'이라는 방법도 있다. 자산배분이란 말 그대로 자산을 배분하는 행위인데, 핵심은 '주식시장에 크게 영향을 받지 않는 여러 자산군에 자산을 배분하는 것'이다.

자산군에는 주식, 부동산, 채권, 금, 원자재 등이 있다. 그 외에 암호화폐, 미술품 같은 것도 하나의 자산군이다. 와인, 시계, 위스키, 우표 등 특이한 자산에 투자해서 취미생활과 투자를 병행하는 투자자들도 있다.

우리는 자산을 여러 자산군에 배분해서 손실을 줄일 수 있다. 그런데 왜 여러 자산군에 자산을 배분하면 포트폴리오의 손실이 줄어드는 것일까?

나의 전작 『거인의 포트폴리오』와 『퀀트 투자 무작정 따라하기』를 읽은 엄마는 "한 자산군이 떨어지면 다른 자산군이 올라서 그렇겠지. 모든 자산이 다 폭락하는 경우는 역사적으로 매우 드물다며. 한쪽이 잃고 한쪽이 벌면 전체 포트폴리오는 타격을 덜 받아서 최대 손실이 적어지는 거 아냐?"라고 답했다.

그렇다. 주식이 떨어지는 구간에 다른 자산군이 오르거나 최소한 횡보만 해도 전체 포트폴리오 차원에서 큰 도움이 된다.

엄마는 연륜을 뽐내면서 한마디 거들었다. "그건 인생에서도 똑같아. 네가 친구가 한 명밖에 없는데, 얘가 너를 배신했어. 그럼 너는 망하는 거잖아. 근데 친구가 다섯 명이면 한 놈이 배신해도 타격이 상대적으로 적지."

좋은 비유다. 주식이라는 친구가 배신해도 채권, 실물자산, 달러라는 친구들이 나를 같이 배신할 가능성은 크지 않다.

나는 추가 질문을 던졌다. "그런데 굳이 자산군을 나눠서 투자해야 할까? 그럼 자산을 20개 개별종목에 분산투자하면 되는 거 아냐?" 엄마는 대답했다. "그건 안 되지. 물론 그 종목은 각각 다른 수익을 내겠지만, 주식시장의 전체 흐름이 나쁘면 거의 모든 종목이 다 떨어지니까."

오호! 역시 투자 작가의 엄마답다. 주식시장이 오르면 거의 모든 주식이 오르고, 떨어지면 거의 모든 주식이 하락한다. 정도의 차이일 뿐, 다 같이 벌고 다 같이 깨지는 것이다. 하락장이 오면 20개 종목 중 18개는 떨어지게 되어 있다. 따라서 여러 자산군에 자산을 배분해야 한다.

## 주식의 흐름과 역사

그럼 구체적으로 어떤 자산군이 언제 수익이 높고 낮은지 알아볼 때가 되었다.

주식은 언제 수익이 높을 것 같냐고 물었더니 엄마는 "호경기여야 주식이 좋을 것 같다"고 대답했다. 당연한 얘기다. 경기가 좋아야 기업들이 물건을 많이 팔아서 돈을 벌고, 그 이익이 주가를 밀어올리기 때문이다. 반대로 불경기에는 주식의 수익률이 좋지 않다.

**호경기에는 주식의 수익이 좋고**
**불경기에는 주식의 수익이 좋지 않다.**

## 주식은 왜 존재할까?

이런 근원적인 질문에 엄마는 "주식이라는 건 돈 있는 사람들이 심심해서, 베팅을 통해서 스릴을 느끼기 위해 만든 것 아닌가?"라고 답했다. '주식은 도박 아닌가?'라는 말과 다름없었다. 앗, 이분은 주식이 왜 존재하는지도 모르는구나!

주식회사와 주식시장이 생긴 경제적 이유는 분명히 존재한다. 주식시장은 16세기에 네덜란드에서 동인도 회사를 만들면서 생겼다. 동인도 회사 창업자는 벤처 사업을 한 것이다. 배를 인도로 보내서 후추를 가져오는 사업이었는데, 이익도 높지만 리스크도 높았다. 그러다 보니 한 명이 책임지고 모든 자금을 투자하기가 매우 어려웠다. 전액을 다 잃을 수도 있기 때문이다. 은행 입장에서도 배가 가라앉으면 남는 돈이 없으니 자금을 대출해 주기 쉽지 않았다. 그래서 동인도 회사는 회사의 지분을 주식으로 쪼개서 주식시장을 통해 불특정 다수에게 팔았고, 그 돈을 모아서 배를 인도로 보냈다.

만약 그 배가 가라앉으면 주주들은 투자금을 날리지만, 배가 무사히 도착하면 후추를 팔아서 막대한 이익이 생길 것이고 그 이익을 주주들이 나눠 가질 수 있었다. '하이 리스크 하이 리턴' 사업을 주주들 자금으로 시도한 것이다.

이 주식회사 시스템 덕분에 네덜란드는 당시 세계 최강국이 되었다. 리스크는 높지만 성공하면 보상이 매우 높은 사업, 신기술을 포함한 창의적인 사업도 할 수 있게 되었기 때문이다.

자금 조달의 용이함 외에도 주식시장의 또 다른 중요한 점은 '각 주주는 언제든지 보유한 주식을 사고팔 수 있다'는 점이다. 이 덕에 투자자는 실제로 배가 인도에 갔다가 다시 돌아올 때까지 주식을 갖고 있을 필요가 없었다. 돈이 필요할 경우 주식을 현금화할 수 있기 때문이다. 따라서 투자자는 안심하고 주식시장에 참가하고, 돈이 필요한 기업에 자금을 제공할 수 있었다. 만약 한번 투자했을 때 10년 후에만 현금화가 가능하다고 하면 많은 투자자가 망설일 것이 뻔하지 않은가?

그래서 주식시장에 참가하는 주체는 셋으로 나눠진다.

**1. 자금을 조달하고 싶은 기업**

**2. 주식을 사고팔면서 돈을 벌고 싶은 투자자**

**3. 베팅을 통해서 스릴을 느끼고 싶은 도박자**

그리고 시간이 흐르면 어느 정도 이성적으로 확률을 고려한 투자자들이 별생각 없이 '스릴'만 느끼는 도박자들의 돈을 다 가져간다.

# 돈을 빌리기 위해 발행하는 채권

다음으로 엄마에게 채권이 무엇인지 물어봤는데, 의외의 답변을 받았다. "아, 내가 채권이라는 말은 많이 들었는데 그게 뭔지 잘 모르겠어!"

엇, 채권이 뭔지 모르는 사람도 있네? 상상도 못 했다. 그런데 다시 생각해 보니 그럴 수도 있겠다는 생각이 들었다. 채권을 발행한 적도 없고 주식투자를 공부해 본 적도 없는 사람 입장에서는 평생 채권을 접하지 못했을 수 있기 때문이다. 초보를 직접 가르치면서 책 쓰기를 잘한 것 같다. 나에게 당연한 것이 다른 사람에게는 전혀 당연하지 않다는 것을 배웠다.

엄마만 채권을 모르는 것이 아닐 테니 지금 주식과 채권의 차이를 알아보자. 회사를 차리고 운영하기 위해 사업 자금을 조달하는 방법은 두 가지다. 물론 처음에는 본인 자금과 가족, 친구, 지인의 자금으로 시작하겠지만, 사업을 하다 보면 더 큰 자금이 필요해진다. 이때 자금 조달의 첫 번째 방법은 돈을 빌리는 것이고, 두 번째는 회사 지분을 파는 것이다.

**돈을 빌리고 싶으면 채권을 발행하고**
**지분을 팔고 싶으면 주식을 발행한다.**

돈은 은행에서 빌릴 수 있지만, 담보가 없으면 은행은 돈을 잘 빌려주지 않는다. 이 경우 불특정 다수를 상대로 자금을 조달하기 위해 채권을 발행할 수 있다. 예를 들어 100억 원이 필요하다면 채권을 100장 발행해서 내가 전혀 모르는 100명에게 이를 팔고 각각 1억 원씩을 받을 수 있다. 매수자는 각 1억 원짜리 채권을 받고, 채권 판매자는 그들에게 원금과 이자를 지급하기로 약속한다. '매년 5% 이자를 지급하고 10년 후 원금을 상환하겠다'와 같이 약속하는 것이다. 그 약속을 어길 경우 채권 발행 기업은 파산한다.

투자자 입장에서 채권의 큰 장점은 주식과 마찬가지로 이 채권을 꼭 만기까지 갖고 있을 필요가 없다는 점이다. 물론 위 채권을 10년 동안 계속 갖고 있으면 그동안 연 5%의 이자를 받고 10년 후 만기일에 원금을 돌려받을 수 있다. 하지만 만기 전에 채권시장에서 다른 사람에게 이 채권을 팔 수도 있다.

엄마가 물었다. "그럼 채권을 발행한 기업이 망하면 채권을 산 사람은 돈 날리는 거야?" 그렇다. 회사가 망하면 남은 자산을 청산해서 채권자들에게 나눠준다. 물론 망한 회사는 자산이 별로 없을 테니 채권자들은 투자한 금액의 일부밖에 챙기지 못할 것이다. 그래서 채권에는 신용평가가 있다. 쉽게 설명하기 위해 기업의 예시를 들었으나, 채권을 발행하는 주체는 기업뿐 아니라 국가도 있고, 기업, 지자체, 금융기관 등도 있다. 그리고 채권을 발행하는 주체는 대부분 신용평가를 받는다. 신용평가란 나중에 부채를 상환할 가능성이 높은가, 낮은가를 판단하는 것이다. 무디스(Moody's), 스탠더드앤드푸어스(S&P, Standard & Poor's), 피치(Fitch) 등 신용평가를 전문으로 하는 기관에서 평가 후 신용등급을 부여한다.

가장 높은 등급은 AAA이고 가장 낮은 등급은 D로, 주요 국가의 신용등급은 다음 표와 같다. 참고로 D등급은 이미 파산 중이라는 의미다. BBB 이상 등급은 '투자 등급', BB 이하 등급은 '투기 등급'으로 구분된다. BB 이하 등급은 국가 파산 가능성이 꽤 크다.

## S&P에서 평가한 주요 국가의 신용등급

| 신용등급 | 국가 |
|---|---|
| AAA | 호주, 캐나다, 독일, 네덜란드, 노르웨이, 싱가포르, 스웨덴, 스위스 등 |
| AA | 한국, EU, 프랑스, 홍콩, 이스라엘, 뉴질랜드, 대만, UAE, 영국, 미국 등 |
| A | 중국, 일본, 사우디아라비아, 스페인 등 |
| BBB | 인도, 인도네시아, 이탈리아, 태국 등 |
| BB | 브라질, 베트남 등 |
| B | 튀르키예, 나이지리아 등 |
| CCC | 아르헨티나, 가나 등 |
| CC | 현재 없음 |
| C | 현재 없음 |
| D | 레바논, 푸에르토리코 등 |

2022년 11월 기준

사실 나도 이번에 국가 신용등급을 처음 찾아봤는데 호주, 캐나다, 독일, 네덜란드, 노르웨이, 싱가포르, 스웨덴, 스위스 8개국이 가장 높은 등급인 AAA를 받았다는 것도 몰랐고, 한국의 신용등급이 EU, 미국, 영국, 프랑스와 동일한 수준이며 중국, 일본보다 한 단계 위라는 사실도 몰랐다!

그렇다면 채권에 투자하는 투자자 입장에서는 신용등급이 높은 채권과 낮은 채권에 어떤 차이를 둘까? 당연히 신용평가 등급이 낮은 채권에 더 높은 이자를 요구한다. 파산할 가능성이 매우 작은 AAA, AA급 채권을 사면 3~4% 정도 수익에도 만족할 수 있는데, 당장 올해 파산할 가능성이 큰 C등급 채권을 사면 이자를 15~20%는 받아야 만족하지 않을까?

여기까지 채권의 개념과 특징에 대해 알아보았다. 그런데 우리가 알아야 할 포인트는 이것이다.

**자산배분을 할 때는 '신용도가 높은 채권'을 사는 것이 원칙이다.**

신용도가 낮으면 파산 가능성까지 분석해야 하는데, 이렇게 되면 일이 매우 복잡해진다. 또한 신용도가 낮은 채권은 글로벌 경기가 좋으면 가격 흐름이 좋고 글로벌 경기가 나쁘면 파산 가능성이 커져서 주식과 거의 비슷하게 움직인다. 따라서 독자적인 자산군이라고 보기 어렵다.

## 채권 가격은 어떻게 움직일까?

그렇다면 신용도가 높은 채권의 가격이 언제 상승하고 하락하는지 살펴보자. 채권의 흥미로운 점은, 이자와 원금이 이미 채권 발행 시점부터 정해져 있음에도 발행 시 1억 원이었던 채권이 나중에 채권시장에서 7천만 원이나 1억 3천만 원에 팔릴 수도 있다는 점이다. 심지어 신용도가 변하지 않고 파산 가능성이 전혀 없어도 가격이 움직일 수 있다. 왜 그럴까?

엄마는 혹시 회사가 돈을 더 많이 벌면 채권자에게 유리하냐고 물었다. 아하, 아직 주식과 채권 개념이 잘 구분이 안 되는구나.

주식의 경우 회사가 돈을 많이 벌면 주주들에게 배당을 더 주기도 한다. 그런데 채권은 회사가 돈을 잘 벌든 못 벌든 원래 합의한 금액만 이자로 지급한다. 따라서 투자자 입장에서는 받는 금액이 '고정되어' 있어서 영어로 채권을 'fixed income security(고정수입증권)'라고 부르기도 한다. 그 금액은 10년 동안 변하지 않는다. 만약 우리가 은행에서 이자율 4%로 부동산 담보 대출을 받고 10년 동안 고정금리를 합의했다면 소득 변화와 상관없이 10년 동안 이자 4%만 내면 되는 것과 같은 이치이다.

채권 가격은 금리와 밀접한 관계가 있다. 결론부터 말하면 다음과 같다.

**금리가 떨어지면 채권 가격이 오르고**
**금리가 오르면 채권 가격이 떨어진다.**

예를 들어 내가 2022년에 매년 5% 이자를 지급하는 10년 만기 채권을 발행했는데, 2025년이 되니까 시장 금리가 많이 올라서 비슷한 신용등급의 채권을 발행하려면 이자를 8% 지급해야 한다고 가정해 보자. 그렇다면 내가 2022년에 발행한 기존 채권의 가격은 오를까, 떨어질까?

무조건 떨어진다. 내가 발행한 채권과 비슷한 신용등급의 채권을 사면 이자 8%를 주는데 누가 5%밖에 안 주는 내 채권을 사려 하겠는가? 그만큼 내가 2022년에 발행한 채권의 매력은 떨어진다.

반대로 내가 2022년에 5% 이자를 주는 채권을 발행했는데 2025년에 저금리 기조가 되어 이제는 나와 신용등급이 비슷한 채권 발행자가 이자 2%만 내도 돈을 빌릴 수 있다고 가정해 보자. 그럼 2022년에 발행한 채권은 이자를 5%나 주는 매우 매력적인 채권이 된다. 그래서 자연스럽게 가격이 오른다.

## 금리는 언제 오르고, 언제 떨어질까?

채권 가격이 금리에 따라 결정된다면 금리는 언제 오르고, 언제 떨어질까? 이게 핵심이다.

엄마는 "음…… 호경기?"라고 답했는데, 전반적으로는 그렇다. 경기가 좋으면 소비가 늘어나고, 급여도 오른다. 소비가 늘어나니 물건과 서비스에 대한 수요가 증가해서 가격이 오르고, 물가도 상승한다. 그러면 중앙은행은 오른 물가를 잡기 위해 금리를 올린다.

"하지만 2022년은 불경기인데도 금리가 올랐잖아"라고 엄마가 반박했다. 나는 오건영 작가의 책 『인플레이션에서 살아남기』에서 읽은 이야기를 바탕으로 답했다.

"이번 2022년 인플레이션은 경기가 좋아서 수요가 높아진 것보다는 여러 이슈가 겹친 것 같다고 해. 러시아-우크라이나 전쟁으로 원자재, 식량 가격이 오르고, 코로나19 때문에 경제 가치사슬이 무너지면서 물류 비용이 비싸졌어. 그리고 코로나19를 극복하기 위한 경기부양책을 만든다고 전 세계 중앙은행이랑 정부에서 2020~2021년에 돈을 너무 많이 뿌린 것 같아."

확실한 건, 경기가 안 좋은데도 물가가 오르는 사례도 있다는 것이다. 어떤 이유든 물가가 너무 오르면 안 되므로 중앙은행은 인플레이션이 심해지면 금리를 올린다.

따라서 보통은 호경기와 고물가가 같이 가지만, 불경기와 고물가가 같이 가는 경우도 있다. 그리고 화폐 가치를 유지해야 하는 중앙은행은 '경제'보다는 '물가'에 더 집중하는 주체이다. 다시 정리하면 결론은 다음과 같다.

**물가가 오르면 중앙은행이 금리를 올린다(그래서 채권 가격은 내려간다).**
**물가가 내리면 중앙은행이 금리를 내린다(그래서 채권 가격은 올라간다).**

## 실물자산은 어떻게 사고팔까?

지금껏 주식과 채권에 대해서 분석해 봤는데, 자산군이 한 가지 더 남았다. 그게 무엇일까?

"금 아니야?" 엄마가 추측했다. 틀린 답은 아닌데, 정확히 말하면 '실물자산'이 정답이다.

실물자산에는 금, 원자재, 부동산 등이 포함된다. 심지어 와인, 예술 작품, 우표, 골동품, 레고, 위스키, 명품 백, 시계 등의 실물자산에 투자하는 사람도 가끔 있다.

엄마는 원자재에는 무엇이 포함되어 있는지 물었다. 원자재에는 에너지, 농산물, 귀금속, 산업용 금속 등이 포함된다. "그럼 내가 원유 같은 걸 사고팔 수 있어?" 엄마가 물었다. 원유를 직접 사고파는 것은 어렵다. 원유를 사서 어디에 보관할 것인가? 대신 선물시장에서 원유의 가격이 거래되고, 그 선물 여러 개를 거래하는 ETF\*가 있다. 일반인이 원자재를 실제로 거래하기는 어렵기 때문에, 다른 원자재도 주로 ETF를 통해 거래된다(선물과 옵션이라는 방법도 있지만 초보자에게는 적합하지 않아서 설명하지 않는다).

> **ETF\***
> 주식처럼 거래가 가능하고, 특정 주가지수의 움직임에 따라 수익률이 결정되는 펀드

## ETF의 다섯 가지 장점

ETF(상장지수펀드)는 일반적으로 특정 주가지수의 성과를 따라가도록 설계된 금융상품이다. 주가지수란 주식시세 전반의 움직임을 나타내기 위해서 일정 시기의 주가를 100으로 하여 작성하는 지수를 말하며, 전반적인 특정 주식시장의 시세를 나타낸다. 대표적인 주가지수로 한국에는 코스피지수가, 미국에는 S&P500지수가 있다.

ETF는 주식처럼 거래소에서 거래되므로 투자자가 하루 종일 쉽게 사고팔 수 있다. 예를 들어 S&P500지수가 1% 오르면 이를 추적하는 ETF 가격도 1% 오르게 설계되어 있다.

ETF는 주식처럼 사고팔 수 있으며, 여러 장점이 있는 금융상품이다. ETF가 다른 투자 상품에 비해 지니고 있는 장점은 다음과 같다.

1. **분산투자**: 투자자는 ETF를 통해 여러 주식, 산업군 또는 자산군에 쉽게 분산투자할 수 있다.
2. **유동성**: ETF는 유동성이 높고 주식처럼 하루 종일 거래할 수 있어 투자자가 언제든 쉽게 사고팔 수 있다.
3. **저렴한 비용**: ETF는 일반적으로 다른 투자 상품보다 수수료가 낮다.
4. **투명성**: ETF는 정기적으로 보유 자산을 공개해야 하므로 투명성이 매우 높다.
5. **유연성**: ETF는 증권계좌를 통해 매매할 수 있으므로 경험이나 전문지식이 없는 투자자도 쉽게 접근할 수 있다.

예를 들어보자. 미국에 상장된 원자재 ETF인 PDBC의 구성은 다음과 같다. PDBC 외에 다른 원자재 ETF도 있는데, 구성 요소와 비중이 PDBC와 다를 수 있다.

## 원자재 ETF인 PDBC의 구성

| 대구분 | 비중(%) | 원자재 | 비중(%) |
|---|---|---|---|
| 에너지 | 63.87 | 원유 | 42.78 |
| | | 가솔린 | 13.20 |
| | | 천연가스 | 7.9 |
| 농산물 | 20.05 | 옥수수 | 5.41 |
| | | 대두 | 5.31 |
| | | 밀 | 5.04 |
| | | 설탕 | 4.30 |
| 귀금속 | 7.09 | 금 | 5.75 |
| | | 은 | 1.33 |
| 비금속 | 8.98 | 아연 | 3.09 |
| | | 알루미늄 | 3.07 |
| | | 구리 | 2.81 |

2022년 11월 7일 기준

중요한 것은 "언제 원자재 가격이 오르고 내리는가?"에 대한 답이다. 엄마는 "채권은 물가가 오르면 안 좋은데, 원자재는 물가가 오를 때가 좋지 않을까?"라고 추측했다.

정답이다. 물가상승률이 높을 때 보통 금, 원자재 등 실물자산의 가격이 오르는데, 원자재 가격의 상승이 물가상승의 주요 원인인 경우도 많기 때문이다. 예를 들어 유가와 농산물 가격이 오르면 주유비 등 운송비용과 식비가 오르므로 당연히 물가도 오른다. 따라서 물가가 내려야 강세를 보이는 채권과 정반대라고 할 수 있다. 물가상승이 낮으면 원자재도 상대적으로 약세를 보이는데, 중앙은행이 경기를 부양하기 위해 돈을 풀기 시작하면 주식과 마찬가지로 금과 원자재 가격도 같이 오르는 경향이 있다. 따라서 결론은 다음과 같다.

**실물자산 가격은 물가가 오르면 오른다.**
**실물자산 가격은 물가가 내리면 떨어진다.**

# 한국 투자자의 비장의 무기, 달러

주식, 채권, 실물자산 외에도 마지막으로 중요한 자산이 하나 남아 있다. 한국 투자자인 우리는 '달러'라는 자산에 투자할 수 있다. 이 점이 상당히 중요하다. 최근 20년간 평균 환율은 1,130원이지만 2008년 금융위기가 왔을 때는 환율이 1,600~1,700원까지 올랐고 1997~1998년 IMF 때는 거의 2,000원까지도 올랐다. 금융시장에 큰 위기가 오면 주식, 채권, 실물자산 세 가지가 전부 일시적으로 하락하는 현상이 벌어지기도 한다. 그런데 이럴 때는 보통 원화 대비 달러화가 오른다. 달러화가 사람들이 두려울 때 찾는 최후의 안전자산이기 때문이다.

따라서 IMF, 금융위기, 코로나19 팬데믹처럼 경제가 극도로 불안할 때는 예외 없이 달러가 강세를 보였다. 2022년에도 러-우 전쟁, 미국의 인플레이션과 그에 따른 급격한 금리 인상 등으로 세계 경제

## 원/달러 환율(1997~2022)

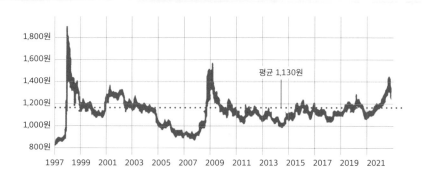

가 불안해지니 원/달러 환율이 많이 올랐다. 2021년에는 1,100원대였던 환율이 1,450원까지 상승한 것이다. 달러화는 2022년 약세장에서 원자재를 제외하고 유일하게 가격이 오른 자산이다.

그런데 달러화를 사서 장기 보유하는 것은 별로 추천할 만한 전략이 아니다. 달러화가 원화 대비 끝없이 오르거나 내릴 수는 없고 언젠가는 평균으로 돌아오기 때문이다. 대신 미국 주식, 채권 등 달러화 자산에 분산투자를 하면 달러를 보유한 효과를 누릴 수 있다. 달러화는 경기가 아주 나쁠 때는 상대적으로 강세를 보이지만, 경기가 좋을 때는 상대적으로 약세를 보인다. 투자자들이 위험자산을 선호해 개도국(개발도상국) 등에 해외 투자를 많이 하기 때문이다. 따라서 결론은 다음과 같다.

**원/달러 환율은 한국 경제가 나쁘면 오른다.**
**원/달러 환율은 한국 경제가 좋으면 내린다.**

# 경제에도 4계절이 있다

지금까지 배운 내용을 요약해 보자. 경제 분석을 할 때 중요한 핵심 키워드는 '경제성장'과 '물가'이고, 이 두 가지를 조합하면 경제를 4계절로 나눌 수 있다. 그리고 각 계절별로 오르는 자산이 다르다.

**1계절(물가상승+호황): 물가는 상승하는데 경기는 좋다.**

**2계절(스태그플레이션): 물가가 상승하고 경기도 안 좋다.**

**3계절(골디락스): 물가는 하락하고 경기도 좋다.**

**4계절(디플레이션): 물가는 하락하는데 경기는 안 좋다.**

### 경제의 4계절

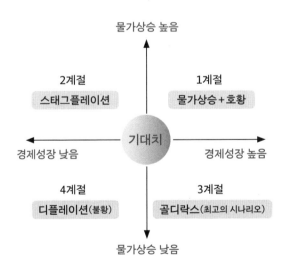

골디락스란 인플레이션이 우려될 정도로 과열되지도 않고, 경기 성장도 완만히 이루어지는 경제 상황을 말한다. '뜨겁지도, 차갑지도 않은 호황'으로 표현하는 경우도 많다.

여기서 '높다, 낮다'의 기준은 무엇일까? 아마 신문을 보면 '올해 경제성장률 3%로 예상' 등 경제성장 및 물가상승 전망치를 볼 수 있을 것이다. 이는 많은 경제학자들이 예측한 전망치의 평균인데, 이때 실제 수치가 전망치보다 높으면 '높다', 전망치보다 낮으면 '낮다'고 한다. 예를 들어 경제학자들이 올해 한국 경제성장률을 3%로 예측했는데 실제 성장률이 4%면 경제성장이 높고, 실제 성장률이 2%면 경제성장이 낮다고 본다. 물가상승도 마찬가지다. 물가상승률 예측치가 2%였는데 실제 상승률이 3%면 물가상승이 높고, 1%면 물가상승이 낮은 것으로 본다.

경제와 물가에 관한 실제 수치를 맞추는 것은 거의 불가능하다. 일반인이 여러 변수를 고려한 경제학자들의 예측치보다 더 잘 맞출 수 있을까?

그럼 어느 시나리오에 각 자산군이 수익이 높고 낮은지 살펴보자.

### 1 주식은 어느 계절에 수익이 높을까?

엄마는 1, 3 계절에는 주식이 수익이 높으리라 추측했다. "경기가 좋으면 주식이 좋으니까. 반대로 2, 4계절에는 경제성장이 낮으니 주식 수익도 낮을 것 같아."

100점이다. 또 하나 덧붙인다면 1계절, 즉 경기가 좋고 물가가 오르는 시나리오에서는 개도국 주식이 선진국 주식보다 조금 더 좋다. 이때 보통 원자재 가격이 오르는데, 글로벌 경제 시스템은 개도국이 원자재를 팔고 선진국은 원자재를 수입해서 제품을 만드는 구조이므로 원자재 수출 비중이 높은 개도국 기업의 수익이 높아지고 주식 수익도 높다. 2계절에는 선진국 주식이 좀 더 유리한데, 선진국은 원자재를 수입하는 입장이므로 물가상승이 낮아서 원자재 가격이 안정되는 때가 유리하다.

보통 경제성장이 낮은 2, 4계절에는 주식이 안 좋은 편이다. 그런데 2008년 후에는 4계절, 즉 물가가 안정되어 있는데 경제성장이 약한 경우 중앙은행이 경기부양을 위해 돈을 많이 뿌리는 트렌드가 생겼다. 물가상승이 낮기 때문에 돈을 좀 뿌려도 인플레이션을 유발하지 않고 경기를 살릴 수 있기 때문이다. 그 돈이 주식시장으로도 흘러가서 최근에는 4계절에도 주식이 괜찮은 경우도 꽤 있었다. 특히 2008년 후에는 돈의 힘으로 주식이 오른 것이다.

### 2 채권은 어느 계절에 수익이 높을까?

그럼 채권은 언제 수익이 높을까? 이번에도 엄마가 3, 4계절이라고 정답을 맞혔다. 반대로 1, 2계절은 채권에 좋지 않다. 물가가 오르는 1, 2계절에는 중앙은행이 금리를 올려서 물가를 잡아야 하는데, 금리와 채권 가격이 반비례한다는 것은 앞서 이미 분석했다. 반대로 경기가 약하면 경기부양을 위해 금리를 내리므로 채권 가격이 올라가는 효과가 있다.

금리 인상은 양날의 칼이다. 높은 금리는 물가상승을 꺾지만, 경기도 같이 죽어버리는 경우가 생긴다. 경기가 좋아지려면 돈이 많이 돌아야 하는데, 금리가 높으면 대출 이자에 대한 부담이 커지므로 사람들이 돈을 덜 빌리고, 덜 소비하고, 경기가 침체된다. 물론 이런 식으로 소비 욕구도 적어지고 경기침체로 인해 근로자 급여상승도 더뎌지면 물가상승을 잡는 효과가 있다.

### ③ 주식과 채권의 수익이 모두 낮은 계절은?

그렇다면 여기서 또 하나의 퀴즈! 주식, 채권의 수익이 둘 다 낮은 경우는 언제일까? 엄마는 "2계절이네. 경기는 안 좋고, 물가는 오를 때"라고 대답했다.

그렇다. 2022년이 그런 상황이었다. 그래서 미국 주가지수 S&P500은 고점 대비 27.5%, 나스닥은 고점 대비 37.8% 하락했고, 미국 장기채권 ETF인 TLT는 고점 대비 자그마치 40.8%나 하락했다.

2계절에는 주식과 채권에만 투자하면 대책이 없기 때문에 이 두 자산군에만 투자하는 자산배분은 불충분하다는 사실을 알 수 있다. 그래서 실물자산과 달러 투자가 꼭 필요하다.

이 모든 내용을 종합적으로 그림과 도표로 그리면 이렇게 된다.

## 경제 4계절별 주식과 채권의 수익률

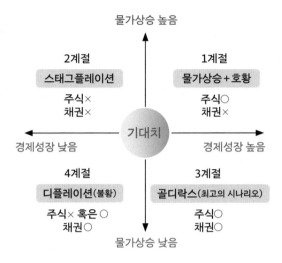

## 경제 4계절별 주식, 채권, 실물자산, 달러화의 수익률

| 구분 | 1계절 | 2계절 | 3계절 | 4계절 |
|------|-------|-------|-------|-------|
| 성격 | 물가상승 높음<br>경제성장 높음 | 물가상승 높음<br>경제성장 낮음 | 물가상승 낮음<br>경제성장 높음 | 물가상승 낮음<br>경제성장 낮음 |
| 주식 | ○ | × | ○ | ×(○) |
| 채권 | × | × | ○ | ○ |
| 실물자산 | ○ | ○ | × | ×(○) |
| 달러화 | × | ○ | × | ○ |

괄호 안: 중앙은행이 경제부양책 명목으로 돈을 많이 풀 경우

# 자산배분의 결론

지금까지 꽤 오랜 시간을 들여서 경제 4계절과 주식, 채권, 실물자산, 달러화의 수익률을 설명했다. 4개 자산군 모두 수익률이 높은 계절도 있고 나쁜 계절도 있다. 문제는 지금 경제가 어떤 계절에 있는지는 어느 정도 파악할 수 있지만, 미래에 어떤 계절이 올지 파악하기는 불가능하다는 것이다.

예를 들면 2022년에는 2계절, 즉 물가상승률이 높고 경제성장이 낮은 상황이 장기간 펼쳐졌다. 만약 이때 정확히 미래를 예측해서 2023년부터는 3계절이 온다는 것을 맞힐 수 있다면 주식과 채권의 투자금 비율을 높여서 돈을 벌면 된다. 또는 2023년에는 1계절이 온다고 예측할 수 있으면 주식과 실물자산에 투자하면 된다. 하지만 나를 포함한 대부분의 일반인은 그런 예측이 불가능하다. 내가 거시경제를 뭘 안다고 실제 경제성장, 물가상승 수치가 경제학자들의 전망치 평균보다 높은지, 낮은지 맞힐 수 있을까? 예측을 할 수 있는 사람이 아예 없다고는 못 하겠지만, 계속해서 미래를 맞힐 수 있는 사람은 매우 드물다.

또 하나 유의할 점이 있다. 어떤 계절에 어떤 자산군이 수익이 높을지 대략적으로는 짐작할 수 있지만, 항상 그렇지는 않다. 예를 들면 3계절에는 대체로 주식과 채권이 오르고 실물자산이 부진하기는 하나, 그렇다고 주식과 채권이 매일, 매월, 매년 오른다는 뜻은 아니다. 상승장 내에서도 조정을 받을 수 있으며 때로는 그 조정 폭이 꽤 클 수도 있다.

그래서 결론은 앞으로 어떤 계절이 올지 알 수 없고, 정확히 자산군들이 어떻게 움직이는지 예측하기는 불가능하므로 우리는 주식, 채권, 실물자산, 달러화를 모두 보유하고 있어야 한다는 것이다.

여기까지 들은 엄마는 이렇게 말했다. **"그래서 저 중 뭘 살까 전전긍긍하지 말고 저 4개 자산을 전부 다 사서 포트폴리오 전체가 우상향하면 된다는 거지?"**

그렇다! 바로 이게 정답이다. 자산배분의 결론은 다음과 같다.

1. **경제에는 4계절이 있다.**
2. **우리는 미래에 어떤 계절이 어떤 순서로 올지 예측할 수 없다.**
3. **다행히도 어떤 경제 상황이 오든 그 상황에서 수익을 낼 수 있는 자산군이 있다.**
4. **따라서 주식, 채권, 실물자산, 달러화를 모두 매수하면 4계절 중 어떤 계절이 오든 상관없이 우리의 전체 포트폴리오가 크게 무너지지 않는다.**

이제 1교시를 마칠 때가 되었다. 지금까지 우리는 주식, 채권, 실물자산, 달러화라는 투자 대상에 대해 알아보았다. 2교시에는 지금까지 배운 내용을 바탕으로 구체적으로 어떻게 자산배분 포트폴리오를 만들지 연구할 것이다.

일단 엄마에게 다음 시간까지 1교시 내용을 복습하고, 자산배분

책인 『거인의 포트폴리오』와 『사경인의 친절한 투자 과외』를 읽어오라고 숙제를 내준 뒤 1교시를 마무리했다.

## 1교시 숙제

▶ **1교시 내용 복습**

- 투자를 위해 알아야 할 기본 개념 이해하기

- 경제 4계절별 오르고 내리는 자산 알기

▶ **2교시 예습을 위한 독서**: 자산배분 관련 도서

- 『거인의 포트폴리오(강환국, 페이지2북스)』

- 『사경인의 친절한 투자 과외(사경인·이지영, 페이지2북스)』

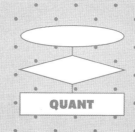

2교시

"잃기 싫으면 돈을 쪼개라고?"

손실을 줄이는
자산배분 전략

QUANT

# 코스톨라니의 달걀 이론과 경제

1교시에 우리는 투자의 목표를 정하고 자산배분의 기초를 살펴봤다. 특히 경제에는 4계절이 존재하고, 주식, 채권, 실물자산과 달러가 각 시나리오에 어떤 행보를 보이는지도 살펴봤다. 이 내용을 도표로 정리하니 아래와 같았다.

**경제 4계절별 주식, 채권, 실물자산, 달러화의 수익률**

| 구분 | 1계절 | 2계절 | 3계절 | 4계절 |
|---|---|---|---|---|
| 성격 | 물가상승 높음<br>경제성장 높음 | 물가상승 높음<br>경제성장 낮음 | 물가상승 낮음<br>경제성장 높음 | 물가상승 낮음<br>경제성장 낮음 |
| 주식 | ○ | × | ○ | ×(○) |
| 채권 | × | × | ○ | ○ |
| 실물자산 | ○ | ○ | × | ×(○) |
| 달러화 | × | ○ | × | ○ |

괄호 안: 중앙은행이 경제부양책 명목으로 돈을 많이 풀 경우

숙제로 『사경인의 친절한 투자 과외』를 읽은 엄마는 사경인 회계사의 책에 나오는 앙드레 코스톨라니(Andre Kostolany)의 달걀 이론도 도움이 되었다고 강조했다. 코스톨라니의 달걀 이론이란 금리를 기준으로 예금, 주식, 채권, 부동산의 투자시기를 달걀에 빗대어 설명한 이론이다.

## 코스톨라니의 달걀 이론

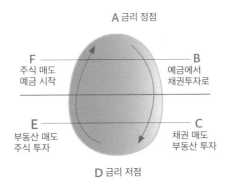

달걀 그림과 각각의 시기를 함께 살펴보자. A는 금리가 정점을 찍는 시기로 대부분의 자본이 은행 예금으로 향해 시장에는 돈이 부족한 상태다. B는 금리가 하락하기 시작하는 단계로, 예금 이자가 점점 줄어든다. 그 결과 비교적 안전한 채권 투자가 늘어나고, 이에 따라 채권 가격이 상승하기 시작한다. C는 금리 하락이 가속화되고 금리가 바닥에 가까워지는 때이다. 낮은 금리와 높은 채권 가격 때문에, 경기침체로 인해 가격이 떨어져 있으면서 임대수익률을 올릴 수 있는 부동산으로 돈이 흘러간다. 따라서 부동산 가격이 상승하기 시작한다.

D는 금리가 바닥인 시점이다. 낮아진 대출금리로 인해 대출이 증가하고, 시중에는 막대한 돈이 풀린다. 많은 돈이 자산시장으로 흘러들어가 전반적인 가격 상승을 일으킨다. E는 이미 부동산 가격이 많이 상승한 상황으로, 사람들은 부동산을 매도하고 시세차익을 거두

기 시작한다. 부동산에서 빠져나온 자본은 주식시장으로 간다. F는 경기 과열 상황이다. 인플레이션이 사회적 문제로 떠오르고 정부는 인플레이션 해결을 위해 금리 인상을 실시한다. 주식시장은 가파르게 상승하고, 거품도 생겨난다. 자본가들은 상승한 주식을 팔고 안전한 예금으로 갈아타기 시작한다.

여기까지 간단히 설명을 마치자 엄마의 질문 공세가 시작되었다.

### 질문 1. 금리와 물가상승은 같이 가는 거야?

물가가 오르면 중앙은행이 금리를 올리기 때문에 보통 같이 간다고 봐야 한다.

### 질문 2. 예금 금리와 대출 금리는 같이 움직이니?

은행은 예금을 받아서 대출을 해준다. 그러므로 대출 금리는 늘 '예금 금리+알파'이다. 따라서 예금 금리가 높아지면 보통 대출 금리도 같이 오른다.

### 질문 3. 경제성장과 물가상승의 '높다' 또는 '낮다'는 경제학자들의 전망치와 비교한다고 했는데, 그렇다면 '물가 상승이 높다'는 인플레이션, '물가상승이 낮다'는 디플레이션이라고 볼 수는 없어?

그렇다. 최근 몇십 년 동안에는 일본을 제외하면 디플레이션이 장기적으로 발생한 나라는 거의 없었다.

## 질문 4. 그렇다면 요즘(2022년)처럼 높은 물가상승은 자주 있었니?

선진국에는 1970년대 이후에 이렇게 높은 수준의 인플레이션은 거의 없었다. 당시 베트남 전쟁 때문에 미국이 달러를 많이 찍어냈고, 산유국들이 담합해서 석유 가격을 올렸다. 유가가 높아져서 물가가 오르면 급여도 올려줄 수밖에 없다. 그래서 인플레이션이 지속되는 현상이 생겼다. 1980년대 초에 당시 **연준\*** 의장인 폴 볼커(Paul Volcker)가 금리를 20%까지 올리는 초강수를 써서 물가상승을 안정시켰다. 그 후에는 선진국에 높은 수준의 인플레이션이 없었는데 요즘 비슷한 일이 다시 생겼다.

> **연준\***
> 미국의 기준금리를 결정하는 기관인 '연방준비제도이사회'의 줄임말

오건영 작가의 책 『인플레이션에서 살아남기』에서는 최근에 발생한 코로나19로 미국 정부와 연준이 돈을 천문학적으로 풀었고 그 돈을 시민들에게 직접 나눠주고 쓰도록 했는데, 그 부양책이 너무 과하고 소비 수요가 폭발해서 물가상승이 이뤄졌다고 설명한다. 물론 미국뿐만 아니라 대부분 국가가 비슷한 경기부양책을 통해 코로나19로 고통에 빠진 시민들을 구제했다. 공급 측면에서는 코로나19 때문에 공급망 교란이 생겨서 물류 비용이 증가했고, 러-우 전쟁 때문에 원자재와 식량 가격이 올랐으며, 때마침 유가도 올랐다고 한다. 게다가 코로나19로 건강에 이상이 온 사람들, 조기 은퇴한 사람들, 자산 가격이 올라서 한몫 챙긴 사람들은 다시 노동시장에 복귀하지 않고 있다. 나 같은 사람도 코로나19 이후 자산이 많이 증가해서 직장을 그만둔 사람 아닌가?

따라서 2022년에 발생한 거대한 인플레이션은 과도한 경기부양책으로 인한 소비 수요 폭발, 공급망 교란, 원자재 가격 상승, 노동력 부족 등의 요인이 겹쳐서 생겼다고 볼 수 있다.

## 질문 5. 고물가 체제에서는 실물자산이 좋은 투자 방법이라고 볼 수 있을까?

그렇다. 1970년대를 보면 주식과 채권, 두 자산의 수익이 안 좋았다. 대신 실물 자산인 금, 원자재, 부동산, 골동품, 미술품 등의 가격이 많이 올랐다.

그러나 2020년 이후 발생한 최근의 인플레이션이 1970년대처럼 지속될지, 그렇지 않을지 예측할 방법은 없다. 개인적인 의견으로는 이번에는 인플레이션이 오래 지속될 것 같지 않은데, 1970년대 학습 효과 때문이다. 금리를 너무 심하게 올리면 경제에 큰 고통을 주기 때문에 책임자들이 쉽게 결단을 내리지 못해서 1970년대에는 오랫동안 인플레이션을 잡지 못했다. 그런데 이제는 과거의 교훈이 있으므로 인플레이션을 좀 더 빨리 잡을 수 있지 않을까. 실제로 2022년 연준은 금리를 매우 가파르게 인상했다.

그런데 미국과 중국의 관계가 협력에서 대립으로 바뀌고, 선진국들이 중국에서의 저렴한 생산을 줄이고 자국에서 비싼 생산을 하게 되면서 인플레이션이 장기화될 수 있다는 의견도 있다.

# 정적자산배분의 역사

질문을 끝낸 엄마는 숙제 후 느낀 점을 말했다. "네가 말한 책들을 읽어보니까 자산배분에도 종류가 있고, 정적자산배분은 역사적으로 발전한 거 같더라."

## 정적자산배분 vs. 동적자산배분

자산배분은 정적자산배분과 동적자산배분으로 나뉘는데, 정적자산배분은 주식, 채권, 실물자산 등의 비중을 정해 놓고 그 비중을 계속 유지하는 '정적'인 자산배분이다. 일반적으로 '자산배분'이라고 하면 정적자산배분을 의미하는 경우가 많다.

동적자산배분은 최근 금융시장의 환경을 고려하여 투자 비중을 수시로 바꾸는 '동적'인 자산배분이다. 주로 최근 수익이 높았던 자산의 비중을 높이고, 최근 수익이 낮았던 자산의 비중을 낮춘다. 동적자산배분은 '추세추종'이라고도 부른다.

정적자산배분은 역사적으로 발전해 왔다. 유대인 전략이 먼저 탄생했고, 그 후 60/40 포트폴리오, 영구 포트폴리오, 올웨더 포트폴리오가 차례로 개발되었다(이 전략들에 대해서는 지금부터 알아보겠다). 다른 분야도 그렇듯이 기존 전략에 조금씩 아이디어를 붙여서 발전해 나간 것이다.

엄마는 "역사를 공부할 필요는 있겠지만, 결국 실전에서는 가장 최신 버전의 포트폴리오를 사용하면 되는 거 아니야?"라고 물었다.

맞는 말이다. 2교시에 이 이야기를 하려고 했는데 벌써 결론에 도달했다. 컴퓨터 CPU도 286, 386, 486, 펜티엄, i5, i7 등 계속 새로운 시리즈를 거듭하며 발전해 왔는데, 지금 내가 사용할 것을 고르라면 당연히 최신 버전을 써야 한다. 물론 역사를 파악하면 지금의 최신 버전이 어떻게 탄생했는지, 만든 사람이 무엇을 배경으로 어떤 생각을 했는지 알 수 있다. 또한 왜 최신 버전이 이전 버전보다 나은지 비교할 수도 있으므로 역사의 발전 과정은 알아두는 편이 좋다.

나는 투자를 할 때 'Allocate Smartly(https://allocatesmartly.com)'라는 유료 사이트를 적극 활용한다. 이 사이트에는 약 70여 개의 정적자산배분 및 동적자산배분 전략의 수익이 나열되어 있다. 사이트에서는 각 전략의 성과와 50년 **백테스트**[*] 결과를 보여주고, 현재 전략에 맞는 종목이 어떤 것인지 짚어주고, 여러 전략을 섞으면 어떤 성과를 기대할 수 있는지 알려준다.

**백테스트**[*]
과거에 특정 전략대로 투자했다면 성과가 어땠을지 검증하는 작업

# 가장 심플한 자산배분 전략, 60/40 포트폴리오

정적자산배분 전략 중 가장 기본적인 60/40 포트폴리오부터 살펴보자. 60/40 포트폴리오는 미국 주식에 자산의 60%, 미국 채권에 자산의 40%를 배분하는 심플한 자산배분 전략이다. 여기서 미국 주식은 SPY, 미국 채권은 IEF라는 ETF를 사면 된다. SPY와 IEF는 각 종목의 **티커**\*인데, 해당 종목의 이름이 길거나 복잡한 경우 간편하게 표기하기 위해 사용된다. SPY의 정식 명칭은 'SPDR S&P 500 Trust ETF'이고, IEF는 'iShares 7-10 Year Treasury Bond ETF'로 헷갈리기 쉬우니 해당 종목을 찾을 때는 티커로 검색하자. 참고로 한국 종목의 경우 티커는 6자리 숫자로 이루어져 있다. 예를 들어 삼성전자의 티커는 005930, 카카오의 티커는 035720이다.

**티커\***
Ticker, 증시에 등록된 해당 기업 종목의 약어

투자전략

## 60/40 포트폴리오

▶ **매수 전략**: 미국 주식(SPY)에 60%, 미국 중기국채(IEF)에 40%를 투자
▶ **매도 전략**: 연 1회 리밸런싱

투자전략의 백테스트 결과를 볼 때는 어떤 점을 유심히 분석해야 할까? 이 전략의 백테스트 결과를 살펴보면서 함께 알아보자.

### ① 수익이 장기적으로 우상향하는가?

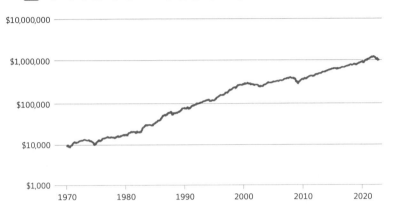

일단 한눈에 봐도 그렇다. 누가 봐도 자산이 우상향한다.

### ② 기본 통계 수치는 어떤가?

| 연복리 수익률 (%) | MDD (%) | 가장 긴 하락 기간(월) | 월 승률 (%) | 턴오버 (%) |
|---|---|---|---|---|
| 9.2 | -29.5 | 40 | 64.2 | 12.1 |

① **연복리 수익률**: 정적자산배분을 하면 보통 높은 한 자릿수의 연복리 수익률을 기대할 수 있는데, 이 전략도 그 정도의 수익률이 나온다. 만족할 만하다.

여기서 잠깐 복습 퀴즈. 연복리 수익률이 9.2%면 원금이 2배가 되는데 시간이 대략 어느 정도 걸릴까? 72의 법칙을 이용하면 약 8년이라는 것을 알 수 있다(72/9=8).

② **MDD**: 우리가 목표로 하는 30%보다는 낮지만 그래도 좀 높은 편이다. 불만.

③ **가장 긴 하락 기간**: 포트폴리오가 하락하고 다시 손실을 복구하는 기간이 가장 오래 걸렸던 경우를 나타낸다. 이 전략의 경우에는 40개월(3년 4개월)이나 걸렸다. 3년 이상 기다리는 게 쉽나? 이것도 좀 불만.

④ **월 승률**: 월 승률은 1년 중 수익이 나는 기간을 말한다. 월 승률이 64.2%라는 것은 우리가 1년 정도 투자하면 그중 약 7~8개월 정도는 돈을 벌고, 나머지 4~5개월에는 손실이 발생한다는 뜻이다.

⑤ **턴오버**: 턴오버란 '1년에 사고판 평균 금액/총자산'을 말한다. 얼마나 자주 거래해야 하는지 알려주는 통계이다. 정적자산배분은 잦은 거래를 하지는 않지만, 1년에 한 번 정도는 자산군별 투자 비중을 맞춰야 하므로(**리밸런싱**\*이라고 한다) 거래를 조금은 하게 된다. 턴오버 12%는 매우 낮은 편이고, 거래비용이 적다는 뜻이므로 만족.

> **리밸런싱**\*
> 자산배분 시 운용하는 자산의
> 비중을 재조정하는 일

결론적으로 MDD와 하락 기간이 별로 마음에 들지 않는다.

## 정적자산배분의 리밸런싱

60/40 포트폴리오는 주식 60%, 채권 40%으로 시작한다. 그런데 비중대로 투자를 한 후 1년이 지나면 상황이 바뀐다. 1년 동안 주식이 많이 오르고 채권이 횡보하면 비중이 주식 70%, 채권 30%이 되어 있을 수도 있다.

그런데 우리는 60/40 포트폴리오를 원하는 투자자지 70/30을 원치 않는다. 그래서 1년 후 주식을 일부 팔고 그 돈으로 채권을 사서 60 대 40의 비중을 다시 맞추는 것이다. 이렇게 비중을 맞추는 것을 리밸런싱(re-balancing)이라고 한다.

## ③ 손실 구간과 그 폭은 어느 정도인가?

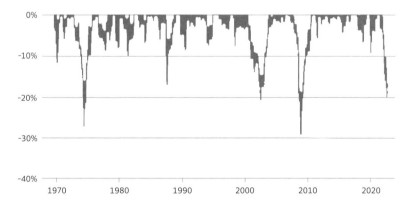

앞의 그래프는 이 전략대로 투자했다면 발생했을 손실을 나타낸다.

최근 50년 동안 20% 이상 하락한 구간이 4번이나 있다는 점이 마음에 들지 않는다. MDD는 29.5%라서 엄마의 목표치보다는 다소 낮지만, MDD는 절대적인 수치가 아니므로 시간이 지나면 갱신될 가능성도 꽤 있다. 어떤 전략의 과거 52년 동안의 최대 손실이 10%였다고 하더라도 53년 차에 갑자기 15% 손실이 발생할 수도 있는 것이다. 실제로 2022년에 시장이 하락하면서 몇 개의 자산배분 전략들이 MDD를 갱신했다.

### 4 1970~2022년 중 손실이 큰 구간에서는 얼마나 하락했나?

테스트 구간이 긴 전략의 수익률을 보면 매우 아름다워 보인다. 그런데 우리는 현재에 사는 사람들이므로 아무리 수익률이 52년간 장기적으로는 오른다고 해도 지금 당장 손실이 발생하면 스트레스를 받기 마련이다. 그래서 단기적으로 어느 정도의 손실이 발생할 수 있는지 필수적으로 분석해야 한다. 그래야 이 전략이 어느 정도의 스트레스를 줄 수 있는지 알 수 있다.

이 전략이 손실을 보았던 때를 함께 살펴보자.

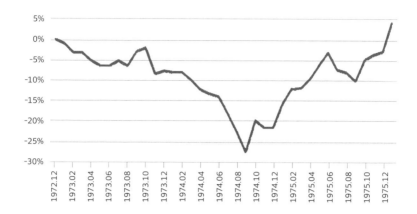

## 60/40 포트폴리오의 수익(1972.12~1976.1)

## 60/40 포트폴리오의 월별 수익(1973.1~1974.9)

| 기간 | 수익률 | 기간 | 수익률 |
|---|---|---|---|
| 1973년 1월 | -1.10% | 1973년 12월 | 0.80% |
| 1973년 2월 | -2.20% | 1974년 1월 | -0.50% |
| 1973년 3월 | 0.00% | 1974년 2월 | 0.10% |
| 1973년 4월 | -2.00% | 1974년 3월 | -2.10% |
| 1973년 5월 | -1.40% | 1974년 4월 | -2.60% |
| 1973년 6월 | 0.00% | 1974년 5월 | -1.20% |
| 1973년 7월 | 1.30% | 1974년 6월 | -0.80% |
| 1973년 8월 | -1.30% | 1974년 7월 | -4.90% |
| 1973년 9월 | 3.80% | 1974년 8월 | -5.50% |
| 1973년 10월 | 0.90% | 1974년 9월 | -6.20% |
| 1973년 11월 | -6.40% | - | - |

앞의 도표에서는 60/40 포트폴리오가 큰 손실을 냈던 구간을 확인할 수 있다. 1973년 1월부터 1974년 9월까지 60/40 포트폴리오는 21개월 연속으로 하락하면서 누적 손실이 -27.54%까지 커졌다. 이후 1976년 1월이 되어서야 손실을 극복했다. 하락 시작 3년 만에 겨우 본전을 만회한 것이다.

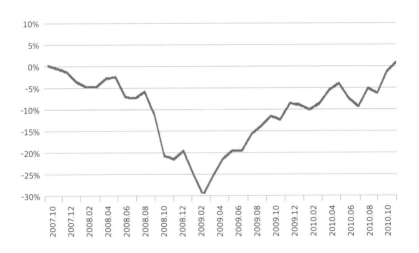

**60/40 포트폴리오의 수익(2007.10~2010.10)**

**60/40 포트폴리오의 월별 수익(2007.11~2009.2)**

| 기간 | 수익률 | 기간 | 수익률 |
|---|---|---|---|
| 2007년 11월 | -0.70% | 2008년 7월 | -0.30% |
| 2007년 12월 | -0.70% | 2008년 8월 | 1.50% |
| 2008년 1월 | -2.30% | 2008년 9월 | -5.70% |
| 2008년 2월 | -1.10% | 2008년 10월 | -10.30% |

| 2008년 3월 | 0.00% | 2008년 11월 | -1.10% |
| --- | --- | --- | --- |
| 2008년 4월 | 1.90% | 2008년 12월 | 2.60% |
| 2008년 5월 | 0.20% | 2009년 1월 | -6.50% |
| 2008년 6월 | -4.60% | 2009년 2월 | -6.70% |

2007~2008년에도 상당히 재미가 없었다. 2007년 10월부터 2009년 2월까지 금융위기를 겪으면서 60/40 포트폴리오는 고점 대비 -29.7% 하락했고, 역시 최초 하락 3년 후인 2010년 10월에야 본전을 복구했다. 2008년 10월에는 한 달 만에 -10% 이상의 손실을 보기도 했다.

### 60/40 포트폴리오의 수익(2021.12~2022.10)

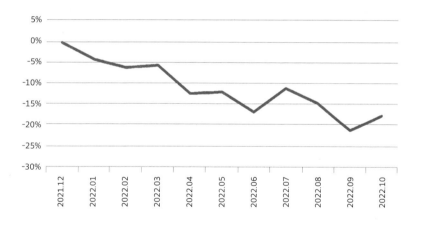

## 60/40 포트폴리오의 월별 수익(2022. 1~10)

| 기간 | 수익률 | 기간 | 수익률 |
|---|---|---|---|
| 2022년 1월 | -4.00% | 2022년 6월 | -5.30% |
| 2022년 2월 | -1.90% | 2022년 7월 | 6.70% |
| 2022년 3월 | 0.60% | 2022년 8월 | -4.00% |
| 2022년 4월 | -7.00% | 2022년 9월 | -7.40% |
| 2022년 5월 | 0.40% | 2022년 10월 | 4.30% |

　최근인 2022년도 60/40 포트폴리오의 수익이 부진했다. 9개월 동안 20.5%의 손실이 발생했다. 심지어 4월, 9월에는 한 달 만에 7% 손실이 발생하기도 했다.

　2022년에 60/40 포트폴리오대로 투자했으면 버티기가 상당히 어려웠을 것이다. 전략을 당장 버리고 싶어질 수도 있다. 그런데 "1974년, 2008년에도 이 정도 이상의 손실은 발생했구나! 원래 가끔 이 정도 규모로 깨지는 전략이었어"라는 사실을 알고 있으면 그나마 전략을 유지하기가 조금 더 쉽다. 그래서 이 전략이 손실을 내는 구간에는 어느 정도 심하게 '얻어터지는지' 분석하는 것은 매우 중요하다.

　그리고 앞서 확인한 것처럼 이 전략의 월 승률은 약 64%지만, 수익과 손실이 절대로 '수익-수익-손실-수익-수익-손실' 패턴처럼 규칙적으로 발생하지 않는다는 사실도 알아야 한다. 예를 들면 2022년 1월부터 10월까지 60/40 포트폴리오는 3, 5, 7, 10월에만 수익을 냈고(월 승률 40%) 심지어 그중 3, 5월의 수익은 매우 작았다.

엄마가 이쯤 질문을 던졌다. "이 60/40은 고전 전략, 꽤 오래된 전략인데 이걸 따라 하는 사람이 아직도 있나 봐?"

그렇다. AOR이라는 ETF가 있는데, 그 ETF를 사면 손쉽게 60/40 포트폴리오를 구현할 수 있다. 굳이 여러 종목을 살 필요가 없어 투자가 손쉽고 편리하다. 따라서 귀찮은 게 싫고 가장 심플한 자산배분을 하겠다는 사람들은 이 방법을 택하기도 한다.

위 이유 외에도, 이 **60/40 포트폴리오는 모든 자산배분의** 벤치마크*라고 보면 된다. 누구나 손쉽게 따라 할 수 있는 아주 기본적인 자산배분 전략이기 때문에, 새로운 자산배분 전략을 만들 때는 60/40 포트폴리오보다 더 좋은 성과를 냈는지 비교할 필요가 있다.

> 벤치마크*
> bench-mark, 투자 성과를 측정하기 위한 기준점

# 단순하면서 효과적인 영구 포트폴리오

다음 전략은 영구 포트폴리오(Permanent Portfolio)다. 나는 이 전략을 상당히 좋아하는데, 자산배분의 개념을 설명하기에 딱 좋기 때문이다. 이 전략은 가장 기본적인 자산배분으로 자산을 주식, 채권, 금, 현금으로 4등분하고 1년에 한 번 리밸런싱하면 끝이다. 주식, 채권, 실물자산에 각각 투자하고 미국 ETF를 활용할 경우 달러화에도 자동 투자를 하게 되어서 매우 모범적인 전략이기도 하다. 이 전략의 성과도 분석해 보겠다.

# 영구 포트폴리오

▶ **매수 전략**: 미국 주식(SPY), 미국 장기국채(TLT), 금(GLD), 현금에 각
각 25%를 투자

▶ **매도 전략**: 연 1회 리밸런싱

## ① 수익이 장기적으로 우상향하는가?

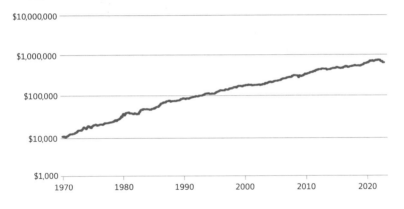

1970년부터 현재까지의 수익률 그래프를 보면 확실히 그래 보
인다.

## ② 기본 통계 수치는 어떤가?

| 연복리 수익률<br>(%) | MDD<br>(%) | 가장 긴<br>하락 기간(월) | 월 승률<br>(%) | 턴오버<br>(%) |
|---|---|---|---|---|
| 8.3 | -15.6 | 20 | 64.5 | 6.4 |

① **연복리 수익률**: 정적자산배분을 하면 보통 높은 한 자릿수의 수익률을 기대할 수 있는데 이 전략의 수익률도 그 정도이다. 만족할 만하다.

② **MDD**: 우리가 목표로 하는 30%보다는 꽤 낮다. 60/40 포트폴리오의 절반 정도 수준이다. 만족.

③ **가장 긴 하락 기간**: 포트폴리오가 하락하고 다시 손실을 복구하는 기간이 가장 오래 걸렸던 경우 20개월(1년 8개월) 걸렸다. 물론 20개월도 긴 시간이지만 60/40 포트폴리오의 절반 정도 수준이므로 일단 만족.

④ **월 승률**: 64.5%인데, 대부분 전략의 승률은 60~70%대이므로 그럭저럭 만족.

⑤ **턴오버**: 6.4%는 매우 낮은 편이다. 만족.

결론적으로 영구 포트폴리오는 60/40 포트폴리오보다는 훨씬 더 나아 보인다.

### ③ 손실이 난 구간과 그 폭은 어느 정도인가?

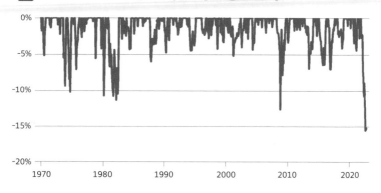

60/40 포트폴리오는 최근 50년 동안 20% 이상 하락한 구간이 네 번이나 있는데, 영구 포트폴리오는 20% 이상 하락한 구간이 한 번도 없다. 그리고 10% 이상 하락한 구간도 네 번에 그쳤다. 2022년에 주식, 채권의 동반 부진으로 MDD를 갱신한 점은 아쉬웠다.

### ④ 1970~2022년 중 손실이 큰 구간에서는 얼마나 하락했나?

앞에서 보았듯 영구 포트폴리오도 오랜 기간 동안의 수익률은 훌륭하다. 그렇지만 이번에도 단기적으로 이 전략이 어느 정도의 스트레스를 줄 수 있는지, 어느 정도의 손실이 발생할 수 있는지 분석해 보자.

## 영구 포트폴리오의 수익(1980. 1~1982. 8)

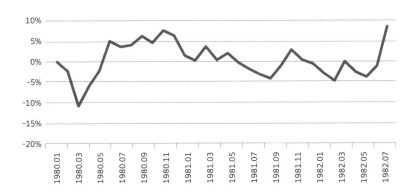

## 영구 포트폴리오의 월별 수익(1980. 2~1981. 8)

| 기간 | 수익률 | 기간 | 수익률 |
|---|---|---|---|
| 1980년 2월 | -2.30% | 1980년 12월 | -1.10% |
| 1980년 3월 | -8.70% | 1981년 1월 | -4.60% |
| 1980년 4월 | 5.70% | 1981년 2월 | -1.10% |
| 1980년 5월 | 3.70% | 1981년 3월 | 3.30% |
| 1980년 6월 | 7.50% | 1981년 4월 | -3.10% |
| 1980년 7월 | -1.40% | 1981년 5월 | 1.60% |
| 1980년 8월 | 0.50% | 1981년 6월 | -2.30% |
| 1980년 9월 | 2.00% | 1981년 7월 | -1.40% |
| 1980년 10월 | -1.50% | 1981년 8월 | -1.40% |
| 1980년 11월 | 2.80% | - | - |

앞의 도표는 영구 포트폴리오가 부진했던 1980~1982년 구간을 보여준다. 1980년 3월에는 갑자기 -8.7% 하락한 적도 있고, 그 손실을 석 달 만에 만회했지만 1981년 8월까지 최고점 대비 다시 -10% 이상 주저앉았다.

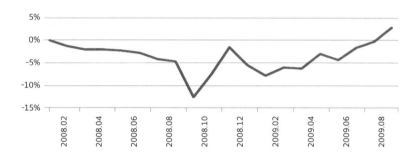

영구 포트폴리오의 수익(2008. 2~2009. 9)

### 영구 포트폴리오의 월별 수익(2008. 3~2008. 10)

| 기간 | 수익률 | 기간 | 수익률 |
|---|---|---|---|
| 2008년 3월 | -1.30% | 2008년 7월 | -0.60% |
| 2008년 4월 | -0.70% | 2008년 8월 | -1.40% |
| 2008년 5월 | 0.00% | 2008년 9월 | -0.50% |
| 2008년 6월 | -0.20% | 2008년 10월 | -8.40% |

영구 포트폴리오도 금융위기를 피해가지는 못했다. 2008년 9월까지는 나름대로 꿋꿋하게 버티면서 손실을 -4.6% 정도로 제한했으나,

2008년 10월 8.4%의 손실을 기록해 최고점 대비 -12.6% 하락했다. 그래도 이 정도의 손실이라면 금융위기에서 선방했다고 보는 것이 옳다.

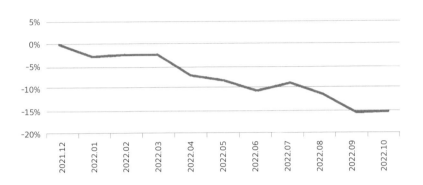

**영구 포트폴리오의 수익(2021. 12~2022. 10)**

**영구 포트폴리오의 월별 수익(2022. 1~2022. 10)**

| 기간 | 수익률 | 기간 | 수익률 |
|---|---|---|---|
| 2022년 1월 | -2.70% | 2022년 6월 | -2.60% |
| 2022년 2월 | 0.40% | 2022년 7월 | 1.90% |
| 2022년 3월 | -0.10% | 2022년 8월 | -2.70% |
| 2022년 4월 | -4.80% | 2022년 9월 | -4.60% |
| 2022년 5월 | -1.30% | 2022년 10월 | 0.20% |

마지막으로 주식과 채권이 동반 하락한 2022년을 살펴보자. 52년 동안 MDD를 -12.7% 수준으로 방어하던 영구 포트폴리오도 꽤 큰 타격을 입었다. 2022년 누적 손실은 -15.5%에 달한다.

그래도 전반적으로 영구 포트폴리오의 방어력이 60/40 포트폴리오보다 훨씬 강하다는 점을 알 수 있다. 손실이 발생하는 경우 60/40 포트폴리오는 -20% 이상 깨지는데 영구 포트폴리오의 손실은 -10~15% 수준에 그쳤다.

## 영구 포트폴리오 이모저모

영구 포트폴리오에 대해 설명하자 엄마가 이런 질문을 했다.

"처음에는 목돈을 투자했다가 매년 리밸런싱을 하잖아. 그런데 중간에 돈이 생기면 어떻게 투자를 해야 해? 예를 들면 처음에 1억 원을 가지고 투자했는데, 다음 달에 500만 원이 추가로 생겼어. 그럼 그 돈을 어떻게 투자해? 1년 후 리밸런싱 시기까지 갖고 있어야 하나, 아니면 곧바로 투자하나?"

이 질문을 나는 의외로 많이 받았다. 유튜브 구독자, 온라인 수강생들이 수십 번은 질문한 것 같다. 답변은 매우 간단한데, 추가 투자금은 비중이 낮아진 자산군에 투자하면 된다. 다음 예시를 함께 살펴보자.

## 영구 포트폴리오 리밸런싱 예시

| 자산군 | 최초 금액 | 한 달 후 금액 | | 추가 투자 결과 |
|---|---|---|---|---|
| 주식 | 2,500 | 2,900 | → | 2,900 |
| 채권 | 2,500 | 2,400 | 추가자금 | **2,700** |
| 금 | 2,500 | 2,500 | 500만 원 | **2,600** |
| 현금 | 2,500 | 2,500 | 획득! | **2,600** |
| 총계 | 10,000 | 10,300 | | 10,800 |

단위: 만원

위 사례에서는 1억 원으로 영구 포트폴리오 투자를 시작했다. 주식, 채권, 금, 현금에 각각 2,500만 원씩 투자했는데, 한 달 후 주식이 올라서 2,900만 원, 채권은 조금 하락해서 2,400만 원이 되었다. 총자산은 1억 300만 원이 되었다. 여기서 500만 원의 추가 자금이 들어오면 총자산이 1억 800만 원이 되므로 각 자산군에 2,700만 원씩 투자하면 된다.

그런데 금액을 꼭 칼같이 맞출 필요는 없다. 만약 나라면 이 경우 굳이 주식을 팔지는 않고 비중이 가장 낮아진 채권에 500만 원 중 300만 원을 투자해서 2,700만 원을 만들고, 나머지 200만 원을 현금과 금에 배분해서 얼추 비중을 맞춰 나갈 것 같다.

# 영구 포트폴리오는 정말로 해리 브라운이 만들었을까?

영구 포트폴리오는 해리 브라운(Harry Browne)이 1981년에 만든 전략으로 알려져 있다. 전략이 탄생한 지 40여 년이 되었는데도 성과가 매우 안정적이라는 점이 인상 깊다.

그런데 이 전략을 다른 사람이 만들었다는 설도 있다. 엄마와 독일 여행을 할 때 야콥 푸거(Jakob Fugger)라는 사람이 16세기에 만든 푸거라이(Fuggerei)라는 곳을 방문한 적이 있다. 당시 그의 자산은 전 세계 GDP의 2% 수준으로(지금 기준으로 약 4,000억 달러) 세계 최고의 부자였음은 물론이고, 그가 역사상 최고의 부자였다고 주장하는 역사학자들도 있다. 푸거는 자선사업의 일환으로 1516년에 100여 채의 임대주택을 만들고 푸거라이라고 이름 붙였다. 당시 형편이 어려웠던 사람들이 꽤 좋은 시설에서 살 수 있도록 한 것이다. 만들어진 지 500년이 지난 지금도 건재한 푸거라이는 임대주택으로 계속 사용되고 있으며, 월 임차료는 아직도 0.88유로(1,200원)에 불과하다.

푸거는 푸거라이를 오로지 가난한 자들을 경제적으로 돕기 위해서만 짓지는 않았다. 그는 금전 대신 다른 것을 요구했는데, 바로 '자신을 위한 기도'였다. 임차료를 매우 낮게 받는 대신 임차인들은 그를 위해 하루에 한 번 기도를 올려야 했다. 수백 년 동안 매일 수백 번의 기도를 받은 푸거는 아마 기독교 역사상 예수와 성모 마리아 다음으로 기도를 많이 받은 사람일 것이다. 그는 사후세계에 대해 확신하지는 않았지만 '혹시 사후세계가 있을지도 모르니 보험을 들어두자. 이렇게 기도를 많이 받은 사람을 설마 지옥에 보내겠어?'라고 생각한 듯하다. 이 정도 리스크 관리는 해야 역대 최고 부자가 될 수 있는 것이다!

그런데 영구 포트폴리오를 바로 이 푸거가 만들었다는 소문이 있다. 그가 "자산을 주식, 채권, 부동산, 금에 4등분해라. 투자하다 보면 이 4개 자산 중 최소 1개는 수익이 신통치 않을 것이다. 물가가 오르면 채권 가격이 내려가는 대신 금, 부동산 가격이 오를 것이고, 물가가 내리면 부동산 가격이 내려가지만 채권 가격은 오를 것이다. 주식은 인플레이션과 디플레이션 두 상황에서 수익을 낼 수 있는데 주식의 변동성은 매우 높다"고 설명했다는 말이 전해진다. 푸거는 이 자산배분으로 33년 동안 연복리 12% 정도의 수익률을 냈다고 한다. 그의 자산배분 전략은 영구 포트폴리오와 매우 흡사하다. 영구 포트폴리오도 주식, 채권, 금에 투자하지 않는가? 다만 푸거는 현금 대신 부동산에 투자했다는 것이 유일하게 다른 점이다.

그런데 푸거는 1525년에 세상을 떠났는데, 암스테르담에 최초의 주식시장이 생긴 것은 1611년이었다. 그렇다면 그가 그전에 비상장 기업 주식(증권 거래소에 상장되지 않은 주식)을 거래했던 것일까? 아니면 그가 영구 포트폴리오를 개발했다는 것은 허무맹랑한 소문일까?

# 자산배분의 끝판왕, 한국형 올웨더 포트폴리오

자산배분에서 배울 마지막 전략은 올웨더 포트폴리오다. 이 전략은 영구 포트폴리오와 비교해서 뭐가 다른지 문자 예습을 해온 엄마가 이렇게 대답했다. "자산군 비중이 다르더라? 비중이 세분화되었고 한쪽으로 좀 몰렸어. 그 이유가 뭘까?" 이런, 역으로 질문을 받았다.

올웨더 포트폴리오에는 여러 버전이 있는데, 이 포트폴리오가 유명해진 이유는 전략의 창시자인 레이 달리오(Ray Dalio)가 이 전략을 토니 로빈스(Tony Robbins)의 『머니』라는 책에서 공개했기 때문이다. 책에서 제시한 전략의 비중은 아래와 같다.

### 『머니』에서 제시한 올웨더 포트폴리오의 비중

| 자산군 | 비중(%) | ETF 티커 |
|---|---|---|
| 미국 주식 | 30 | SPY |
| 미국 장기채권 | 40 | TLT |
| 미국 중기채권 | 15 | IEF |
| 금 | 7.5 | GLD |
| 원자재 | 7.5 | PDBC |

엄마는 이 포트폴리오는 채권 비중이 높고 금, 원자재 비중이 상대적으로 낮은데 왜 그런지 이유를 물었다. 변동성 때문이다. **이 포트폴리오는 변동성이 작은 자산에 더 많이 투자하고 변동성이 높은 자산에 적게 투자하는 방법이다.** 이 말을 이해하기 쉽도록 이렇게 물었다.

"자산이 10억 원이 있는데, 투자할 수 있는 수단이 부동산과 비트코인밖에 없다고 하면 어떤 식으로 자산배분을 할 것 같아?"

엄마는 부동산 70%, 비트코인 30%라고 답했다. 솔직히 나는 부동산 90%, 비트코인 10%라는 대답을 예상했다. 전부터 여러 사람에게 이 질문을 해왔는데, 비율은 각각 달랐지만 부동산과 비트코인에 절반씩 투자하겠다든지, 비트코인 비중을 부동산 비중보다 크게 가져가겠다는 사람은 만나본 적이 없다.

무의식적으로 사람들은 변동성이 낮은 부동산 비중을 높게, 변동성 높은 비트코인 비중을 낮게 투자하는 것이 좋다는 사실을 안다. 자산이 10억 원인데 절반씩 투자하면 비트코인에 투자한 5억 원이 1년 만에 1억 원이 될 수도 있지 않은가? 그 정도 스트레스를 감당할 수 있는 투자자가 적기 때문에 변동성이 높은 자산 비중은 작은 편이 좋다.

그런데 변동성이 낮을수록 무조건 좋다고 하면 투자 시 변동성이 없는 현금자산 비중이 제일 높아야 한다. 하지만 현금 비중이 높은 투자를 하면 돈을 벌 수 없고 인플레이션 방어도 어렵기 때문에 위험 자산인 주식, 채권, 금에도 적절히 투자해야 한다. 단, 변동성이 높은 자산의 비중은 작게, 변동성이 낮은 자산의 비중은 크게 설정해야 한다.

엄마는 요즘 올웨더 포트폴리오와 영구 포트폴리오 중 어느 것이 더 인기인지 물었다. 일단 두 전략의 성과를 분석하기 위해 다음 표를 살펴보자.

## 영구 vs. 올웨더 포트폴리오 성과 비교분석(1970~2022)

| 전략 | 연복리 수익률(%) | MDD (%) | 가장 긴 하락 기간(월) | 월 승률 (%) | 턴오버 (%) |
|---|---|---|---|---|---|
| 영구 포트폴리오 | 8.3 | -15.6 | 20 | 64.5 | 6.4 |
| 올웨더 포트폴리오 | 9.0 | -21.1 | 20 | 66.1 | 6.3 |

성과를 분석해 보면 결과가 엇비슷하다. 두 전략의 **상관성***은 0.85이다. 엇비슷한 포트폴리오이므로 상관성도 매우 높다.

**상관성***
두 가지 개념 사이에 서로 관계되는 성질이나 특성

그런데 조금 전 소개한 비중은 레이 달리오가 토니 로빈스와의 인터뷰에서 열심히 자산배분의 이론을 설명하다가 로빈스가 계속 자산배분 비중을 내놓으라고 독촉해서 마지못해 공개한 버전이다. 그래서 앞서 밝힌 올웨더 포트폴리오의 비중이 가장 훌륭한 버전이라고 보기는 어렵다.

정확한 비중을 알 수 없기 때문에 여러 사람들이 레이 달리오가 공개한 올웨더 포트폴리오를 연구하고 개선하여 개량형 올웨더 포트폴리오를 여러 개 만들었다. 나는 그중 가장 훌륭한 버전은 김성일 작가가 만든 '한국형 올웨더 포트폴리오'라고 생각한다. 한국형 올웨더 포트폴리오 전략은 다음과 같다.

# 한국형 올웨더 포트폴리오

▶ **매수 전략:** 아래 비중과 같이 투자
▶ **매도 전략:** 연 1회 리밸런싱

## 한국형 올웨더 포트폴리오의 비중

| 구분 | | ETF 상품(티커) | 비중(%) |
|---|---|---|---|
| 위험자산 | 미국 주식 | TIGER 미국S&P500(360750) | 17.5 |
| | 한국 주식 | TIGER 200(102110) | 17.5 |
| | 금 | ACE KRX 금현물(411060) | 15 |
| 안전자산 | 한국 중기채 | KOSEF 국고채 10년(148070) | 25 |
| | 미국 중기채 | TIGER 미국채 10년 선물(305080) | 25 |

위 표에 있는 비중대로 각 ETF 상품에 투자하면 된다. 한국형 올웨더 포트폴리오답게(?) 국내 ETF 상품으로 구성되어 있다.

이 전략도 백테스트를 통해 정밀검증해 보자.

## 1 수익이 장기적으로 우상향하는가?

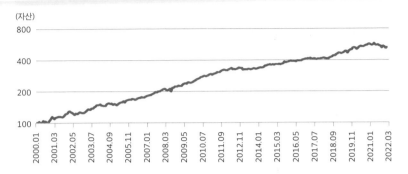

2022년 수익이 약하지만 우상향하는 것은 확실하다.


## 2 기본 통계 수치는 어떤가?

| 연복리 수익률<br>(%) | MDD<br>(%) | 가장 긴<br>하락 기간(월) | 월 승률<br>(%) | 턴오버<br>(%) |
|---|---|---|---|---|
| 7.8 | -9.9 | 16 | 66.3 | 6.4 |


① **연복리 수익률**: 정적자산배분을 하면 보통 높은 한 자릿수의
    수익률을 기대할 수 있는데 이 전략도 그 정도이므로 만족할
    만하다.

② **MDD**: 우리가 목표로 하는 30%보다는 꽤 낮은 편이다. 심지어
    한 자릿수다. 대만족!

③ **가장 긴 하락 기간**: 포트폴리오가 하락하고 다시 손실을 복구하
    는 기간이 가장 오래 걸렸던 경우 16개월(1년 4개월) 걸렸다. 물

론 16개월도 긴 시간이지만 60/40 포트폴리오, 영구 포트폴리오보다 짧다. 만족.

④ **월 승률**: 대부분 전략의 승률은 60~70%대이므로 66.3%이면 그럭저럭 만족.

⑤ **턴오버**: 6.4%는 매우 낮은 편이다. 만족.

결론적으로 영구 포트폴리오나 60/40 포트폴리오보다는 훨씬 더 나아 보인다.

### ③ 손실 구간과 그 폭은 어느 정도인가?

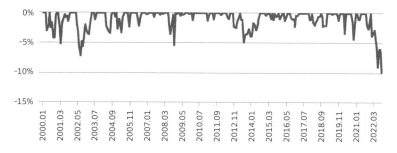

2022년 주식, 채권의 동반 부진으로 MDD를 갱신한 것은 아쉽다. 그래도 MDD가 10% 미만이다. 최근 20년간 한 번도 두 자릿수의 손실을 낸 적이 없다는 뜻이다.

### ④ 2000~2022년 중 손실이 큰 구간에서는 얼마나 하락했나?

한국형 올웨더 전략도 부진한 구간이 분명히 있긴 한데, 손실이 매우 작은 편이다. 특히 2008년 금융위기 당시에 손실을 5% 언저리로 제한한 것은 매우 놀랍다. 그보다는 2002년 손실이 조금 더 컸는데 함께 살펴보자.

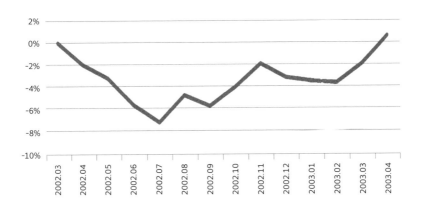

### 한국형 올웨더의 수익(2002.3~2003.4)

### 한국형 올웨더의 월별 수익(2002.4~7)

| 기간 | 수익률 |
|---|---|
| 2002년 4월 | -1.98% |
| 2002년 5월 | -1.21% |
| 2002년 6월 | -2.57% |
| 2002년 7월 | -1.66% |

2002년에 4개월 연속 손실을 보면서 총 -7.2% 손실이 발생한 사례가 있다. 약 9개월 후에 최고점 회복에 성공했다.

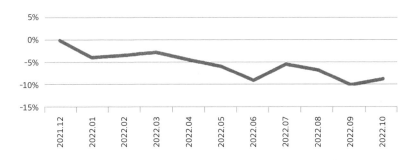

한국형 올웨더의 수익(2021.12~2022.10)

한국형 올웨더의 월별 수익(2022.1~10)

| 기간 | 수익률 | 기간 | 수익률 |
|---|---|---|---|
| 2022년 1월 | -3.82% | 2022년 6월 | -3.42% |
| 2022년 2월 | 0.42% | 2022년 7월 | 3.93% |
| 2022년 3월 | 0.65% | 2022년 8월 | -1.24% |
| 2022년 4월 | -1.66% | 2022년 9월 | -3.57% |
| 2022년 5월 | -1.44% | 2022년 10월 | 1.34% |

역시 주식, 채권이 동반 하락한 2022년에는 한국형 올웨더도 어려웠다. 2022년에 MDD를 갱신하면서 -9.9%를 기록했다. 그래도 전반적으로 한국형 올웨더의 방어력이 매우 강하다는 것을 볼 수 있다. 최근 20년 동안 IT 버블 붕괴, 금융위기, 재정위기, 코로나19, 러-우 전쟁, 인플레이션 등이 있었는데 최악의 순간에도 손실이 10%를 넘지 않았다는 게 대단하지 않은가?

## 한국형 올웨더 포트폴리오의 특별한 장점

엄마는 왜 전략 이름에 '한국형'이 붙는지 물었다. "한국 투자자의 특수성을 포함한 거야?" 그렇다. 기존 올웨더 포트폴리오의 경우 미국 자산에만 투자했는데 한국에서 투자하는 우리는 이럴 필요가 전혀 없다. 우리는 한국과 미국에 분산투자를 할 수 있다. 그리고 이렇게 투자하는 것이 레이 달리오의 기존 올웨더 포트폴리오보다 훨씬 낫다. 가끔 큰 금융위기가 오면 주식, 채권, 실물자산이 동반 하락하는 경우도 발생한다. 자주 있는 일은 아니고 금방 다시 회복하긴 하지만 그런 경우가 분명히 있는데, 이때 유일하게 오르는 자산이 달러화이다. 세상이 극도로 불안하면 투자자는 가장 안전한 달러화로 대피하기 때문이다. 그래서 큰 위기가 오면 늘 환율이 올랐다. 환율이 오르는 것은 달러화가 비싸지고 원화가 싸진다는 의미다.

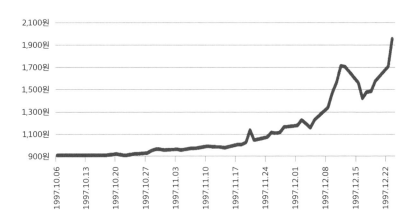

### IMF 사태: 원/달러 환율 흐름(1997. 10~12)

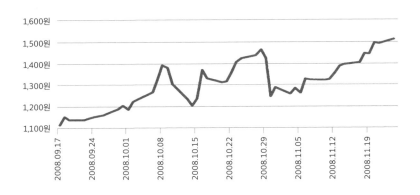

금융위기: 원/달러 환율 흐름(2008. 9~11)

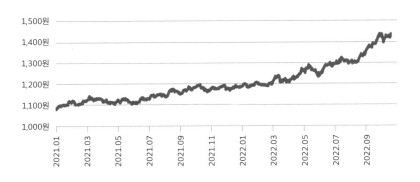

러-우 전쟁+인플레이션: 원/달러 환율 흐름(2021.1~2022.10)

위 그래프들은 경제에 큰 타격이 왔을 때 가치가 상승하는 달러화의 모습을 보여준다.

그런데 우리가 일부러 달러화를 따로 매입해 보유할 필요 없이, 미국 주식이나 채권에 투자하면 달러화에 투자하는 효과를 누릴 수 있다. 그래서 위기가 발생해 주식, 채권, 실물자산이 같이 하락하면 달러화 수익으로 손해를 어느 정도 만회할 수 있다.

한국과 미국에 함께 투자하는 것이 좋은 두 번째 이유는, 금융시장에서 미국은 선진국, 한국은 개도국으로 구분되기 때문이다. 선진국과 개도국 주식은 단기적으로는 같이 움직일 수도 있으나 장기적으로는 따로 움직이는 경향이 크다. 따라서 선진국과 개도국에 따로 투자하는 편이 효과가 높으므로 한국과 미국에 골고루 투자하는 것이 좋다.

아래 차트는 선진국 주식의 수익 대비 개도국 주식의 수익을 나타낸다. 1989~1994년에는 개도국 주식이 상대적으로 많이 올랐고, 1994~2001년까지는 선진국 주식이 좋았다. 2001~2011년은 다시 개도국이 좋았다가 2011~2022년까지는 다시 선진국 주식이 좋았다는 것을 확인할 수 있다. 어느 한쪽이 영원한 강세를 보이지 않는다. 한동안 선진국이 강세를 보이면 언젠가는 개도국이 다시 돌아오고, 개도국이 한동안 잘나간 후에는 선진국 주식이 다시 오른다는 사실을 알 수 있다.

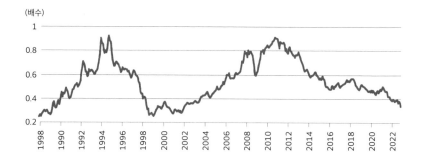

개도국 vs. 선진국 주식 수익률 비교(1988~2022)

그리고 미국 주식이 다른 나라 주식보다 훨씬 수익이 높다고 착각하는 사람들도 많은데, 그것도 사실이 아니다. 아래 차트는 글로벌 주식의 수익 대비 미국 주식의 수익을 나타낸다. 미국 주식이 2008년부터 지금까지 확실히 수익이 높았던 것은 사실이나, 1971~1988년과 2000~2008년에는 다른 나라 주식들의 수익이 더 높았다는 사실을 알 수 있다. 최근 5~10년 결과만 보고 그 추세가 영원할 것이라고 착각하는 것은 위험하다.

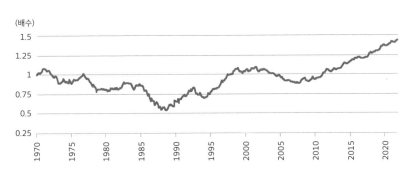

미국 vs. 글로벌 주식 수익률 비교(1970~2022)

주식시장에는 에너지·원자재에서 기술로, 기술에서 에너지·원자재로 움직이는 사이클이 있다. 에너지가 좋을 때는 개도국 주식이, 기술이 중요할 때는 선진국 주식의 수익률이 좋다. 1970년대에는 에너지·원자재가 세상을 움직이다가, 1990년대에는 인터넷 관련주 등 기술주의 수익이 제일 높았다. 2000년대에는 다시 에너지 가격이 오르면서 관련 국가와 주식이 인기가 높아졌고 특히 BRICS(브라질, 러시아, 인도, 중국, 남아프리카 공화국을 줄인 단어)라는 단어가 유행했다. 그 후

2010년대에는 구글, 아마존, 마이크로소프트, 메타 등 빅테크 기업들이 재유행했다가 최근에는 러-우 전쟁 등으로 다시 에너지, 식량 등의 중요성이 부각되고 있다.

선진국 기업이 수익성도 더 높고, 주주 친화적이기는 하지만 대신 개도국 주식보다 비싸다. 여기서 '싸다, 비싸다'는 어떤 의미일까? 똑같이 1억 원을 버는 기업이라도 개도국 기업의 시가총액은 10억 원인데 선진국 기업의 시가총액은 20억 원에 거래된다는 뜻이다. 차이가 2배 정도라고 볼 수 있다. 이 정도 차이는 그럴 듯해 보일 수도 있는데, 여기서 선진국 기업의 주가가 더 오르고 개도국 기업의 주가가 횡보하면 그 차이가 5배, 10배로 커지기도 한다.

그런데 똑같은 1억 원을 버는 기업의 시가총액이 5~10배나 차이가 난다는 것은 이해하기 어렵다. 물론 선진국 기업의 이익 성장 속도가 월등히 빠르다면 납득이 되겠지만 보통 성장 속도의 차이가 그렇게 크진 않기 때문이다. 따라서 이익 대비 시가총액의 차이는 언젠가 다시 줄어들 수밖에 없는데, 그때는 개도국 주식의 수익이 선진국을 앞서게 된다.

"저런 사이클은 자연스럽게 생기는 거야?" 엄마가 물었다. 나도 저런 사이클이 어떤 원인으로 생기고, 언제쯤 생기는지 알면 참 좋겠다. 사이클에 맞춰서 선진국 또는 개도국 주식에 투자하면 되니까. 그런데 아쉽게도 나는 그 정도 능력은 없다. 물론 이런 질문에 대해서 다양한 이론을 만든 사람은 많지만, 아직 그들이 정확하게 변곡점을 예측한 사례는 못 봤다.

확실한 건 위 그림을 보면 언젠가는 개도국 주식의 수익이 다시 선진국을 앞서 나가는 날, 글로벌 주식이 미국 주식을 앞서 나가는 날이 언젠가는 온다는 것이다. 그러나 그날이 2023년이 될지, 2025년이 될지, 2030년이 될지는 알 수 없다. 그래서 결론적으로는 반반 정도로 선진국, 개도국에 분산투자하는 것이 좋다.

내 이야기를 들은 엄마가 골똘히 생각하더니, 이런 의견을 냈다. "그럼 결론적으로 투자는 골고루 나눠서 하는 게 최고네. 한쪽을 선택하면 'All or Nothing(전부 아니면 전무)'이 될 가능성이 높으니까. 그렇다면 선진국 대표인 미국과 개도국 대표인 중국에 나눠서 투자하는 건 어떨까?"

매우 훌륭한 학습력과 응용력이다. 일단 분산투자를 하지 않고 한쪽에 올인했을 때, 'All'이 나오면 좋지만 'Nothing'이 나오면 쪽박을 차게 된다. 이때 대부분 투자자는 본인이 'All'이 어딘지 알 수 있다고 착각한다. 그런데 대부분 투자자는 그런 능력이 없다(나도 물론 그런 예측 능력은 없다). 실제로 그 'All'을 맞추는 사람은 거의 없다. 그래서 두 가지 모두에 절반씩 투자하는 편이 좋다.

그리고 한국 산업이 점점 선진화되면서 미국과의 상관성이 높아지고, 중국과 미국 주식의 상관성이 낮아지고 있다. **자산배분에서 제일 중요한 포인트는 '상관성이 낮은 자산에 투자하는 것'이다.** 그래야 하나의 자산이나 전략에서 손실이 나도 다른 곳에서 수익이 나기 때문이다. 상관성이 높으면 같이 오르고 같이 떨어지기 때문에 분산투자의 효과가 줄어든다. 이것이 포트폴리오의 변동성과 MDD를 줄이는 데 도움이 많이 된다.

그렇다면 엄마가 말한 것처럼 '한·미 포트폴리오가 아니라 한·중이나 미·중 포트폴리오에 투자하는 것이 더 합리적이지 않을까?'라는 의문이 생길 수 있다. 이러한 의문을 품고 백테스트를 해본 결과, 최근 20년 동안에는 한·미, 한·중, 미·중 포트폴리오의 성과(연복리 수익률, MDD)는 엇비슷했다.

하지만 다른 이유로 미·중 포트폴리오는 우리에게 별로 좋지 않다. **우리는 한국 투자자라 한국 주식 거래로 발생한 수익(차액)에 대해서는 양도세를 내지 않아도 되는데 해외 주식 수익에 대해서는 양도세를 지불하기 때문이다.** 해외 주식에 대한 양도세는 수익의 22%이고, 250만 원의 기본 공제가 있다.

한·미 대신 한·중 포트폴리오는 고려해볼 만하다. 일단 상관성이 낮다는 것은 큰 장점이다. 그런데 단점도 두 가지 있다. 첫째로, 정치적 리스크가 있다. 중국은 공산주의 국가이므로 외국인 자산을 압수하거나 통제할 가능성이 미국보다는 훨씬 크다.

둘째로, 달러 투자의 장점을 취하지 못한다. 주식, 채권, 실물자산이 동시에 하락하면 돈이 최후의 안전자산인 달러화로 몰린다고 했다. 금융위기가 터져도 달러에 투자하는 사람은 손실을 덜 본다. 그러나 중국 위안화는 아직 기축통화가 아니므로 대형 글로벌 위기의 방패막이 되어줄 수가 없다.

따라서 한·미, 한·중 포트폴리오 중 하나를 골라야 한다면 나는 한·미 포트폴리오를 선호한다.

# 주식시장은 과연 공평할까?

주식은 도박과 비슷한 면이 많다. 그러나 시장 안에서 확률을 나에게 유리하게 만들 수 있는 시스템은 분명히 존재하고, 그 시스템을 찾아서 착실히 실행하는 사람이 돈을 가져간다.

이에 관해 KBS에서 나에게 "주식시장은 공평한가요?"라고 물은 적이 있다. 그래서 나는 오히려 "바둑은 공평한가요?"라고 되물었다.

과정만 보면 바둑은 매우 공평하다. 두 선수에게 적용되는 룰은 똑같고 각각 번갈아 한 수를 두면 된다. 그러나 결과는 전혀 공평하지 않다. 실력 차이가 크면 고수가 거의 100% 확률로 이기게 되어 있기 때문이다. 그리고 고수 몇 명이 대회 상금 대부분을 독식한다. 즉, 과정은 공평한데 결과는 공평하지 않다. 나는 주식시장도 마찬가지라고 본다.

그런데 주식이 위험한 이유는 따로 있다. 바둑에서는 5단 정도의 수준인 내가 신진서 9단 같은 초고수와 100판을 두면 100판 다 질 것이고, '어쩌다 한 번이라도' 이길 수 있다는 생각조차 가지지 않는다. 주식시장도 결국은 고수가 하수의 돈을 다 가져가게 되어 있다. 하지만 그 과정이 좀 더 오래 걸리고, 하수도 중간에 돈을 버는 구간이 분명히 나온다. 특히 상승장에서는 대부분 하수도 돈을 벌게 된다. 이 때문에 하수는 본인의 실력을 과잉 확신할 수 있다. 그래서 하수 입장에서는 주식시장이 바둑보다 훨씬 위험하다.

내가 제정신인 이상 신진서 9단과 바둑을 두면서 1억 원을 베팅하는 일은 없지 않겠는가? 질 게 뻔한데. 그런데 주식시장에서도 내가 1억 원을 매수하면 나도 누군가와 베팅하고 있다는 뜻이다. 주식의 경우 상대방이 누군지 보이지 않지만, 알고 보면 워런 버핏일 수도 있다. 내가 버핏의 반대편에 서서 그가 매도한 주식을 매수했을 수도 있는 것이다. 상대방이 누군지 모르고, 감정적으로 투자해도 단기적으로는 수익을 맛볼 수 있으므로 주식시장이 더 위험하다.

결론적으로는 손실을 최소화하면서 안정적으로 수익을 쌓을 수 있는 시스템을 최대한 빨리 알아내야 한다. 기관, 외국인, 세력, 연준, 정부를 탓하지 말고 개개인이 스스로 공부해서 최소한 버틸 수 있는 레벨까지는 올라가야 한다.

사실 기관과 외국인이 작정하고 개미를 '털어먹는' 것이 아니다. 일단 기관과 외국인은 주식시장에서 수익을 내거나 손실을 최소화할 수 있는 검증된 규칙과 시스템을 어느 정도 따르기 때문에 돈을 버는 것이다. 근데 개미는 그런 규칙 또는 시스템이 존재하는지도 모르고, 알아도 따르지 않고, 별로 중요하다고 여기지도 않는다. 보통 그냥 본인의 감과 판단을 믿는다. 그렇게 망하고 나면 남 탓을 하게 된다. 인간은 원래 그렇게 만들어져 있다. '자기 고양적 편향(self-serving bias)'이라고 하는데, 일이 잘되면 내가 잘한 거고 안 되면 남 탓하는 편향이다.

엄마는 이렇게 이야기했다. "결국 주식을 하게 되면 인간을 배워야겠군. 이어령 교수가 그랬는데 인터넷 댓글 같은 것만 유심히 봐도 길이 보인다고 하더라고. 사람들이 막 얘기하는 것 같지만 다른 사람의 눈치를 보지 않고 있는 그대로의 감정을 드러낸다는 거야. 그래서 세상의 흐름이 보인다고 하더라고. 나도 그런 게시판을 가끔 봐야겠어."

# 자산배분, 다시 한번 복습

지금까지 60/40 포트폴리오, 영구 포트폴리오, 올웨더 포트폴리오를 살펴봤다. 이번 수업을 마치기 전에 마지막으로 자산배분을 한번 복습할 타이밍이 왔다. 자산배분의 핵심을 다시 한번 살펴보자.

## 1 우상향하는 자산에 투자하라

우상향하는 자산은 주식, 채권, 실물자산(금, 원자재, 부동산) 정도이다. 그런데 각 자산군은 왜 우상향하는 것일까? 이것도 한번 고민해볼 필요가 있다.

주식에 대해서 엄마는 이런 의견을 냈다. "전 세계적으로 생산 시스템이 매일 밤낮으로 돌아가고 있어. 거기서 나오는 이득을 주주들에게 나눠주는 건데, 생산 활동이 멈출 리가 있을까?" 나는 지구인 80억 명 중 절반 이상은 기업을 위해서 일을 할 텐데, 이들이 하루 최소 8시간 동안 돈을 벌기 위해 고민을 하거나 실제로 노동을 하므로 기업의 생산성이 향상되고, 기업이 벌어들이는 돈도 더 많아지고 자본이 계속 축적된다고 믿는다. 그러니까 주식은 장기적으로는 끊임없이 오를 수밖에 없다고 생각한다.

내 의견을 들은 엄마가 갑자기 반론을 제시했다. "그런데 AI가 더 발전하더라도 생산과 소비가 계속 무한 성장할 수 있을까? 아직 안가본 세계이긴 하지만, AI로 인한 대격변의 시대가 오면 어떻게 될까?" 이 부분은 내가 별로 생각해 보지 않은 이슈였다.

그런데 만약 엄마의 가설이 현실이 된다고 하더라도 큰 손실을 피할 수 있는 방법은 있다. '추세추종(동적자산배분)'이라고 하는데 3교시에서 다룰 것이다.

다음으로 채권은 왜 우상향할까? 남에게 100원을 빌려주면 나중에 돌려받을 때 구매력이 100원보다 높아야 한다. 그렇지 않으면 남에게 돈을 빌려줄 이유가 없다. 예를 들어 인플레이션이 3%라고 쳤을 때 내가 1년간 100원을 빌려준다면 1년 후에는 103원 이상은 돌려받아야 한다. 그렇다면 채권에 투자한 사람은 일반적으로는 인플레이션으로 인한 구매력 상실보다는 더 많은 돈을 돌려받게 되어 있다. 이게 계속 반복된다면 내 자산은 증가한다. 이게 채권이 우상향하는 이유다.

엄마는 돈을 빌려주었는데 채무자가 갚지 못하는 상황을 걱정했다. 물론 그런 경우도 발생할 수 있다. 그래서 신용평가가 존재한다. 신용평가를 통해 그 '갚지 못할 확률'에 대한 리스크를 반영하는 것이다. 신용평가가 높은 채무자는 이자를 적게 내고 신용평가가 낮은 채무자는 이자를 많이 내서 채권자의 리스크를 보상해 줘야 한다.

금과 실물자산의 경우 실물 자체의 가치를 유지하는데, 통화량은 점점 늘어난다. 그래서 금과 실물자산은 장기적으로 통화량의 양과 비례해서 가격이 오른다. 예를 들면 1970년부터 미국의 달러 통화량이 연복리 7% 정도로 증가했는데, 금의 장기 수익률도 그 정도이다. 그런데 과거에는 희한하게 돈의 양이 늘어나는 것만큼 물가상승이 이뤄지지는 않았다. 이것도 연구 대상인데 이번 책에서 더 다루지는 않겠다.

엄마는 "금에 대한 인간의 깊은 욕구가 있나 봐"라고 덧붙였다. 인간의 금에 대한 집착을 미신이라고 여기는 사람도 있다. 워런 버핏(Warren Buffett) 같은 투자자는 금은 가치가 별로 없다고 생각한다. 그러나 인간은 몇천 년 동안 금을 '진짜 돈'으로 섬겨오다시피 했으니 인류의 집단 무의식에 새겨진 '금=돈'이라는 공식이 쉽게 사라질 것 같지는 않다. 엄마는 사실 다이아몬드도 그냥 돌덩어리일 뿐인데 사람들이 집착한다는 사례를 들면서 나와 생각을 같이했다.

부동산의 경우는 어떨까? 물론 부동산은 우상향하는 자산이다. 엄마는 "부동산은 너무 특수한 자산이라 자산배분에서 빼야 하는 거 아냐? 덩어리도 너무 커서 분산투자하기도 어려워"라는 의견을 냈다. 나도 여기에 동의한다. 부동산은 특이한 자산이다. 우리가 부동산을 사는 이유가 100% 투자 때문만은 아니기 때문이다. 부동산은 거주 환경, 아이들 학군, 직장 위치 등 투자와 상관없는 여러 요소가 포함된 생필품이자 투자처의 중간 지대라고 보기 때문에 나는 보통 부동산을 자산배분에서 제외한다.

엄마가 물었다. "부동산 대신 리츠(REITs)라는 곳에 투자할 수 있는 것 같은데, 책에서 리츠가 수익률이 생각보다 낮다고 썼던가?" 그건 아니다. 리츠는 부동산에 투자해서 부동산에서 발생한 임대료 및 시세차익을 주주에게 환원하는 것이다. 부동산의 수익률이 전 세계적으로 주식과 비슷하기 때문에 리츠의 수익도 주식과 비슷한데, 리츠는 주식과 상관성이 높아서 분산투자 효과가 별로 없다.

그렇다면 코인은 어떨까? 엄마는 "잘 모르겠지만 변동성이 너무 높다는 인상을 줘서 별로 투자하고 싶지는 않다"고 이야기했다. 나의 경우는 코인이 왜 장기적으로 우상향해야 하는지 근거를 찾지 못했다. '당장 내일 세상에서 모든 코인이 사라지면 세상에 어떤 문제가 생길까?'라는 질문을 스스로 던져봤는데, 답을 찾지 못했다. 반면 주식, 채권, 부동산, 금, 원자재 등이 사라진다면 세계는 당장 큰 혼란에 빠질 것이다. 이것이 내가 코인을 자산배분에 포함하지 않는 이유이다. 단, 단기 트레이딩 수단으로는 코인을 충분히 활용할 수 있다고 본다.

## ② 자산배분의 핵심: 상관성이 낮은 자산군에 투자하라

사실 이게 자산배분의 핵심이다. 상관성이 낮은 자산군을 모아서 자산배분을 하면 좋은 결과가 나올 수밖에 없다. 즉, MDD가 20% 이하로 하락한다.

보통 주식, 채권, 실물자산이 서로 상관성이 낮은데 이건 우리가 배운 경제의 4계절 이론과 맞물린다.

## ③ 변동성이 낮은 종목에 더 많은 금액을 투자하라

변동성이 높은 자산이 포트폴리오에 너무 큰 영향을 미치는 것을 방지하기 위해 비중을 낮추고 변동성이 낮은 자산의 비중을 좀 더 높인다.

### ④ 주기적으로 리밸런싱하라

시간이 지나면 각 자산군의 비중이 변하기 때문에 주기적인 리밸런싱이 필요하다. 적정자산배분의 리밸런싱은 연 1회 정도면 충분하다.

### ⑤ 지금까지는 한국형 올웨더가 최선의 자산배분 전략

주식·채권·실물자산과 원화·달러에 분산투자하는 한국형 올웨더 포트폴리오가 현재까지는 최선의 자산배분 전략으로 보인다. 한국형 올웨더 포트폴리오의 경우 연복리 수익률은 높은 한 자릿수, MDD는 10% 정도이다. 단, 한국과 중국 시장의 상관성이 점점 낮아져서 나중에는 한-중 포트폴리오가 더 유리한지 검토해야 할 순간이 올 수도 있다.

**예습·복습**

## 2교시 숙제

▶ 2교시 내용 복습
  - 각 자산배분 전략들의 특징 이해하기

# 3교시

"주식도 잘되는 놈이 계속 잘되는구나!"

# 흐름에 올라타는 추세추종

QUANT

# 추세추종을 꼭 알아야 하는 이유

정적자산배분을 오래 다뤘으니 3교시에는 MDD를 줄일 수 있는 두 번째 막강한 수단인 동적자산배분, 즉 **추세추종**\*으로 넘어가 보자. 추세추종은 아주 간단한 콘셉트인데, 그 핵심은 다음과 같다.

> **추세추종**\*
> 기업 가치의 분석보다는 기업 주가의 기술적 분석을 중시하는 투자전략. 동적자산배분과 같은 의미다.

### 오른 놈은 보통 계속 오르고 내린 놈은 보통 계속 내린다.

여기서 중요한 포인트는, 추세를 예측하지 않고 이미 발생한 추세에 올라타는 것이다. 그래서 우리는 '추세예측'이 아닌 '추세추종'을 한다.

2교시 마지막에서 엄마가 한 말을 이어가 보자. 나는 주식시장이 장기적으로 영원히 우상향할 것이라고 보지만, 엄마가 말한 것처럼 AI 발달과 기후 악화 등으로 그 장기적 흐름이 꺾일 가능성도 있다. 그리고 그 확률은 분명히 0보다 크다. 인류 역사를 돌아보면 전쟁, 혁명, 질병, 자연 재해 등으로 인류가 수십 년간 발전하지 못한 시기도 있다. 중세 시대 문명이 고대 로마 시대보다 크게 후퇴하지 않았는가? 솔직히 주식이 영원히 우상향할 수 있다고 100% 장담하지는 못한다. 엄마가 말한 암울한 세상이 내키지는 않지만 그렇다고 해서 절대 오지 않는다고 가정할 수도 없다.

그러나 추세추종을 하면, 실제로 주가의 추세가 꺾였을 때 그냥 팔면 된다! 추세추종은 오르는 자산을 매수하고 내리는 자산을 매도하는 것이다. 따라서 추세가 꺾이는 자산은 팔게 된다. 설사 엄마의 AI 이론이 현실이 된다고 해도 추세추종을 하면 큰 손해는 피해갈 수 있다. 그래서 추세추종을 어떻게 하는지 배워야 한다.

자산배분은 각 자산군의 비중을 정하고 그 비중을 장기간 고수하는 전략이다. 자산배분은 '장기적으로 우상향한다'고 믿는 자산에 투자하는 방법인데, 그 가정이 깨지면 돈을 벌 수가 없다. 추세추종은 이 가정이 깨지더라도 최소한 큰 손실을 피해갈 수 있다. 심지어 공매도를 사용하면 하락하는 자산에 베팅해서 돈을 벌 수도 있다.

## 공매도는 왜 비난을 받을까?

새로운 단어를 들은 엄마가 놓치지 않고 공매도가 무엇인지 질문했다. 공매도는 내가 공매도한 자산의 가격이 내려가면 돈을 벌 수 있는 거래다. 공매도의 절차는 다음과 같다.

**1. 주식을 가진 투자자에게 주식을 빌린다.**
**2. 그 주식을 거래소에서 판다.**
**3. 나중에 그 주식을 거래소에서 되사서 원래 주인에게 돌려준다.**

중요한 것은 돌려주는 게 '돈'이 아니라 '주식'이라는 점이다.

오늘 삼성전자 주가가 6만 원이면 주식을 빌려서 당장 팔면 6만 원이 생기는데, 나중에 삼성전자가 3만 원으로 떨어지면 그때 삼성전자 주식을 사서 다시 원래 주인에게 돌려주고 3만 원의 이익을 확정 짓는 것이다. 반대로 삼성전자 주식이 8만 원으로 오르면 8만 원을 주고 주식을 사서 돌려줘야 하니 2만 원의 손실이 발생한다.

이때 주식을 빌려주는 투자자는 수수료를 받는다. 그래서 이 주식을 장기보유할 의도가 있는 투자자는 추가 수익을 위해 주식을 빌려주기도 한다.

엄마는 왜 이런 제도가 있는지 이유를 물었다. 이유는 간단하다. 사람들이 꼭 오르는 가격에만 베팅하게 할 필요는 없기 때문이다. 주식이 떨어지는 쪽에 베팅하고 싶은 수요를 충족시켜 주는 것이다.

그런데 주가가 너무 많이 오르는 바람에 주식을 빌려서 공매도한 사람이 그 주식을 되살 수 없다면 어떻게 될까? 공매도한 사람은 거래소에 증거금을 납입해야 하는데, 주가가 오르면 추가 증거금을 납입해야 한다. 만약 추가 증거금을 납입하지 못하면 공매도 강제청산을 당하게 된다.

엄마가 물었다. "지금까지 공매도에 대해 전혀 이해를 못하고 있었네. 그런데 왜 공매도가 나쁘다는 식으로 언론에 자주 나오는 거니?"

대부분 투자자는 주식을 사서 가격이 오르기를 기대하고 있는데 공매도하는 사람은 반대 방향으로 베팅한다. 특히 하락장에서는 나는 돈을 잃어서 짜증나는데 쟤들은 돈을 벌고 있으면 더 짜증난다.

그래서 투자자들은 공매도하는 사람들을 비난하게 된다. 공매도를 없애자는 얘기도 종종 나온다.

물론 공매도하는 사람들이 많으면 20% 빠질 주식이 30% 빠질 수도 있다. 주식을 빌려와서 시장에 팔면 가격이 더 내려가기 때문이다. 그런데 그 주식은 어차피 떨어질 주식일 뿐이다. 그보단 내가 손실을 보고 있는데 버는 사람들이 있다는 것이 싫다는 게 주된 이유라고 생각한다.

# 절대모멘텀 vs. 상대모멘텀

추세추종을 본격적으로 공부하려면 절대모멘텀과 상대모멘텀의 개념을 알아야 한다. 그런데 이 개념을 헷갈리는 사람이 아주 많다. 엄마도 예외는 아니었다.

일단 추세추종을 할 때 우리의 목적은 다음과 같다.

**1. 연복리 수익률 올리기**

**2. MDD 내리기**

**상대모멘텀**은 연복리 수익률을 올리는데 유효하며, **'무엇을 살까?'**에 대한 해답을 준다. 세상에는 투자할 수 있는 대상이 매우 많다. 우리는 수만 개의 주식과 수천 개의 ETF를 고를 수 있다. 그럼 무엇을 사야 할지 고민에 빠질 수밖에 없는데, 상대모멘텀은 그중 최근 상대적으로 가장 많이 오른 자산에 투자하는 전략이다.

가격이 대폭 상승한 자산은 그 강한 상승세가 지속되는 경향이 있다. 그래서 보통 최근 많이 오른 자산에 올라타면 자산을 사서 가만히 보유하는 정적자산배분보다 더 높은 수익을 낼 수 있다.

**절대모멘텀**은 MDD를 줄일 때 쓰면 유용한 방법이다. 상대모멘텀이 '무엇에' 투자할지 알려준다면, 절대모멘텀은 **'언제 투자하고 언제 투자를 중단해야 하는지'** 알려준다. 투자해야 하는지, 하면 안 되는지에 대한 '절대적인' 조건을 제시한다. 사실 투자의 가장 큰 비밀은 다음과 같다.

**상승장에는 위험자산에 투자해서 돈을 벌고**
**하락장에는 위험자산을 팔고 안전자산으로 대피한다.**

절대모멘텀은 이를 위해 상승장과 하락장을 구분하는 역할을 해준다. 하락장을 피할 수 있다면 큰 손실을 피해갈 수 있으므로 당연히 MDD가 줄어들 수밖에 없다.

우리는 상대모멘텀을 통해 어떤 위험자산에 투자할지 결정하고, 절대모멘텀을 통해 그 위험자산에 투자할지, 아니면 일단 투자를 보류하고 안전자산을 보유할지 결정한다.

## 위험자산과 안전자산을 나누는 기준

위험자산은 주로 돈을 벌기 위해 투자하는 자산이다. 이런 자산들은 보통 변동성이 상당해서 '위험'하다. 그 위험을 감수하고 수익을 내기 위해 투자하는 자산이 위험자산이다. 주식, 암호화폐, 원자재가 대표적이다.

안전자산은 변동성이 적어서 큰 손실이 발생할 확률이 적은 '안전'한 자산이다. 현금과 신용등급이 높은 채권이 대표적인 안전자산이다.

부동산과 금은 위험자산과 안전자산의 중간 정도이다. 부동산은 주식보다는 변동성이 적지만 생각보다는 변동성이 큰 편이며, 금은 변동성이 커서 위험자산으로 볼 수 있으나 하락장에는 안전자산으로 여겨져서 투자자들이 매수하는 사례가 자주 있었다.

### 상대모멘텀과 절대모멘텀 비교

| 구분 | 상대모멘텀 | 절대모멘텀 |
|---|---|---|
| 목적 | 수익 극대화 | MDD 최소화 |
| 무엇을 결정하는가 | 무엇을 사는가 | 언제 사는가 |
| 무엇을 하는가 | 최근 가장 수익 좋은 자산에 투자 | 상승장과 하락장을 구분 |

# 부자의 투자법, 개미의 투자법

추세추종의 핵심은 딱 두 문장으로 요약할 수 있다.

**1. 상승장에서는 최근 가장 많이 올랐던 위험자산에 투자해서 돈을 번다.**
**2. 하락장에서는 위험자산을 빨리 팔고 안전자산을 보유하면서 하락장을 넘긴다.**

이렇게 해야 '계단형 부의 상승'이 가능하다. 부자들은 이 원칙을 잘 지켜서 상승장에서는 돈을 벌고, 하락장에서는 자산이 늘지는 않아도 잘 버틴다. 따라서 자산이 계단형으로 늘어나게 된다. 하지만 개미는 상승장에서는 벌고 하락장에서는 깨지는 '지그재그' 패턴을 보여서 돈을 못 번다.

### 부자의 자산, 개미의 자산

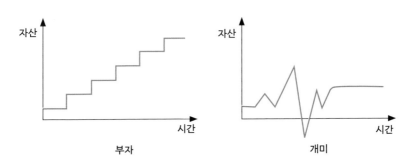

하락장에서는 투자를 하지 않는 것이 중요한데, 대부분 개미는 주식에 투자할 때 상승장과 하락장을 구분하지 않고 주식을 매수한 뒤 소위 말하는 '존버'를 하는 경향이 있다.

"하락하는 자산을 붙들고 안 판다는 건, 처음에 손절 기준을 정한 걸 다 잊어버렸다는 거네!" 엄마가 이야기했다. 이건 엄마가 틀렸다. 대부분 개미는 그런 생각을 하지도 않는다. 손절 계획을 수정하는 것이 아니라 손절 계획 자체가 없다.

부자의 자산은 왜 앞의 그래프와 같은 계단형 패턴을 보일까? 상승장이 끝날 무렵에 자산을 팔고 장에서 빠져나가고, 하락장을 버텨서 원금의 상당 부분을 지킨 다음 상승장에서 다시 불리기 때문이다.

엄마가 의아하다는 듯 고개를 갸우뚱했다. "이게 네가 항상 강조하는 부분이잖아?"

나만 이 점을 강조한다. 대부분 '금융 전문가'들은 투자자들이 사고팔아야 돈을 버는 시스템에서 일하고 있기 때문에 '하락장에서 주식 비중을 줄이거나 투자를 중단하라'는 조언을 하지 못한다. 그래서 그냥 하락장에도 좋은 주식을 매수한 뒤 버티면 나중에 다시 수익이 난다고 주장한다. 그래서 그런지 대부분 투자자는 손실이 나는 주식을 판다는 생각조차 아예 하지 못한다.

물론 하락장에서도 오르는 종목들을 찾아서 돈을 벌 수 있는 사람은 분명히 있다. 그러나 나는 그에 속하지 못한다. 그리고 투자자들의 99.9%는 하락장에서도 돈을 벌 만한 능력이 없다.

중요한 부분이므로 다시 한번 강조한다. 상승장에서는 위험자산에 투자해서 돈을 벌고, 하락장이 오면 위험자산을 팔고 안전자산으로 도망쳐야 한다. 그리고 이때는 투자를 쉬면서 공부를 하는 것이 부자가 되는 길이다. 그러나 대부분 사람은 이렇게 투자하지 않는다.

## 추세추종 전략의 종류

이야기가 조금 샜는데, 추세추종으로 돌아가 보자. 추세추종 전략은 상대모멘텀과 절대모멘텀을 결합해서 올웨더 등의 자산배분 전략보다 더 높은 수익을 내는 동시에 MDD를 낮은 수준으로 제한하는 것이다. 추세추종 전략의 핵심 원칙은 상대모멘텀과 절대모멘텀 두 가지가 전부다. 그래서 꽤 간단해 보인다. 그런데 왜 알려진 전략만 70개가 넘을까?

모든 추세추종 전략의 핵심 구조는 같다.

1. **상승장에는 위험자산 중 최근 가장 많이 오른 자산을 매수한다(상대모멘텀).**
2. **하락장에는 위험자산 투자를 중단하고 안전자산을 보유한다(절대모멘텀).**

그런데 전략마다 기준이 다르다.

**1. 상승장과 하락장을 구분하는 기준이 다르고**

**2. '최근 수익'의 기준이 다르고**

**3. 위험자산에 포함하는 자산이 다르고**

**4. 상승장일 때 투자하는 위험자산 수와 비중이 다르고**

**5. 안전자산에 포함하는 기준이 다르고**

**6. 하락장일 때 투자하는 안전자산 수와 비중이 다르다.**

그래서 원칙은 두 가지지만 파생되는 전략이 수십 개, 수백 개가 있는 것이다.

"왜 절대모멘텀을 사용하면 MDD가 줄어들까?"라고 질문했더니 엄마는 "이유가 중요한가? 백테스트 결과를 보면 이게 통한다는 게 보이잖아?"라고 역질문해왔다.

중요한 얘기다. 퀀트 투자에서는 'A라는 전략이 통한다'라는 가설을 세우고 그 가설을 백테스트해 본 뒤, 백테스트 결과가 좋으면 그 전략을 실전에서 사용한다. 따라서 나도 어떤 전략이 왜 통하는지 꼭 깊이 이해할 필요는 없다고 생각한다.

그러나 이 정도는 알면 좋다. 보통 금융시장에서 크게 상승했다가 곧바로 다시 급하락하는 역V 패턴을 보이는 경우는 거의 없다. 보통은 최고점을 찍은 후 처음에는 천천히 횡보하고, 이후 조금씩 하락하다가 나중에 큰 하락이 발생하는 경우가 대부분이다.

## 하락장 당시 나스닥지수 그래프

출처: 인베스팅닷컴

위 나스닥지수를 살펴보면 2007년 말에 2,850포인트 정도에서 고점을 찍었다. 그 후 하락장 초반에는 하락이 가파르지 않았다. 최고점은 돌파하지 못했으나 중간중간 반등도 있었고 2008년 8월에도 2,500포인트 근처까지 갔다. 그 후에 급락하면서 1,200포인트대까지 떨어진 것이다. 즉, 우리에게는 최고점 후 10개월 동안이나 큰 손실을 피하면서 안전자산으로 도망칠 기회가 있었다. 대부분 하락장은 이런 식으로 처음 하락은 완만하게 진행되다가 투자자의 패닉과

공포가 커져서 다 투매하고 탈출하면서 급락장이 연출되는 경우가 많다.

그런데 절대모멘텀을 사용하면 초기 하락 징조가 보일 때 자동으로 주식 등의 위험자산을 처분하고 안전자산으로 이동하게 되므로 큰 하락장을 대부분 피해갈 수 있는 것이다.

엄마는 "내가 추세추종을 하고 있었네. 난 가지고 있는 종목이 10% 빠지면 다 손절하고 보거든"이라고 답했다. 그래, 이렇게 손절을 할 줄 아는 사람이니까 내가 가르치지!

『거인의 포트폴리오』를 읽은 엄마는 여기서 "추세추종도 역사는 있지만, 결국 실전에서 활용할 전략은 책 맨 뒤에 있는 거 아니야?"라고 질문했다. 위 책 45장에서 나는 내가 직접 투자하는 전략을 듀얼모멘텀 전략, VAA 전략, LAA 전략이라고 밝힌 바 있다.

"이 세 전략을 합치니까 결과가 잘 나오더라. 내가 1교시 때는 뭘 잘 몰라서 연복리 수익률 10%, MDD 30%를 목표로 했는데 이 세 전략을 합친 혼합전략은 MDD가 10% 미만이잖아?"라고 말하며 엄마는 큰 깨달음을 얻었다는 표정을 지었다.

결론적으로 역사적 흐름을 이해하는 것은 중요하지만, 책에서 본 대로 이 3개 혼합전략에 투자하겠다는 것이 엄마의 의견이었다. 엄마가 말하는 전략은 포트폴리오의 1/3을 각각 듀얼모멘텀 전략, LAA 전략, VAA 전략에 투자하는 혼합전략이다. 그 전략에 대한 자세한 내용은 『거인의 포트폴리오』를 참고하기 바란다. 왜냐면 나는 이제 그 전략을 사용하지 않기 때문이다. 그 이유는 4장에서 설명하겠다.

여기서는 엄마가 투자하고 싶었던 예전 버전의 3개 혼합전략 포트폴리오를 간단히 분석해 보자.

### 구 3개 혼합전략 성과 분석(1970~2022)

| 전략 | 연복리 수익률<br>(%) | MDD<br>(%) | 가장 긴<br>하락 기간(월) | 월 승률<br>(%) |
|---|---|---|---|---|
| **구 3개 혼합전략** | 14.1 | -14.9 | 22 | 70.0 |
| 듀얼모멘텀 | 14.4 | -19.6 | 37 | 66.2 |
| VAA | 16.7 | -16.1 | 34 | 75.9 |
| LAA | 10.4 | -18.9 | 37 | 64.7 |

### 구 3개 혼합전략의 수익(1970~2022)

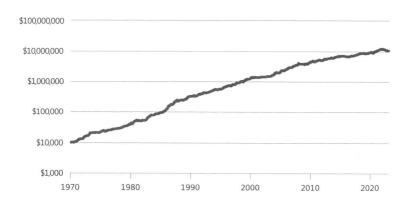

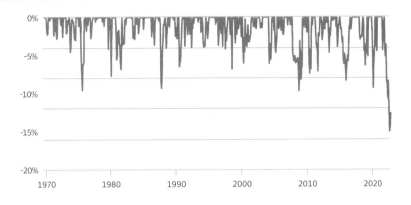

구 3개 혼합전략의 손실 폭(1970~2022)

구 3개 혼합전략의 MDD는 3개 전략 각각의 MDD보다 작고, 손실 회복에 걸린 최대 기간이 22개월이었다. 각 전략을 따로따로 보면 손실 회복에 34~37개월이 걸렸는데 혼합전략은 그보다 훨씬 빨리 최고점에 다시 도달했다. MDD도 낮고, 연복리 수익률도 꽤 높은 편이다. 엄마가 혹할 만하다.

그런데 흥미로운 사실은 저 전략은 내가 2021년 11월에 사용했던 전략이고, 1년 뒤인 2022년 11월부터 사용한 전략은 완전히 다르다는 것이다. 나는 이제 변형 듀얼모멘텀, BAA, 채권 동적자산배분을 혼합한 '신 3개 혼합전략'을 쓰는데, 왜 저 전략을 쓰게 되었는지, 2022년에 무슨 변화가 있었는지는 다음 장에서 자세히 다루도록 하겠다.

참고로 나는 16개 주요 동적자산배분 중 어느 종목에 투자하는지 매월 1일 '유튜브 커뮤니티'에 공개하고 있다. 내가 실시간으로 어디에 어떻게 투자하는지 궁금한 사람들은 나의 유튜브 채널「할 수 있다! 알고 투자(www.youtube.com/@haltoo)」를 참고하기 바란다.

## 「할 수 있다! 알고 투자」 유튜브 커뮤니티

## 유튜브 커뮤니티 내 동적자산배분 종목 공개 예시

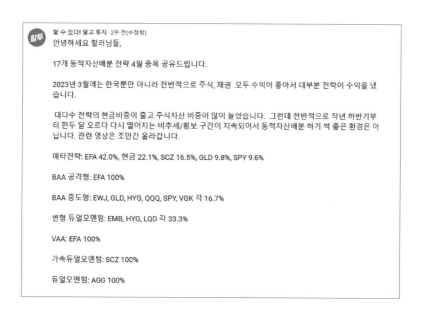

# 선택한 전략을 무조건 따라야 하는 이유

3교시에서는 추세추종에서 제일 중요한 상대모멘텀과 절대모멘텀을 설명하고, 추세추종 전략의 핵심을 다뤘다.

## 1. 상승장에는 최근 가장 많이 오른 위험자산을 매수한다.
## 2. 하락장에는 위험자산을 팔고 안전자산으로 도피한다.

엄마는 내가 2021년 11월에 투자했던 방식인 듀얼모멘텀, LAA, VAA의 구 3개 혼합전략에 투자하려고 했는데, 나는 이 전략을 더 이상 활용하지 않는다. 그래서 다음 시간에는 왜 내가 이 전략을 더 이상 사용하지 않는지, 어떤 식으로 전략을 업데이트했는지 설명할 예정이다. 그런데 수업을 마치기 전 엄마의 질문 공세가 시작됐다.

**질문 1. 추세추종을 하고 싶은데 직접 어떤 종목을 사야 하는지 계산하기 싫은 사람은 너의 유튜브 커뮤니티에 올라온 종목만 보고 투자해도 되겠네?**

물론이다. 전략별 종목만 알고 싶으면 매월 내 유튜브 커뮤니티만 보고 투자해도 된다. 그리고 나는 일단 무조건 투자를 시작하는 걸 권하는 편이다. 사람은 돈이 들어가 있어야 투자 공부를 한다. 내 돈도 안 들어갔는데 왜 투자 공부를 하겠는가? 그것보다 재미있는 것이 수천 개가 있는데!

**질문 2. 전략을 꾸준히 따라 하는 사람들의 반응은 들어봤어?**

들어봤다. 그런데 꾸준히 따라 하는 사람이 많지 않다. 주로 이런 과정에 빠지게 되기 때문이다. 추세추종 등 퀀트전략을 잘 배웠다. 종목도 뽑고 돈도 집어넣었다. 그런데 전략대로 투자하기 시작한 후에는 흔들거리기 마련이다. 매월 오르는 전략은 존재하지 않는다. 그래서 금세 포기하는 사람이 많다. '추세추종' 전략이란 기본적으로 비추세 구간에서 잘 안 통할 수밖에 없다. 추세추종 전략은 오르면 사고 내리면 파는데, 비추세 구간에는 오르는 놈이 계속 오르지 않고 다시 내리고, 내리는 놈이 계속 내리지 않고 반등하지 않는가? 그런데 금융 시장에서는 비추세 기간이 수개월, 아니 수년 이상 지속되는 경우도 비일비재하다. 이때 사람들이 환멸을 느끼고 도망간다.

**질문 3. 그럼 6개월도 못 버티고 이것저것 다른 투자를 시도하거나 사야 할 종목을 안 사면 당연히 이 수익이 안 나오는 거지?**

당연하다. 다이어트를 할 때도 식단과 운동을 계획대로 지켜야 살이 빠지는데, 오늘 술과 고기를 먹고 다음날은 운동을 안 하면 당연히 살이 빠지지 않는다. 퀀트도 똑같다. 전략 그대로 따라가야 높은 수익과 낮은 MDD를 얻을 수 있다.

**질문 4. 투자에서 가장 중요한 건 돈을 넣기 전에 전략을 먼저 세우고 무조건 그 전략을 지키는 거겠네?**

무조건이다. 만약 내가 6개월 동안 A라는 전략을 쓰겠다고 결심하면 그동안 어떤 식으로 주식을 사고팔 것인지 미리 정할 수 있다는 것이 퀀트의 가장 큰 장점이다. 계획이 없으면 돈을 투자하고 나서 어떻게 반응할지 결정하기 아주 어렵기 때문이다. 내 돈이 들어간 순간부터 매수한 자산에 대해 객관적으로 판단할 수 있는 사람은 존재하지 않는다. 그래서 다시 한번 강조하는데, 돈을 투입하기 전에 전략을 미리 세우고 무조건 그 전략을 지켜야 한다. 이처럼 퀀트 투자는 규칙 기반 투자로, 따라만 하면 누구나 나만큼 높은 수익률과 낮은 MDD를 얻을 수 있다.

**질문 5. 퀀트 투자 성공 사례가 있어?**

외부에는 알려지지 않았지만 수십억 원 규모로 퀀트 투자를 하는 사람들이 꽤 있다. 강철(필명이 아닌 본명이다)이라는 투자자는 4년 동안 소형주 퀀트 투자를 해서 수십억 원을 벌었고, '소형주 강환국 슈퍼 가치전략'이라는 전략만 5년 써서 매우 큰 수익을 낸 투자자도 알고 있다. 2022년 하락장에서도 31%의 수익을 낸 '재테크는 스크루지'라는 블로거도 있다.

**역질문. 이쯤 나도 엄마에게 되물었다. "대부분 사람은 왜 본인이 선택한 전략을 끝까지 따르지 못하는 걸까?"**

엄마는 이렇게 대답했다. "뉴스 같은 걸 보면 사람이 흔들리게 돼. 뭔가 주체적으로 생각하기보다는 그냥 흐름에 따라갔다는 것에서 오는 흐뭇함이나 안정감 같은 게 생각보다 크거든. 전문가 누가 어떤 투자로 많이 벌었다는 소문 들으면 그 사람 어설프게 따라갔다가, 그 사람이 별로인 것 같으면 다른 전문가 말을 듣고 전략을 바꾸고……. 이래서 전략을 유지하지 못하고 이도저도 아닌 '비빔밥'이 되는 거 아닐까?"

이 문제에 대해서는 5교시에서 조금 더 자세히 다루겠다.

## 왜 아직도 사람들은 퀀트 투자를 안 할까?

질의응답을 하던 중 엄마도, 나도 동시에 제일 궁금한 핵심 질문에 도달했다. 도대체 투자자 대부분은 왜 이 간단한 퀀트 투자를 안 하는 것인가?

"네 책에서 수많은 논문을 요약했잖아. 노벨상을 받은 사람도 있고, 저명한 교수들도 많아. 그 사람들이 본인이 만든 전략을 다 검증했고, 심지어 어떤 종목을 언제 사고파는지도 다 적어놨는데 사람들은 왜 이대로 투자하지 않을까?"

글쎄, 나도 사실 그게 가장 궁금하다! 21세기에 접어든 지도 20년이 지났는데 퀀트 투자를 안 하는 사람은 나도 전혀 이해가 안 되는 게 사실이다. 사실 비퀀트 투자자들 중에서 투자를 꽤 잘하는 사람도 있다. 그런데 그중에서도 99%는 '비퀀트 치고는' 꽤 잘하는 것뿐이지, 간단한 퀀트 전략의 수익률을 넘어서기도 어렵다. 게다가 퀀트 투자는 다른 투자 방식과 다르게, 마치 레시피대로 요리하는 것처럼 따라 하기도 쉽기 때문에 더욱더 이해가 안 된다.

엄마는 의아한 듯 질문을 반복했다. "게다가 직접 백테스트를 실행할 필요도 없고 소프트웨어가 다 해줘. 예전에는 직접 데이터를 찾고, 전략을 만들고, 종목도 찾아야 했겠지만 요즘은 소프트웨어가 다 해주니까 이렇게 단순한 게 없더라고. 왜 안 할까? 부자가 되는 길은 쉬운데 왜 따르지 않을까?"

엄마가 질문을 하니까 나도 "왜 부자가 되는 길은 쉬운데 이 길을 따르는 사람이 적은가?"가 매우 궁금해져서 유튜브에서 댓글을 통해 다른 투자자들에게 아이디어를 구하면서 내용을 정리해 영상을 만들었다. 그 영상의 핵심 내용은 다음과 같다.

▶ 할투 735

## 1. 무의식: 무의식적으로 돈을 거부하는 사람이 많다

부모나 교사에게 '돈이 없어도 행복할 수 있고, 부자들은 나쁜 사람이다. 돈은 열심히 일해서 버는 것이고 불로소득으로 이득을 취하는 건 나쁜 일이다' 등의 그릇된 교육을 받아서 부자가 되는 것, 경제적 자유를 이루는 것, 돈을 많이 버는 것에 대한 무의식적인 거부감이 있는 사람들이 의외로 많다. 돈 버는 것에 죄책감을 느끼면 퀀트 투자는커녕 투자공부도 하지 않게 된다.

## 2. 학습된 무기력증: 난 안 될 거야

"나는 뭘 해도 안 될 거야", "부자는 남의 일이야", "나는 흙수저라 절대로 부자가 될 수 없어" 등의 패배주의적인 생각을 하는 사람도 상당히 많다. 당연히 이런 생각을 하면 투자를 배울 노력조차 하지 않을 가능성이 매우 크다. 이 학습된 무기력증은 주로 롤모델의 부족에서 온다. "너는 네가 가장 자주 만나는 5명의 평균이다"라는 명언이 있다. 친하거나 자주 접하는 사람 중 사업이나 투자로 부자가 된 사람이 있다면 그 사람의 조언을 받거나 자극을 받아서 뭐라도 따라 하게 된다. 하지만 근처에 그런 사람이 없다면 부자의 길, 투자의 길을 찾지 않을 가능성이 크다. 부자는 늘 소수이기 때문에 주변에 퀀트 투자는커녕 투자로 부자가 된 사람을 찾기도 의외로 어려울 수 있다.

### 3. 습관적인 삶: 살던 대로 사는 게 편해

'대한민국의 빈부격차가 별로 심하지 않다'고 하면 펄쩍 뛸 사람이 많을 것이다. 물론 개개인이 쌓은 부에는 엄청난 차이가 존재한다. 하지만 일상 생활을 보면 부자와 가난한 사람의 생활 패턴은 크게 다르지 않다.

둘 다 집에서 일어나 옷을 입고(집 크기와 소유권 여부, 옷값은 차이가 나지만 집이나 옷 자체가 없는 사람은 거의 없다) 세 끼 밥을 먹고, 직장에 가서 일을 하고, 퇴근 후에는 사람들을 만나서 놀거나 집에 와서 휴식을 취하다가 간다. 하루하루 생활만 보면 별 차이가 없는 것이다. 개도국은 다르다. 부자가 한국 부자들보다 더 호화롭게 사는 동시에 길거리에서는 거지들이 굶어 죽지 않기 위해 몸부림을 치는 국가들도 있다.

그런데 의식주가 해결되고, 어울릴 친구도 있고, 스마트폰으로 즐길 수 있는 공짜 엔터테인먼트가 풍부한 세상에 미래를 위한 '투자'를 할 동기부여가 쉽게 생길까? 당장 절박하지 않은데?

원시시대에는 이미 익숙해진 습관을 바꾸지 않는 것이 유리했다. 사냥을 하고 식량을 얻는 방법을 터득했으면 그 방법을 계속 활용하는 것이 뇌의 에너지 소모를 줄이는 효과적인 길이었다. 계속 뇌를 굴리면 에너지를 소모하고, 더 많은 식량이 필요해지니 생존에 불리하지 않은가? 그래서 현대인도 일단 한번 습관이 생기면 그 습관을 깨기 매우 어렵다. 만약 이미 비퀀트 투자에 익숙한 투자자라면 퀀트 투자자로 변신하기보다는 해오던 대로 투자하는 게 훨씬 더 편할 것이다.

### 4. 돈 머리 부족: 투자는 어려워

유튜브 댓글을 보면 아무리 쉽게 설명해도 이해를 못하거나 이해를 하지 않으려는 댓글들이 종종 보인다. 이건 독해력이나 이해력의 문제일 수 있다. 다른 곳에서 뛰어난 능력을 발휘하는 사람이 유난히 특정 분야에는 약한 모습을 보이는 경우도 있다. 돈, 경제, 투자 쪽 재능이 부족할 수도 있는 것이다.

### 5. 완벽주의 성향: 불확실한 요소가 싫어

완벽주의 성향의 투자자는 모든 것을 알아야 안심할 수 있다. 그런데 투자라는 것은 미래의 불확실성을 내포하기 때문에 절대로 모든 것을 알 수 없다. 이들은 또한 기업에 관한 공부를 전혀 하지 않은 채 숫자만 보고 규칙대로 따르는 퀀트 투자를 아주 불안하다고 여긴다. 이런 사람 중 평생 공부만 하다가 정작 투자를 못하는 사람들도 있다.

### 6. 불신: 투자 전문가들은 다 사기꾼

투자 전문가라고 하면 선입견을 품고 삐딱하게 보는 사람들도 많다.

직접 제대로 분석하지 않고 "퀀트 투자라는 게 그렇게 좋으면 왜 다 하지 않겠어?", "돈이 되는 방법을 왜 알려주겠어? 사기꾼이겠지" 등 냉소적인 생각을 하면서 처음부터 마음의 문을 닫는다.

내가 투자 기법을 알려주는 이유는 간단하다. 일단 투자 기법을 사람들에게 알려줘도 내 수익률은 줄어들지 않는다. 이에 더해 지식을 나누면서 인플루언서로 활동하면 영향력과 경제적 효과가 생기므로 내게 득이 된다. 또 나에게 투자를 배우는 사람도 돈을 벌 수 있기 때문에 사람들에게도 득이 된다. 전형적인 윈윈 사업이므로 적극적으로 내 투자전략들을 공개하는 것이다.

### 7. 보상 체계: 대체 언제 부자가 되는데?

다이어트는 보통 한 달 만에 노력의 결과가 눈에 보이고, 운동도 노력하면 금방 성과가 나타나는 경우가 많은데, 투자는 잘해도 손실이 날 수 있고 못해도 수익이 날 수 있다. 투자는 노력과 성과가 서서히 나타나는 분야다. 그래서 기다리지 못하고 바로 포기하는 사람도 많다.

### 8. 인간의 나약함: 책임 회피, 자존감 부족, 대박 심리 등

인정하자, 인간은 나약한 존재다. 세상에는 '유리 멘탈'이 많다. 퀀트 투자를 시도하더라도 대부분 전략들은 안 먹히는 구간이 중간에 계속 나온다. '이게 맞는 거야? 잘 모르겠는데? A 전문가는 퀀트 안 된다고 하던데……' 라고 생각하면서 포기하는 사람이 부지기수다.

직접 투자를 연구해서 투자하면 본인의 책임인데, 남이 추천한 주식을 믿고 샀다가 결과가 나쁘면 남에게 책임을 넘길 수 있다. 투자를 하면서 돈을 버는 것보다 실수의 책임을 내가 아니라 남에게 넘기는 것이 더 중요한 사람들도 많다.

또 한편으로는 너무 큰 수익을 추구하는 경우도 있다. '퀀트 투자로 벌 수 있는 연복리 수익률 20%, 30%은 너무 적네. 나는 300%를 추구하는데!'라며 욕심을 내서 리딩방 등에서 대박 주식을 쫓아다니는 부류도 매우 많다.

나의 이야기를 들은 엄마는 인문학 박사로서의 의견을 말했다. 시대에 따른 사람들의 성향 변화를 쭉 연구해 왔는데, 이런 변화가 투자자들에게서도 보인다는 것이다. 투자는 인내심이 필요하고, 어느 정도의 손실 기간을 버틸 수 있는 마음과 자세가 필요한데, 그게 요즘 점점 사라지는 추세라는 이야기였다.

요즘은 투자를 공부하기도 정말 쉬워졌다. 혼자서 책이나 유튜브로 공부하면 된다. 그런데 사고를 하는 훈련이 안 되어 있는 경우가 많아 본인이 직접 읽고 공부를 하는 사람은 적어지고, 그냥 돈 주고 지식과 기술을 사려고 하는 경향이 강하다. 그리고 관련 책이나 강의를 구매한 후 읽지도, 듣지도 않고 그저 흐뭇해 하면서 투자는 하지 않는 경우도 많다. 이렇게 투자하면 본인의 투자 기반이 잡혀 있지 않아서 귀가 얇고, 원리를 이해하지 못해서 조금이라도 문제가 생기면 다음 방법으로 점프한다. 결국 이도 저도 아닌 '투자 비빔밥'이 탄생하게 되는 것이다.

투자 실패를 '인성'과 연결시키는 인문학 박사의 의견에서 나도 큰 가르침을 받았다.

# 3교시 숙제

▶ **3교시 내용 복습**

– 절대모멘텀과 상대모멘텀의 개념 이해하기

# 강환국의 기존 추세추종 전략들

이제 본론으로 들어가자. 이번 시간에는 왜 내가 더 이상 듀얼모멘텀, VAA, LAA의 구 3개 혼합전략을 더 이상 사용하지 않는지, 그리고 왜 70개가 넘는 추세추종, 즉 동적자산배분 전략 중에서 어떻게 새로운 세 전략을 선택하게 되었는지 설명하겠다.

2022년에는 주식과 채권 두 자산군이 같이 망했다. 이게 바로 내가 사용하는 동적자산배분 전략을 대폭 수정한 계기이다. 다시 한번 정적자산배분과 동적자산배분의 차이를 살펴보자.

**1. 정적자산배분은 주식, 채권, 실물자산, 현금 등의 배분을 정한 후 비중을 바꾸지 않는다. 주기적 리밸런싱을 실시해서 비중을 맞추기만 한다.**
**2. 동적자산배분은 금융시장이 좋으면 최근 많이 오른 위험자산(보통 주식)을 매수한다(상대모멘텀). 금융시장이 안 좋으면 위험자산을 팔고 채권, 현금 등 안전자산으로 이동한다(절대모멘텀).**

엄마는 상대모멘텀과 절대모멘텀의 콘셉트를 이해하는 데 상당히 오랜 시간이 걸렸다. 엄마를 비롯한 대부분 사람은 정적자산배분의 콘셉트를 이해하는 데는 별 어려움이 없다. 그러나 동적자산배분(추세추종)의 컨셉을 이해하기 어려워하는 경우를 자주 봤다. 따라서 이해력을 높이는 데 여러 번의 반복이 필요했다. 엄마에게 "너는 책에서 상당히 훌륭한 콘셉트를 설명하던데, 반복은 부족하더라. 중요한 건 책에서 수십 번 반복해도 괜찮아. 독자들이 전혀 이상하게 생각하지 않아"라는 가르침을 주었다. 좋았어. 어렵지만 중요한 컨셉은 계속 반복하리라!

## ① 강환국의 기존 추세추종 전략, 듀얼모멘텀

이제 2022년 장으로 돌아가 보겠다. 동적자산배분은 금융시장이 좋지 않으면 주식을 팔고 안전자산을 사서, 돈을 못 벌어도 손실은 피해갈 수 있어야 한다. 그런데 초창기 동적자산배분 전략은 '안전자산'에 대한 고민이 적었다. 예를 들면 내가 쓰던 듀얼모멘텀 전략의 조건은 아래와 같다.

### 오리지널 듀얼모멘텀 전략

▶ **공격자산:** 미국 주식(SPY), 선진국 주식(EFA)
▶ **안전자산:** 미국 혼합채권(AGG)
▶ **상승장/하락장 구분:** 최근 12개월 수익률
▶ **매수 전략:**
  – 매월 말 SPY, EFA, 현금(BIL)의 최근 12개월 수익률 계산

- SPY의 최근 12개월 수익률이 BIL보다 높으면 상승장으로 간주, SPY, EFA 중 최근 12개월 수익률이 더 높은 ETF에 포트폴리오 전액을 투자(상대모멘텀)
- SPY의 최근 12개월 수익률이 BIL보다 낮으면 하락장으로 간주, AGG에 포트폴리오 전액을 투자(절대모멘텀)

▶ **매도 전략**: 월 1회 리밸런싱

즉, 듀얼모멘텀 전략의 핵심은 다음과 같다.

**1. '하락장'을 'SPY의 최근 1년 수익이 현금 수익보다 낮으면' 이라고 정의한다.**

**2. 하락장이면 안전자산으로 도피해야 하는데, 그 안전자산이 'AGG' 라는 채권 ETF다.**

**3. 듀얼모멘텀 전략은 하락장이 오면 이 AGG에 포트폴리오 전액을 투자한다.**

그런데 이 AGG라는 ETF가 2020년 7월부터 2022년 10월까지 2년에 걸쳐 22달러 이상 크게 하락한 것이다. 특히 2022년에만 114달러에서 93달러로 -18.5%나 하락했다.

## 안전자산 AGG의 가격 추이

전략 안에서 AGG라는 채권 ETF가 안전자산 역할을 해줘야 했는데, 그 역할을 전혀 해주지 못했다. 참고로 2022년에는 미국 장기국채 ETF인 TLT, 중기국채인 IEF도 처참한 손실을 기록했다.

이야기를 들은 엄마가 말했다. "현실에서 그런 일이 생긴 걸 보고 깜짝 놀란 거구나. 안전자산이 이론대로 움직이지 않았으니까."

이게 2022년의 교훈이다. 최근 50년 동안 안전자산이 투자자를 이렇게 골치 아프게 한 적이 없었다. 그런데 주식과 채권이 동반 하락하면서 동적자산배분의 큰 결함이 드러난 것이다. 그래서 동적자산배분의 보완이 필요해졌는데, 그 핵심은 다음과 같다.

**기존 동적자산배분:**

**1. 상승장에는 최근 많이 오른 위험자산을 매수한다**(상대모멘텀).

**2. 하락장에는 위험자산을 팔고 안전자산으로 이동한다**(절대모멘텀).

**보완 동적자산배분:**

**3. 안전자산으로 채권을 사는 것을 원칙으로 하되**

**4. 최근 채권의 수익도 낮으면 채권도 팔고 현금을 보유한다.**

1~2번은 기존에 배운 것과 다를 것이 없는데, 3~4번이 추가되면서 안전자산에 대한 내용이 보완된다. '채권의 수익이 낮으면 채권도 팔고 현금을 보유한다'가 전략의 핵심 보완책이다. 주식과 채권이 동반 하락하면 채권을 안전자산으로 보유하는 것은 어리석은 짓이 된다. 따라서 이 경우에는 채권도 팔고 현금만 보유하면서 '완전히 투자를 쉬는' 옵션이 필수이다.

듀얼 모멘텀은 1~3번 옵션은 있지만 4번 옵션이 없는 불완전한 전략이다. 그래서 2022년 하락장에 호되게 당했다.

## ② 강환국의 기존 추세추종 전략, VAA

기존에 사용하던 '구 3개 혼합전략' 중 하나인 VAA를 이어서 살펴보자. VAA 전략은 현금으로 피신하는 옵션이 있다.

**구 투자전략**

# VAA 전략

- ▶ **공격자산**: 미국 주식(SPY), 선진국 주식(EFA), 개도국 주식(EEM), 미국 혼합채권(AGG)
- ▶ **안전자산**: 미국 회사채(LQD), 중기국채(IEF), 현금
- ▶ **상승장/하락장 구분**: 최근 1, 3, 6, 12개월 수익률
- ▶ **매수 전략**:
  - 매월 말 4개 공격자산, 3개 안전자산의 모멘텀 스코어 계산
  - 계산법: (12×1개월 수익률)+(4×3개월 수익률)+(2×6개월 수익률)+(1×12개월 수익률)
  - 공격자산 4개 모두의 모멘텀 스코어가 0 이상일 경우 상승장으로 간주, 포트폴리오 전체를 모멘텀 스코어가 가장 높은 공격자산에 투자
  - 공격자산 4개 중 한 개라도 모멘텀 스코어가 0 이하일 경우 하락장으로 간주, 포트폴리오 전체를 모멘텀 스코어가 가장 높은 안전자산에 투자
  - 현금은 모멘텀 스코어가 0 이하일 수 없으므로 LQD, IEF의 모멘텀

스코어가 0 이하일 경우 현금에 투자하게 됨

▶ **매도 전략:** 월 1회 리밸런싱

어차피 내가 지금은 쓰지 않는 전략이므로 자세히 분석하지는 않겠다. 자세한 내용이 궁금하다면 『거인의 포트폴리오』를 참고하기 바란다. 중요한 건 이 전략에는 안전자산으로 구분되는 LQD, IEF의 수익이 부진할 경우 현금을 보유하는 옵션이 있다는 점이다. 따라서 1~4 옵션이 모두 장착된 전략이다.

### ③ 강환국의 기존 추세추종 전략, LAA

마지막으로 LAA 전략을 분석해 보자. LAA 전략은 아래와 같다.

**구 투자전략**

## LAA 전략

▶ **공격자산:** 미국 대형가치주(IWD), 나스닥(QQQ), 금(GLD)
▶ **안전자산:** 미국 중기국채(IEF), 현금
▶ **상승장/하락장 구분:** 미국 주식(SPY)의 200일 이동평균 + 미국 실업률의 12개월 이동평균

▶**매수 전략:**

- IWD, IEF, GLD 비중은 포트폴리오의 각 25%로 고정(상승장, 하락장 상관없음)
- 포트폴리오의 나머지 25%는
  - SPY의 가격이 200일 이동평균보다 낮고 미국 실업률이 12개월 이동평균보다 높으면 하락장으로 간주, 현금 보유(절대모멘텀)
  - 그렇지 않을 경우 QQQ에 투자

▶**매도 전략:** 월 1회 리밸런싱

LAA는 이론적으로는 일부 자산을 현금으로 대피하는 옵션이 있다. 그런데 25%는 채권 ETF인 IEF에 고정이고, 실업률이 높고 주식시장이 안 좋아야만 나스닥(QQQ) 투자를 중단하고 현금으로 도피한다. 그런데 실제로 미국에서 두 가지가 동시에 발생하는 상황은 매우 드물었다. 2022년에 주식시장은 폭락했지만 미국 실업률은 견조했기 때문에 계속 QQQ를 보유했고, 손실이 누적되는 결과를 낳았다. 주식 ETF인 QQQ, IEF와 채권 ETF인 IEF가 모두 하락해서 LAA 투자자는 15%의 손실을 견뎌야 했다.

그래서 나는 LAA와 듀얼모멘텀 전략에 큰 결함이 있음을 파악하고 개선책을 마련하기 위해 노력하게 되었다.

# 빠른 전략과 느린 전략

그렇다면 일단 어떤 방향으로 투자해야 할 것인지부터 정해야 한다. **추세추종 전략에는 '빠른 전략'이 있고 '느린 전략'이 있다.**

아주 쉽게 말하면 빠른 전략은 최근 '1~3개월 수익률'을 기준으로 현재 시장이 상승장인지 하락장인지 결정하고, 느린 전략은 최근 '10~12개월 수익률'을 기준으로 상승장인지 하락장인지 결정한다.

예를 들면 듀얼모멘텀은 최근 1년 수익을 기준으로 상승장과 하락장을 결정하는 느린 전략이다. SPY가 2021년 말까지 계속 상승하다가 2022년 1월부터 하락하기 시작했는데 이 전략에서는 5월 말까지 SPY를 보유하고 있다가 5월 말이 되어서야 SPY를 팔고 AGG로 넘어갔다. 하락장은 5개월이나 지속되었는데 1월부터 4월까지는 말일 기준으로 1년 전 대비 수익이 아직 플러스였기 때문에 팔지 않았다. 따라서 듀얼모멘텀 투자자는 1월부터 5월까지의 손실은 피해갈 수 없었다.

VAA처럼 최근 1~3개월 수익률을 토대로 상승장과 하락장을 파악하는 전략은 2022년 1월 말에 바로 SPY에서 빠져서 안전자산으로 도피했다.

"그럼 빠른 전략이 시장에 더 빨리 대응하니까 느린 전략보다 좋은 거 아냐?" 엄마가 물었다. 꼭 그렇다고는 볼 수 없다. 두 전략에는 장단점이 있다.

빠른 전략은 최근 1~3개월 수익에 민감하게 반응해서 하락장 초기에 빨리 파는 경향이 있다. 그래서 실제로 대하락장이 올 경우 이를 빨리 피할 수 있다는 장점이 있다. 하지만 최근 1~3개월 수익이 안 좋아서 보유하고 있던 주식을 팔았는데 그 직후 다시 시장이 반등하는 경우도 비일비재하다. 또한 최근 시장 흐름에 민감하게 반응해서 거래가 잦다는 단점도 있다. 거래가 잦을수록 번거롭기도 하고, 거래비용도 많이 발생한다.

반대로 느린 전략은 시장 변화에 민감하게 반응하지 않기 때문에 거래가 적고, 확실한 추세가 형성이 된 후에만 거래하기 때문에 '매도 후 반등'이라는 짜증 나는 상황을 겪을 가능성은 상대적으로 적은 편이다. 대신 위 그림에서 볼 수 있듯이 확실한 추세가 형성될 때까지 거래를 하지 않아서 하락장 초반의 타격을 피해갈 수 없다.

## 빠른 전략과 느린 전략의 장단점

| 조건 | 빠른 전략 | 느린 전략 |
|---|---|---|
| 하락장 지속 | 빨리 팔아서 좋음 | 늦게 팔아서 나쁨 |
| 하락 직후 반등장 | 팔아서 반등장 놓침 | 안 팔아서 좋음 |
| 거래 빈도와 비용 | 자주 거래함, 비용 많이 듦 | 거래 적음, 비용 적음 |

엄마는 그렇다면 빠른 전략, 느린 전략 둘 다 장단점이 있으니까 상관성이 낮은 전략에 각각 투자하는 게 좋을지 물었다. 엄마가 핵심을 잘 파악했다.

**상관성이 낮은 전략이 2개 있으면 어떤 전략이 좋은지 고민하지 말고 포트폴리오를 반으로 나눠서 두 전략에 같이 투자하면 된다.**

최종적으로 빠른 전략과 느린 전략 각각 하나씩 투자하면 좋다는 결론이 나왔는데, 구체적으로 어떤 전략에 투자할지는 잠시 후에 살펴보도록 하자. 나는 이외에 또 하나의 전략에도 투자를 하는데, 바로 폴 노벨(Paul Novell)이 개발한 '채권 동적자산배분'이다.

이 전략의 가장 큰 장점은 주식은 거들떠보지도 않고 채권에만 투자한다는 것이다. 추세추종 전략은 대부분 느리든 빠르든 상승장에는 주로 주식에 투자하는데, 이 전략은 상승장에서도 채권에만 투자한다. 그렇다면 자연스럽게 주식에만 투자하는 다른 전략과 상관성이 낮지 않겠는가? 그래서 이 전략을 선호하는 편이다.

## 강환국의 새로운 추세추종 전략 1. 채권 동적자산배분

**신 투자전략**

### 채권 동적자산배분 전략

▶ **공격자산:** 미국 단기국채(SHY), 미국 중기국채(IEF), 미국 장기국채

(TLT), 미국 물가연동채(TIP), 미국 회사채(LQD), 미국 하이일드(HYG),
선진국 채권(BWX), 개도국 채권(EMB)

▶ **안전자산:** 현금

▶ **상승장/하락장 기준:** 최근 6개월 수익률

▶ **매수 전략:**

  - 매월 말 8개 공격자산의 최근 6개월 수익률 계산

  - 그중 최근 6개월 수익률이 가장 높은 3개 ETF에 각각 1/3 투자
  (상대모멘텀)

  - 그 3개 ETF 중 최근 6개월 수익률이 0보다 낮은 ETF가 있다면 그
  비중은 현금으로 보유(절대모멘텀)

▶ **매도 전략:** 월 1회 리밸런싱

기본적으로 듀얼모멘텀 전략과 비슷한 전략인데, '최근 수익률' 측정 기간이 12개월이 아니라 6개월이다. 8개 채권 ETF 중 최근 6개월간 가장 많이 오른 ETF 3개에 투자를 하는 것을 원칙으로 하는데, 전반적으로 채권시장이 안 좋아서 1~3위 ETF의 6개월 수익률도 마이너스일 수도 있다. 이 경우 그 비중은 현금으로 보유한다. 따라서 현금 비중은 0%, 33.3%, 66.6% 또는 100%가 될 수 있다. 표와 그림으로 보면 다음과 같다.

## 각 ETF의 최근 6개월 수익률과 현금 보유 비율

| 구분 | 시나리오 1 (6개월 수익률) | 시나리오 2 (6개월 수익률) | 시나리오 3 (6개월 수익률) | 시나리오 4 (6개월 수익률) |
|---|---|---|---|---|
| 1위 ETF | + | + | + | - |
| 2위 ETF | + | + | - | - |
| 3위 ETF | + | - | - | - |
| 현금 비율 | 0% | 33.3% | 66.7% | 100% |

## 시나리오 1: 3개 ETF 모두 수익률이 플러스(+)인 경우

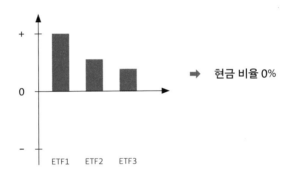

## 시나리오 2: 2개 ETF만 수익률이 플러스(+)인 경우

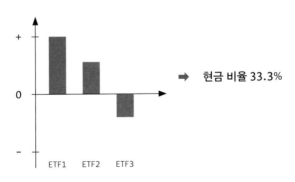

## 시나리오 3: 1개 ETF만 수익률이 플러스(+)인 경우

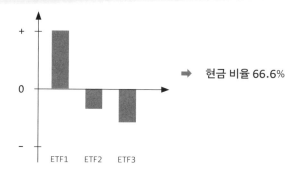

➡ 현금 비율 66.6%

## 시나리오 4: 모든 ETF의 수익률이 마이너스(-)인 경우

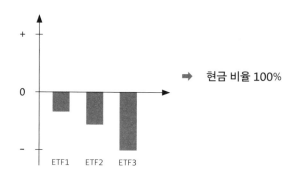

➡ 현금 비율 100%

**상승장에서는 8개 채권 중 최근 6개월 수익률이 가장 좋은 3개 보유**

**그 3개 중 6개월 수익이 마이너스인 채권은 현금으로 대신 보유**

따라서 이 전략은 보통 때는 채권에 투자하지만 채권시장의 최근 수익률이 저조하면 현금으로 도피하는 옵션이 있다. 조금 전 이 옵션이 매우 중요하다고 서술한 바 있다. 이 전략도 정밀분석해 보자.

## ① 수익이 장기적으로 우상향하는가?

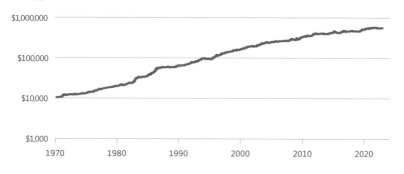

확실히 무난히 우상향하는 전략으로 보인다.

## ② 기본 통계 수치는 어떤가?

| 연복리 수익률 (%) | MDD (%) | 가장 긴 하락 기간(월) | 월 승률 (%) | 턴오버 (%) |
|---|---|---|---|---|
| 7.9 | -8.9 | 32 | 71.9 | 282.2 |

① **연복리 수익률**: 주로 채권에만 투자했는데 연복리 수익률이 거의 8%라는 것은 상당히 고무적이다. 만족할 수 있다.

② **MDD**: 우리가 목표로 하는 30%보다는 훨씬 낮은 편이다. 심지어 한 자릿수다. 대만족!

③ **가장 긴 하락 기간**: 포트폴리오가 하락하고 다시 손실을 복구하는 때까지 가장 오래 걸렸던 경우가 32개월이었다. 완전히 만족하기는 어렵다. 물론 이 전략은 MDD가 낮기 때문에 버티기 아주 어렵지는 않을 것이다.

④ **월 승률**: 대부분 전략의 승률은 60~70%대이므로 71.9%는 만족스럽다.

⑤ **턴오버**: 282.2%면 높은 편이다. 거래가 꽤 잦다는 의미라 아쉽긴 하다.

결론적으로 수익률 자체는 조금 아쉽지만 안정적인 수익을 내는 데 안성맞춤인 전략이라고 볼 수 있다.

### ③ 손실 구간과 그 폭은 어느 정도인가?

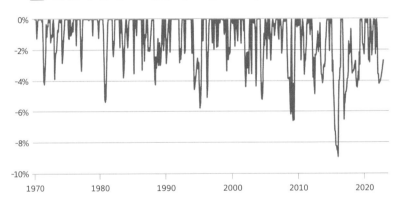

채권 하락장이 오면 현금으로 도피하는 옵션이 있어서 2022년 하락장의 피해가 별로 크지 않았다. 8% 이상 손실을 기록한 적은 단 한 번이었고, 6% 이상 손실도 총 3회에 불과했다.

## ④ 1970~2022년 중 손실이 큰 구간에서는 얼마나 하락했나?

채권 동적자산배분 전략은 수익이 보통 양호한 편이었는데 2015~2019년에 부진했다. 다른 전략들은 주로 2002년, 2008년, 2022년에 부진했는데 채권 동적자산배분은 이 구간에 큰 손실이 없었고 오히려 엉뚱한 시기(?)에 하락한 걸 보면 다른 전략들과의 분산투자 효과가 확실히 있는 것 같다.

### 채권 동적자산배분의 수익(2015. 1~2016. 6)

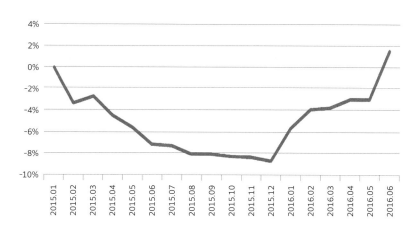

### 채권 동적자산배분의 월별 수익(2015. 1~12)

| 기간 | 수익률 | 기간 | 수익률 |
|---|---|---|---|
| 2015년 1월 | 5.20% | 2015년 7월 | -0.10% |
| 2015년 2월 | -3.40% | 2015년 8월 | -0.90% |
| 2015년 3월 | 0.70% | 2015년 9월 | 0.00% |

| 2015년 4월 | -1.80% | 2015년 10월 | -0.20% |
|---|---|---|---|
| 2015년 5월 | -1.20% | 2015년 11월 | -0.10% |
| 2015년 6월 | -1.70% | 2015년 12월 | -0.40% |

2015년 내내 비실거리면서 총 8.9%의 손실이 발행했다. 2016년에 6개월 만에 손실을 만회했다.

**채권 동적자산배분의 수익(2016. 9~2019. 6)**

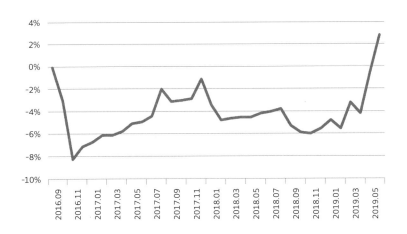

그 후 2016년 말 다시 한번 6% 정도의 손실이 발생했는데, 이 경우는 손실 폭은 크지는 않았으나 다시 최고점을 극복하기까지 무려 32개월(2년 8개월)이 걸렸다. 채권도 늘 무난하게 우상향하는 자산은 아니라는 것을 알 수 있다.

# 강환국의 새로운 추세추종 전략 2.
## 변형 듀얼모멘텀(느린 전략)

듀얼모멘텀은 배웠는데, 변형 듀얼모멘텀은 뭔지 엄마가 물었다. 조금 전 2022년에 주식과 채권이 동반 하락하면서 동적자산배분의 문제점이 무엇인지 알게 되었다고 했다. 그리고 아래 원칙을 준수해야만 비로소 훌륭한 동적자산배분 전략이 탄생한다고 밝혔다.

1. **상승장에는 최근 많이 오른 위험자산을 매수한다**(상대모멘텀).
2. **하락장에는 위험자산을 팔고 안전자산으로 이동한다**(절대모멘텀).
3. **안전자산으로 채권을 사는 것을 원칙으로 하되**
4. **최근 채권의 수익도 낮으면 채권도 팔고 현금을 보유한다.**

기존 듀얼모멘텀 전략은 안전자산인 AGG의 최근 수익이 낮을 때 현금을 보유할 수 있는 방법이 없다. 그래서 내가 '변형 듀얼모멘텀'을 고안해 냈는데 규칙은 아래와 같다.

**구 투자전략**

## 복습: 오리지널 듀얼모멘텀 전략

▶ **공격자산**: 미국 주식(SPY), 선진국 주식(EFA)

▶ **안전자산**: 미국 혼합채권(AGG)

▶ **상승장/하락장 구분**: 최근 12개월 수익률

▶ **매수 전략**:

　- 매월 말 SPY, EFA, 현금(BIL)의 최근 12개월 수익률 계산

　- SPY의 최근 12개월 수익률이 BIL보다 높으면 상승장으로 간주, SPY, EFA 중 최근 12개월 수익률이 더 높은 ETF에 포트폴리오 전액을 투자(상대모멘텀)

　- SPY의 최근 12개월 수익률이 BIL보다 낮으면 하락장으로 간주, **AGG에 포트폴리오 전액을 투자**(절대모멘텀)

▶ **매도 전략**: 월 1회 리밸런싱

## 변형 듀얼모멘텀 전략

▶ **공격자산**: 미국 주식(SPY), 선진국 주식(EFA)

▶ **안전자산**: 채권 동적자산배분 전략

▶ **상승장/하락장 구분**: 최근 12개월 수익률

▶ **매수 전략**:

　- 매월 말 SPY, EFA, 현금(BIL)의 최근 12개월 수익률 계산

- SPY의 최근 12개월 수익률이 BIL보다 높으면 SPY, EFA 중 최근 12개월 수익률이 더 높은 ETF에 포트폴리오 전액을 투자(상대모멘텀)
- **SPY의 최근 12개월 수익률이 BIL보다 낮으면 하락장으로 간주, 채권 동적자산배분 전략에 투자(절대모멘텀)**
  - 따라서 8개 채권(미국 단기국채(SHY), 미국 중기국채(IEF), 미국 장기국채(TLT), 미국 물가연동채(TIP), 미국 회사채(LQD), 미국 하이일드(HYG), 선진국 채권(BWX), 개도국 채권(EMB))의 최근 6개월 수익률 계산
  - 그중 최근 6개월 수익률이 가장 높은 3개 ETF에 각각 1/3 투자
  - 그 3개 ETF 중 최근 6개월 수익률이 0보다 낮은 ETF가 있다면 그 비중은 현금으로 보유(절대모멘텀)
- ▶ **매도 전략**: 월 1회 리밸런싱

주식형 ETF의 최근 12개월 수익이 좋은 상승장인 경우 듀얼모멘텀처럼 투자하고, 12개월 수익이 저조한 하락장인 경우 채권 동적자산배분처럼 투자하는, 한 전략에 두 전략을 합성한 전략이다.

**변형 듀얼모멘텀**
**= 오리지널 듀얼모멘텀(상승장) + 채권 동적자산배분(하락장)**

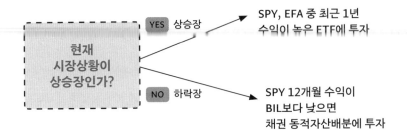

이 전략은 약세장에 여러 채권에 분산투자를 할 뿐 아니라 채권 시장까지 안 좋으면 현금을 보유하는 '도피 옵션'도 있다. 이 전략도 치밀하게 분석해 보자.

## 1 수익이 장기적으로 우상향하는가?

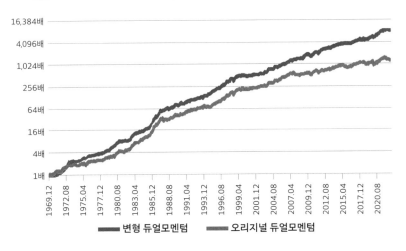

확실히 무난히 우상향하는 전략처럼 보이고, 오리지널 듀얼모멘텀보다도 상승 폭이 높다.

## ② 기본 통계 수치는 어떤가?

| 전략 | 연복리 수익률 (%) | MDD (%) | 가장 긴 하락 기간(월) | 월 승률 (%) |
|---|---|---|---|---|
| 변형 듀얼모멘텀 | 18.3 | -15.3 | 21 | 71.1 |
| 오리지널 듀얼모멘텀 | 14.5 | -19.6 | 37 | 66.2 |

① **연복리 수익률**: 우리가 지금까지 봤던 동적자산배분 전략 중 가장 수익이 높다. 연복리 수익률이 18.3%로 오리지널 듀얼모멘텀보다도 3.8% 더 높다.

② **MDD**: 우리가 목표로 하는 30%보다는 훨씬 낮은 편이다. 오리지널 듀얼모멘텀보다도 더 적다.

③ **가장 긴 하락 기간**: 포트폴리오가 하락하고 다시 손실을 복구하는 데까지 가장 오래 걸렸던 경우 21개월 걸렸다. 21개월은 긴 시간이지만 오리지널 전략의 37개월보다는 훨씬 짧다.

④ **월 승률**: 71.1%로, 대부분 전략의 승률은 60~70%대이므로 만족스럽다. 오리지널 듀얼모멘텀보다도 5% 정도 더 높다.

모든 면에서 변형 전략이 오리지널 전략보다 좋아 보인다. 게다가 안전자산의 설계가 좀 더 잘 되어 있다. 오리지널 듀얼모멘텀 전략은 AGG라는 하나의 ETF에 의존하는 반면, 변형 전략은 8개 ETF 중 3개에 투자해서 분산투자 효과도 있고, 채권시장이 나쁜 경우 현금으로 도피하는 옵션도 있다.

## ③ 손실 구간과 그 폭은 어느 정도인가?

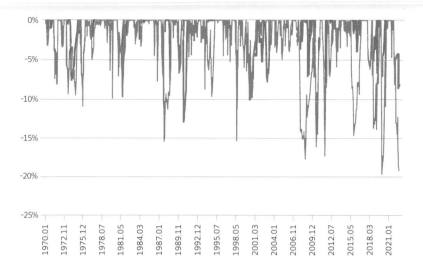

회색이 오리지널 듀얼모멘텀, 분홍색이 변형 듀얼모멘텀의 손실 폭 및 구간이다. 한눈에 봐도 오리지널 전략이 훨씬 더 자주 망가지는(?) 것을 볼 수 있다. 특히 최근 채권시장의 불안으로 오리지널 전략이 큰 손실을 피하지 못했던 반면 변형 전략은 선방한 모습이 보인다.

## ④ 1970~2022년 중 손실이 큰 구간에서는 얼마나 하락했나?

변형 듀얼모멘텀 전략도 안 통하는 구간이 있는데 한번 분석해 보자. 변형 듀얼모멘텀 전략은 잘나가다가 가끔 크게 손실을 보이는 경우가 있는데, 공격자산(SPY, EFA) 하나에 투자하다가 그 자산이 갑자기 꺾일 때 손실이 발생한다.

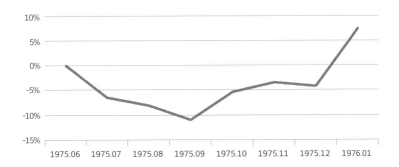

변형 듀얼모멘텀의 수익(1975. 6~1976. 1)

변형 듀얼모멘텀의 월별 수익(1915. 7~9)

| 기간 | 수익률 |
|---|---|
| 1975년 7월 | -6.40% |
| 1975년 8월 | -1.80% |
| 1975년 9월 | -3.10% |

1973~1974년 미국 대하락장에서 잘 버텼던 전략이 1975년에 갑자기 석 달 만에 -10% 하락했다.

## 변형 듀얼모멘텀의 수익(1990. 7~1991. 4)

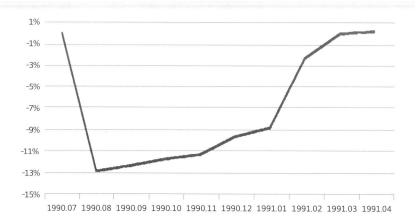

걸프전의 영향일까? 한 달 만에 변형 듀얼모멘텀 전략은 −12.9% 라는 높은 손실을 기록했다. 그리고 손실을 만회하는데 8개월이 걸렸다.

## 변형 듀얼모멘텀의 수익(1998. 6~1998. 11)

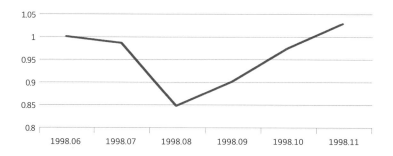

한동안 잘나가던 변형 듀얼모멘텀 전략은 1998년 아시아 위기와 러시아 파산 사태 등으로 1998년 6월 한 달 만에 -14.1%의 손실을 입었다. 복구에는 5개월이 걸렸다.

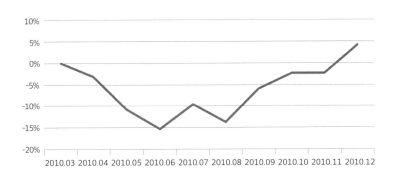

변형 듀얼모멘텀의 수익(2010. 3~12)

변형 듀얼모멘텀의 월별 수익(2010. 4~8)

| 기간 | 수익률 |
| --- | --- |
| 2010년 4월 | -3.00% |
| 2010년 5월 | -7.90% |
| 2010년 6월 | -5.20% |
| 2010년 7월 | 6.80% |
| 2010년 8월 | -4.50% |

정작 금융위기에는 큰 손실이 없었던 변형 듀얼모멘텀 전략이 2010년에는 갑자기 석 달 만에 -15.31% 무너졌고(MDD 도달), 2010년

7월 6.8% 반등한 후 다시 한번 -4.5% 하락하기도 했다.

이 전략은 주식 대하락장에서는 강한 반면, 주식 상승장에서 갑자기 상승 추세가 갑자기 무너지는 경우 -10% 이상 손실을 기록한 바 있다. 모든 상황에 통하는 전략은 없다는 것을 명심하자.

## 강환국의 새로운 추세추종 전략 3. BAA 전략(빠른 전략)

기존 전략 중 VAA 전략은 BAA 전략으로 바뀌었다. 두 전략 모두 바우터 켈러(Wouter Keller)가 만든 전략인데, 본인이 만든 VAA 전략을 BAA 전략으로 업그레이드했다고 해도 과언이 아니다. 이 전략은 상당히 복잡한 전략인데 최대한 간략히 설명해 보겠다.

구 투자전략

### 복습: VAA 전략

▶ **공격자산**: 미국 주식(SPY), 선진국 주식(EFA), 개도국 주식(EEM), 미국 혼합채권(AGG)

▶ **안전자산**: 미국 회사채(LQD), 중기국채(IEF), 현금

▶ **상승장/하락장 구분**: 최근 1, 3, 6, 12개월 수익률 기반 모멘텀 스코어

▶ **매수 전략:**

– 매월 말 4개 공격자산, 3개 안전자산의 모멘텀 스코어 계산

– 계산법: (12×1개월 수익률)+(4×3개월 수익률)+(2×6개월 수익률)+(1×12개월 수익률)

– 공격자산 4개 모두의 모멘텀 스코어가 0 이상일 경우 상승장으로 간주, 포트폴리오 전체를 모멘텀 스코어가 가장 높은 공격자산에 투자

– **공격자산 4개 중 한 개라도 모멘텀 스코어가 0 이하일 경우 하락장으로 간주, 포트폴리오 전체를 모멘텀 스코어가 가장 높은 안전자산에 투자**

– 현금은 모멘텀 스코어가 0 이하일 수 없으므로 LQD, IEF의 모멘텀 스코어가 0 이하일 경우 현금에 투자하게 됨

▶ **매도 전략:** 월 1회 리밸런싱

---

**신 투자전략**

# BAA 전략

▶ **공격자산:** 나스닥(QQQ), 선진국 주식(EFA), 개도국 주식(EEM), 미국 혼합채권(AGG)

▶ **안전자산:** 미국 장기국채(TLT), 미국 물가연동채(TIP), 원자재(PDBC), 미국 혼합채권(AGG), 미국 회사채(LQD), 중기국채(IEF), 현금

- **▶ 카나리아 자산:** 미국 주식(SPY), 선진국 주식(EFA), 개도국 주식(EEM), 미국 혼합채권(AGG)
- **▶ 상승장/하락장 구분:** 최근 1, 3, 6, 12개월 수익률 기반 모멘텀 스코어
- **▶ 매수 전략:**
  - 매월 말 4개 카나리아 자산군의 모멘텀 스코어 계산
  - 계산법: (12×1개월 수익률)+(4×3개월 수익률)+(2×6개월 수익률)+(1×12개월 수익률)
  - 카나리아 자산 4개 모두의 모멘텀 스코어가 0 이상일 경우 포트폴리오 전체를 이격도가 제일 큰 공격형 자산에 투자
  - 공격자산의 이격도 계산법: 최신 가격/12개월 이동평균
  - 카나리아 자산 4개 중 한 개라도 모멘텀 스코어가 0 이하일 경우 포트폴리오를 이격도가 가장 큰 안전자산 3개에 투자
  - 안전자산의 이격도 계산법: 최신 가격/12개월 이동평균
  - 단, 안전자산의 가격이 12개월 이동평균보다 낮은 경우 그 비중을 현금으로 보유
- **▶ 매도 전략:** 월 1회 리밸런싱

BAA는 추세추종 전략 중 가장 이해하기 어려운 전략 중 하나이다. BAA도 모든 동적자산배분이 그렇듯이 상대모멘텀과 절대모멘텀 개념을 섞은 전략이다.

## 1 상승장과 하락장을 구분해 주는 카나리아 자산군

일단 모든 동적자산배분은 상승장과 하락장을 구분하고 상승장에는 위험자산(주식), 하락장에는 안전자산(채권, 현금)에 투자한다(절대모멘텀).

그런데 BAA는 '카나리아' 자산군인 SPY, EFA, EFA, EEM의 1, 3, 6, 12개월 **모멘텀 스코어**\*를 기준으로 상승장과 하락장을 구분한다.

> **모멘텀 스코어**\*
> 1, 3, 6, 12개월 수익률을 계산해 모멘텀을 적용하는 것. (12×1개월 수익률)+(4×3개월 수익률)+(2×6개월 수익률)+(1×12개월 수익률)

왜 카나리아 자산군이라고 부를까? 옛날 영국 광부들은 광산에 들어갈 때 카나리아를 데려갔다고 한다. 광산에서 무취 유해가스가 발생해서 가스 중독으로 사망하는 것이 광부들에게는 가장 치명적인데, 카나리아는 유해가스에 훨씬 민감해서 사람보다 먼저 쓰러졌다고 한다. 그 모습을 본 광부들이 유해가스를 감지하고 대피할 수 있었던 것이다. SPY, EFA, EEM, AGG는 그 역할을 해주는 자산군이다. 이 자산군들의 최근 수익이 안 좋으면, 즉 추세가 꺾이면 전체 금융시장에서 하락장이 지속될 가능성이 크기 때문이다. 그래서 카나리아 역할을 하는 SPY, EFA, EEM, AGG 중 하나라도 '쓰러지면' 우리는 자산을 팔고 안전자산으로 도피하면 된다.

## 2 어떤 자산에 투자할지 기준이 되는 이격도

카나리아 스코어를 통해 공격자산 또는 안전자산에 투자할지 결정을 한 후에는 자산의 **이격도**\*\*를

> **이격도**\*\*
> 주가와 이동평균선 사이가 얼마나 떨어져 있는지 나타내는 지표.
> (현재 가격/이동평균선)×100

기준으로 구체적으로 어떤 자산에 투자할지 정하게 된다.

이격도는 '(현재 가격/이동평균선)×100'이라는 공식으로 구할 수 있다. 이격도가 100이면 현재 가격이 이동평균선과 같다는 의미이다. 이격도가 100 이상이면 '가격＞이동평균선', 100 이하면 '가격＜이동평균선'을 의미한다. 이격도가 높으면 높을수록 상승 추세가 강하고, 이격도가 낮을수록 하락 추세가 강하다고 정의할 수 있다.

이격도란 아래 차트로 설명할 수 있는데, 아래 도표의 곡선은 S&P500 지수의 12개월(250일) 이동평균선이다. A 시점(2021년 5월)에는 이격도, 즉 가격/이동평균선이 양(+)임을 알 수 있으며, B 시점(2021년 7월)에는 음(-)임을 알 수 있다. A 시점에는 가격이 최근 계속 올라서 250일 평균선보다 실제 주가가 높은 것이며, B 시점에는 가격이 최근 계속 떨어져서 250일 평균선보다 실제 주가가 낮은 것이다.

## 이격도 예시

우리는 4개 공격자산, 7개 안전자산에서 어떤 자산에 투자할지 결정할 때 상대적으로 이격도(현재 가격/이동평균선)가 가장 높은 자산에 투자한다(상대모멘텀). 공격자산에 투자할 경우에는 이격도가 제일 높은 1개 자산, 안전자산에 투자할 경우에는 이격도가 제일 높은 3개 자산에 투자한다.

그런데 안전자산도 하락장에 접어들었을 수 있다. 여기서 하락장은 B 시점처럼 가격이 12개월 이동평균보다 낮은 시점을 의미한다. 이럴 때는 안전자산도 포기하고 현금만 보유한다.

BAA 전략의 특이한 점은 안전자산에 6개 채권 외에 원자재(PDBC)가 포함되어 있다는 점이다. 사실 원자재를 안전자산이라고 보기는 어렵지만, 원자재는 주식과 채권 두 자산이 동반 하락하는 구간에 상승했던 사례가 여러 번 있어서 주식·채권 헤지용으로 포함했다고 볼 수 있다.

BAA 전략, 여러 번 읽어도 이해하기 쉽지 않을 것이다. 나도 그랬다. 여기서 기억해야 할 BAA 전략의 핵심은 이것이다.

**1. 내가 판단하기에 현존하는 '빠른 전략' 중에서는 가장 수익성이 높고, MDD도 견딜 만한 편이며, 논리가 탄탄한 전략으로 보인다.**

**2. 전략을 쓰고 싶은데 구체적으로 어떤 종목을 사야 할지 계산하기 어렵다면 「할 수 있다! 알고 투자」 채널 커뮤니티에 매월 첫째 날 어떤 종목을 사야 할지 공유하므로 이를 참고하면 된다.**

# 모든 측면에서 개선된 BAA 전략의 성과

이 복잡한 BAA 전략의 성과는 어땠을까?

### 1 수익이 장기적으로 우상향하는가?

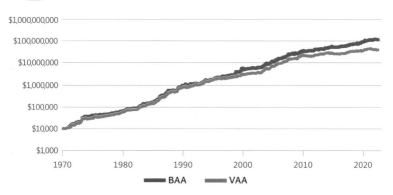

확실히 무난히 우상향하는 전략처럼 보인다. VAA 전략보다 BAA 전략이 약간 우위를 점했다.

### 2 기본 통계 수치는 어떤가?

| 전략 | 연복리 수익률(%) | MDD (%) | 가장 긴 하락 기간(월) | 월 승률 (%) | 턴오버 (%) |
|------|-----------------|---------|---------------------|------------|-----------|
| BAA | 19.3 | -14.5 | 18 | 70.7 | 523 |
| VAA | 16.9 | -16.1 | 34 | 75.9 | 682 |

① **연복리 수익률**: 우리가 살펴본 동적자산배분 전략 중 가장 수익이 높다. 변형 듀얼모멘텀도 능가한다. 연복리 수익률이 19.3%로 VAA 전략보다도 2.4% 더 높다.

② **MDD**: 목표로 하는 30%보다는 훨씬 낮은 편이다. VAA와 비슷한 수준이나 조금 더 낮다.

③ **가장 긴 하락 기간**: 포트폴리오가 하락하고 다시 손실을 복구하는 기간이 가장 오래 걸렸던 경우 18개월 걸렸다. VAA 전략의 34개월보다 훨씬 짧다.

④ **월 승률**: 70.7%인데, 대부분 전략의 승률은 60~70%대이므로 만족한다.

⑤ **턴오버**: 두 전략 모두 최근 1개월, 3개월에 민감한 전략이라 거래가 잦은 전략이다. 그래도 그나마 BAA가 거래 빈도가 조금 낮다.

BAA는 모든 측면에서 VAA를 개선한 전략이라고 볼 수 있다. 이 전략은 안전자산에 대한 구조가 VAA보다 더 탄탄하다. VAA의 경우 3개의 안전자산 옵션을 둔 후 그중 최근 스코어가 높은 1개 자산에 투자한다. 반면 BAA는 7개 안전자산이 있으며 그중 3개를 투자해서 분산투자 효과를 만들고, 원자재를 안전자산에 포함해 주식·채권 헤지가 가능하다. 두 전략 모두 채권시장이 하락하면 현금으로 도피하는 구조는 마련되어 있다.

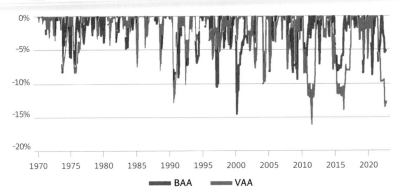

두 전략 모두 안 통하는 구간이 있었다. 그러나 2010년 후에 VAA 전략은 세 번 10% 이상 손실을 보았지만, BAA는 그런 구간이 없었다.

### ④ 1970~2022년 중 손실이 큰 구간에서는 얼마나 하락했나?

BAA도 변형 듀얼모멘텀과 마찬가지로 잘나가다가 가끔 크게 손실을 보이는 경우가 있는데, 공격자산 1개에 투자하다가 그 자산이 갑자기 꺾일 때 손실이 발생한다. 한 달에 -10% 이상 손실이 나는 구간도 있다. 이런 위험 때문에 1개 전략에 투자하지 말고 여러 전략에 분산투자하기를 권하는 것이다.

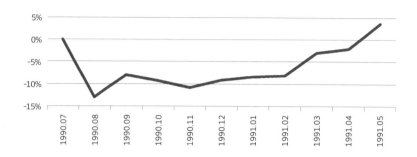

BAA 전략의 수익(1990. 7~1991. 5)

1970년부터 20년 동안 단 한 번도 10% 이상의 손실을 허용하지 않았던 전략이 갑자기 1990년 7월 한 달 만에 13% 하락했다. 그리고 본전 만회에 10개월이 걸렸다.

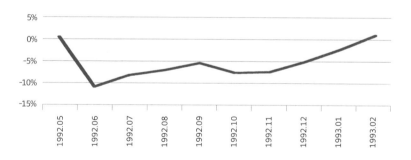

BAA 전략의 수익(1992. 5~1993. 2)

1991년 5월 최고점을 갱신한 후 BAA 전략은 1992년 6월에 또 갑자기 한 달 만에 -10.2% 하락했다. 1993년 2월에 비로소 다시 최고점을 갱신할 수 있었다.

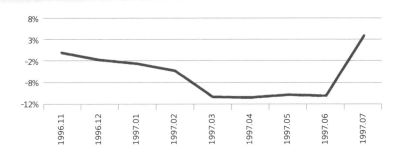

BAA 전략의 수익(1996. 11~1997. 7)

1996~1997년도 묘한 해였다. 1996년 11월부터 5개월 연속으로 손실이 발생해서 총 -10.46%를 잃었으며, 그 후 지지부진하다가 1997년 7월에 -15.6% 이라는 큰 손실이 발생해서 다시 MDD를 갱신했다. BAA 전략은 이렇게 큰 폭의 움직임을 보일 수 있으니 전략을 선택하기 전 꼭 이런 사실을 알아둬야 한다.

### BAA 전략의 월별 수익(1996. 11~1997. 7)

| 기간 | 수익률 | 기간 | 수익률 |
|---|---|---|---|
| 1996년 11월 | 1.80% | 1997년 4월 | -0.10% |
| 1996년 12월 | -1.70% | 1997년 5월 | 0.70% |
| 1997년 1월 | -0.80% | 1997년 6월 | -0.20% |
| 1997년 2월 | -1.80% | 1997년 7월 | 15.60% |
| 1997년 3월 | -6.40% | - | - |

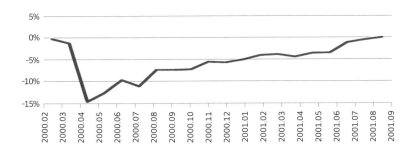

BAA 전략의 수익(2000. 2~2001. 9)

BAA 전략은 2000년 IT 버블 붕괴 시 MDD를 기록했는데, 이때도 2000년 3월 한 달 동안 -13.6% 규모의 큰 폭의 손실을 기록했고, 최고점 만회까지 1년 6개월이나 걸렸다.

특이한 점은 BAA 전략은 그 이후로는 2004년 4월 한 달 만에 -10% 하락한 것을 제외하고는 21세기에 다시는 두 자릿수의 MDD를 허용하지 않았다는 점이다.

## 강환국이 사용하는 신 3개 혼합전략

그럼 이 세 전략에 포트폴리오의 각각 1/3씩을 투자하면 어떤 성과가 있을까? 분석해 봤다.

## 1 수익이 장기적으로 우상향하는가?

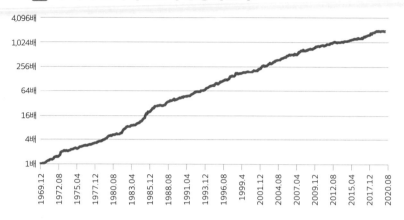

아주 고르게 우상향한다.

## 2 기본 통계 수치는 어떤가?

| 전략 | 연복리 수익률 (%) | MDD (%) | 가장 긴 하락 기간(월) | 월 승률 (%) |
|---|---|---|---|---|
| 신 3개 혼합전략 | 15.7 | -9.3 | 21 | 74.8 |
| 채권 동적자산배분 | 7.9 | -8.9 | 32 | 71.9 |
| 변형 듀얼모멘텀 | 18.3 | -15.3 | 21 | 71.1 |
| BAA | 19.3 | -14.5 | 18 | 70.7 |

① **연복리 수익률**: 동적자산배분 3개 전략의 평균과 비슷하다.

② **MDD**: 각 전략의 MDD는 8.9, 14.5, 15.3%인데 혼합전략의 MDD는 9.3%에 불과하다. 전략 3개에 분산투자해서 발생한 결과이다. 이래서 여러 전략에 나눠서 투자하라는 것이다.

③ **가장 긴 하락 기간**: 포트폴리오가 하락하고 다시 손실을 복구하는 기간이 가장 오래 걸렸던 경우 21개월 걸렸다. BAA, 변형 듀얼모멘텀 전략과 비슷한 결과이다.

④ **월 승률**: 각 전략의 승률이 70~71%인데 혼합전략의 승률이 74%대인 것은 흥미롭다.

### ③ 손실 구간과 그 폭은 어느 정도인가?

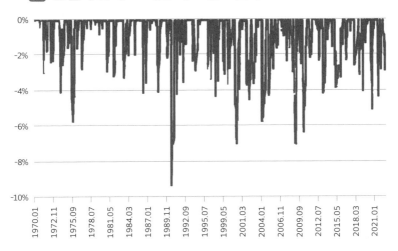

포트폴리오 MDD가 -9.3%다. 무려 50년 동안 한 번도 두 자리 손실을 낸 적이 없었다는 뜻이다.

### ④ 1970~2022년 중 손실이 큰 구간에서는 얼마나 하락했나?

신 3개 혼합전략의 실적이 부진한 구간에서는 어느 정도 규모였는지 분석해 보려고 했는데, 사실 심각한 구간이 별로 없다.

1990년 8월에 유일하게 포트폴리오가 한 달 동안 9.3%의 손실을 입었는데 이때가 전략의 MDD이기도 하다. 2000년 4월에는 -6.53%, 2004년 4월에 -5.7%, 2009년 1~2월에 -6.95%, 2010년 5월에 -6.07% 손실을 기록한 바 있으며 이것 말고는 5% 이상의 손실을 기록한 경우가 없다.

BAA 전략, 변형 듀얼모멘텀 전략도 수익을 잘 내다가 가끔 크게 손실을 보이는 경우가 있는데, 신 3개 혼합전략은 3개 전략 중 2개 이상의 전략이 동시에 크게 무너진 사례가 없어서 포트폴리오 MDD가 상대적으로 낮은 편이다.

## 엄마의 자산배분 전략 만들기

지금까지 소개한 전략은 총 10개이다.

**정적자산배분: 60/40, 영구, 올웨더, 한국형 올웨더 포트폴리오**
**동적자산배분: (구) 듀얼모멘텀, VAA, LAA**
**　　　　　　　 (신) 변형 듀얼모멘텀, BAA, 채권 동적자산배분**

여기까지 나는 어떤 전략에 투자했는지, 왜 이렇게 투자했는지 열심히 설명했다. 하지만 엄마가 나랑 똑같이 투자할 필요는 없다. 내가 투자한 신 3개 혼합전략 포트폴리오는 물론 '꽤 괜찮은 전략'인 것은 틀림없지만, 위 전략들을 자유롭게 조합하면 수백 개 포트폴리오를 만들 수 있다. 엄마도 그중 좋은 전략을 충분히 만들 수 있다.

엄마에게 이 전략 중 몇 개를 섞어서 본인만의 전략을 만들어보라고 숙제를 내주었다. 엄마는 "이걸 내가 직접 계산하라는 거야?"라고 물었다. 물론 인베스팅닷컴(kr.investing.com) 사이트에서 데이터를 받아서 따로 백테스트를 할 수도 있지만, 굳이 그럴 필요가 없다.

앞서 소개했던 'Allocate Smartly(www.allocatesmartly.com)'라는 유료 사이트를 이용하면 편리하다. 이 사이트에서는 정적·동적자산배분 70여 개의 백테스트 결과를 제공하고, 전략 여러 개를 합친 포트폴리오대로 투자했을 경우 어떤 결과가 있었는지 알려준다. 이 사이트에서 우리가 배운 전략들을 섞어서 본인만의 포트폴리오를 만들어 보라고 설명했다.

Allocate Smartly에서는 위 10개 전략 중 한국형 올웨더, 변형 듀얼 모멘텀을 제외한 나머지 전략을 사용할 수 있다.

## Allocate Smartly의 백테스트 예시

예를 들어 BAA 전략에 50%, 듀얼모멘텀에 50%씩 투자하는 포트폴리오를 백테스트하고 싶다면 앞 화면과 같이 전략을 선택하고 비율을 입력하면 된다. 그러면 다음과 같은 백테스트 결과가 나온다. 분홍색이 내가 입력한 전략의 수익률, 회색이 벤치마크인 60/40 포트폴리오의 수익률이다.

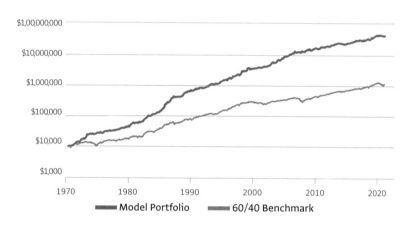

Allocate Smartly의 백테스트 결과

### Summary Statistics: My Model Portfolio #1 ❷

1970 to Present

연복리 수익률

| Statistic | 내 전략 | 벤치마크 | Statistic | Strategy | Benchmark |
|---|---|---|---|---|---|
| Annualized Return | 17.2% | 9.3% | Annualized Volatility | 10.7% | 10.0% |
| Sharpe Ratio | 1.17 | 0.48 | Sortino Ratio | 2.42 | 0.80 |
| Max Drawdown (EOM) | -9.5%<br>05/2000 | -29.5%<br>02/2009 | Longest Drawdown | 21 months | 40 months |
| Ulcer Performance Index | 4.46 | 0.80 | % Profitable Months | 70.6% | 64.3% |
| Best Month Return | 17.1% | 10.7% | Worst Month Return | -9.5% | -10.7% |

MDD (Max Drawdown 아래)
가장 긴 하락 기간 (Longest Drawdown 위)
월 승률 (% Profitable Months 아래)

나도 엄마가 숙제를 하면서 어떤 결과가 나올지 궁금해졌다. 그런데 숙제를 받은 엄마가 질문을 던졌다. "이 백테스트를 하는 목표는 뭐야? 그냥 강환국이 만든 전략 쓰면 안 되는 거야?"

틀린 말은 아니다. 채권 동적자산배분, 변형 듀얼모멘텀, BAA에 각각 1/3을 투자하는 나의 '신 3개 혼합전략'이 꽤 괜찮으니까 그 전략을 써도 된다. 하지만 직접 전략을 섞어 보고, 여러 결과물을 확인하고, 특히 안 통하는 구간에는 얼마나 심한 손실이 나는지도 한번 분석해 봐야 내공이 쌓인다. 직접 백테스트를 하지 않으면 절대로 느끼지 못하는 것이 분명히 있다. 이것에 대해서도 다음 시간에 얘기를 해봐야겠다.

예습·복습

## 4교시 숙제

▶ **4교시 내용 복습**
- 각 추세추종 전략들의 특징 이해하기

▶ Allocate Smartly 사이트에서 8개 전략을 섞어서 다양하게 백테스트하기

# 엄마가 만든 전략의 백테스트 결과는?

지난 시간 엄마에게 자산배분 전략을 섞어서 자신만의 포트폴리오를 만들어 보라는 숙제를 냈다. 어떤 결과가 나왔을까?

엄마는 우선 우리가 배운 전략 중 Allocate Smartly에 포함된 8개 전략에 모두 투자하면 어떤 결과가 나올지 궁금했다고 했다.

**우리가 배운 8개 전략에 동일한 금액을 투자한다면**

| 전략 | 연복리 수익률<br>(%) | MDD<br>(%) | 가장 긴<br>하락 기간(월) | 월 승률<br>(%) |
|---|---|---|---|---|
| **8개 통합** | **12.2** | **-12.7** | **16** | **69.3** |
| 60/40 | 9.3 | -29.5 | 40 | 64.3 |
| 영구 | 8.4 | -15.6 | 20 | 64.6 |
| 올웨더 | 9.1 | -21.1 | 20 | 66.1 |
| 듀얼모멘텀 | 14.5 | -19.6 | 37 | 66.3 |
| LAA | 10.4 | -18.9 | 37 | 64.7 |
| VAA | 17.0 | -16.1 | 34 | 75.9 |
| BAA | 19.3 | -14.5 | 18 | 70.7 |
| 채·동 | 7.9 | -8.9 | 32 | 71.9 |

물론 나쁜 결과는 아니었으나 연복리 수익률이 12%, MDD 12%이므로 매우 훌륭한 결과도 아니다. 내가 4교시에 소개한 전략은 연복리 수익률 15%, MDD 9% 아니었는가.

물론 백테스트 수치만 보고 전략을 선택하는 것은 위험하다. 과거에 좋았던 전략이 미래에 계속 좋은 성과를 보여줄 것이라고 보장할 수는 없기 때문이다. 그런데 저 전략에는 문제점이 있다. 60/40, 올웨더 포트폴리오, 영구 포트폴리오는 정적자산배분이고 LAA는 '거의 정적자산배분'인 전략이라 8개 전략 중 4개가 매우 비슷하다. 그리고 BAA와 VAA는 빠른 전략이며, 듀얼모멘텀은 느린 전략이고 채권 동적자산배분은 채권 전략이다. 이걸 표로 정리해 보면 아래와 같다.

### 8개 혼합전략의 카테고리별 투자 비중

| 카테고리 | 포함 전략 | 비중 |
| --- | --- | --- |
| 정적자산배분/<br>거의 정적자산배분 | 60/40, 올웨더, 영구, LAA | 50% |
| 빠른 전략 | BAA, VAA | 25% |
| 느린 전략 | 듀얼모멘텀 | 12.5% |
| 채권 | 채권 동적자산배분 | 12.5% |

카테고리란 각 자산배분의 전반적인 성격을 말한다. 위 표를 보면 8개 혼합전략은 각 카테고리별로 균형이 덜 잡혔다는 사실을 알 수 있다. 게다가 정적자산배분이 수익률도 낮은 편인데 비중이 50%로 가장 크지 않은가? 썩 좋은 결과라고 볼 수 없다.

여기서 엄마가 질문을 던졌다. "각 전략의 비중도 중요한가? 특정 전략의 비중을 높이고 다른 전략의 비중을 낮추는 건 어때?"

물론 여러 비중을 넣어 보고 백테스트를 하면 과거에 가장 높은 수익률을 낸 비중을 찾아낼 수 있겠지만, 그 특정 비중이 미래에도 가장 성과가 좋을지는 의문이다. 그래서 나는 모든 전략에 똑같은 금액을 투자하는 동일 비중 전략을 선호한다.

예를 들면 과거에는 BAA 40%, 채권 10%, LAA 30%, 듀얼모멘텀 20%로 투자했다면 백테스트에서 가장 좋은 결과가 나왔을 수 있다. 그러나 미래에도 이 배분이 가장 훌륭할 것이라는 논리적인 근거는 없다. 이렇게 과거에 잘 통한 비중에 지나치게 집착하는 것을 '과최적화'라고 한다. 이를 피하려면 그냥 심플하게 모든 전략에 동일한 금액을 투자하는 편이 낫다. 그런데 전략이 아니라 카테고리의 비중을 동일하게 할 수도 있다.

## 4개 카테고리 동일 비중 포트폴리오

| 카테고리 | 포함 전략 | 비중 | 카테고리 비중 |
|---|---|---|---|
| 정적자산배분/<br>거의 정적자산배분 | 60/40 | 6.5% | 25% |
| | 올웨더 | 6.5% | |
| | 영구 | 6.5% | |
| | LAA | 6.5% | |
| 빠른 전략 | BAA | 12.5% | 25% |
| | VAA | 12.5% | |
| 느린 전략 | 듀얼모멘텀 | 25% | 25% |
| 채권 | 채권 동적자산배분 | 25% | 25% |

앞의 표는 '카테고리 비중'을 동일화한 것이다. 각 전략의 비중은 다르지만 4개 카테고리의 비중은 동일하다. 8개 전략을 모두 동일 비중으로 설정하는 것과 카테고리별로 동일 비중을 설정하는 것 중 어느 쪽이 성과가 더 좋을까?

### 전략 동일 비중 vs. 카테고리 동일 비중 성과 비교

| 전략 | 연복리 수익률 (%) | MDD (%) | 가장 긴 하락 기간(월) | 월 승률 (%) |
|---|---|---|---|---|
| 전략 동일 비중 | 12.2 | -12.7 | 16 | 69.3 |
| 카테고리 동일 비중 | 12.7 | -10.7 | 17 | 71.5 |

카테고리별로 비중을 맞춰서 투자했더니 8개 전략에 똑같이 12.5%를 투자하는 것보다 성과가 조금 개선되었다. 그런데 8개 전략에 모두 투자하는 것보다는 오히려 2~3개 전략에만 투자하는 편이 더 위력적일 수도 있다.

엄마는 이외에도 전략들을 다양하게 섞어 분석했다.

### 엄마가 분석한 전략의 성과

| 전략 번호 | 포함 전략 | 연복리 수익률(%) | MDD (%) | 가장 긴 하락 기간 (월) | 월 승률 (%) |
|---|---|---|---|---|---|
| 1 | BAA, 채권, 듀얼, LAA | 13.3 | 7 | 16 | 70.7 |
| 2 | BAA, 채권, VAA, LAA | 13.9 | 8 | 17 | 72.9 |

| 3 | BAA, 채권, 영구, LAA | 11.7 | 8.1 | 16 | 70.1 |
|---|---|---|---|---|---|
| 4 | VAA, 채권, 듀얼, LAA | 12.7 | 9 | 16 | 71.2 |
| 5 | BAA, 듀얼, VAA, 60/40 | 15.3 | 10 | 20 | 71 |
| 6 | BAA, 듀얼 | 17.2 | 9.5 | 21 | 70.7 |
| 7 | BAA, 채권 | 16.6 | 10.6 | 17 | 70.9 |
| 8 | BAA, 채권, 듀얼 | 15.9 | 8.5 | 18 | 72 |

이 전략 중 2, 5번은 BAA, VAA '빠른 전략' 2개가 있어서 중복된 느낌이 들고, 3번은 영구 포트폴리오와 LAA가 둘 다 거의 정적자산 배분 전략이니 중복된 느낌이 든다.

여러 전략을 분석해 보고 알게 된 점이 있는지 물었더니 엄마는 이렇게 대답했다. "일단 다른 카테고리에 있는 전략, 즉 정적자산배분, 빠른 전략, 느린 전략, 채권 전략 등으로 나눠서 투자해 보려고 하니까 생각보다 가능한 포트폴리오 조합이 그렇게 많지는 않았어. 신기하게도 8개 전략을 모두 쓰는 게 2~3개 전략을 쓰는 것보다 딱히 낫지 않다는 걸 배웠어. 또 전략 2개에 분산투자하면 확실히 각 전략의 평균보다 MDD가 줄어들었는데, 전략 3개, 4개를 넣어도 엇비슷한 결과가 나오더라. 그리고 이런저런 포트폴리오를 만들어 봤는데 결과는 엇비슷했고."

정답에 매우 근접했다. 전략 1개를 쓰는 것보다는 2개를 쓰는 것이 확실히 MDD를 줄이는 데 좋다. 정적자산배분도 주식뿐만 아니라 채권, 실물자산 등을 섞는 것과 비슷한 논리이다. 전략의 상관성이

1보다 낮기 때문에 분산투자 효과가 생긴다. 그래서 2개 이상의 전략으로 투자하는 것을 추천한다.

**그런데 2개 이상의 전략을 쓰면 3개를 쓰든 4개를 쓰든 큰 차이가 없다. 이 점이 중요하다.**

따라서 강환국이 '채권 동적자산배분, 변형 듀얼모멘텀, BAA 전략'을 쓴다고 해서 무작정 그 전략을 따라 할 필요가 전혀 없다. 연복리 수익률 두 자릿수, MDD 한 자릿수를 낼 수 있는 자산배분 포트폴리오는 매우 많고, 내가 쓰는 포트폴리오는 단순하게 '수많은 전략 중 하나(one of them)'일 뿐이다. 이런 진리에는 직접 백테스트해야만 근접할 수 있다.

엄마는 BAA 전략과 듀얼모멘텀 전략을 반반씩 섞은 6번 전략이 마음에 든다고 했다. 연복리 수익률이 17%인데 MDD가 10% 미만이기 때문이다.

사실 나는 엄마가 내 전략보다 더 좋은 전략을 찾을 거라고 생각하지는 않았는데, 이 6번 전략은 내가 만든 신 3개 혼합전략 포트폴리오보다 연복리 수익률과 MDD 측면에서 더 나아 보였다. 이렇게 직접 전략을 여러 개 조합해서 백테스트를 돌려보면서 "아, 정적·동적자산배분을 몇 개 섞으면 얼추 비슷한 결과가 나오네. 그리고 강환국이 쓰는 전략이 최강이 아니네"를 직접 파악하는 것이 매우 중요하다. 그걸 알고 모르는 것이 투자할 때는 천지 차이기 때문이다.

맹목적으로 남의 전략을 따라 하는가, 직접 여러 전략을 테스트해 본 후 본인만의 전략을 만들거나 남의 전략을 따르더라도 충분히 이해하고 따르는가? 투자를 직접 해보면 이것이 정말 하늘과 땅 차이라는 것을 느끼는 날이 올 것이다.

어떤 전략이든 통하지 않는 구간이 나오는데, 이때 전략을 뚝심 있게 밀고 갈 수 있는지 아닌지가 여기서 결정되기 때문이다. 남의 전략을 별 생각 없이 따르는 사람은 전략이 안 먹히는 구간이 오면 거의 필연적으로 전략 만든 사람을 욕한 뒤, 전략을 버리고 다른 전략을 시도하게 된다.

## MDD 낮추기, 생각보다 쉽다

사실 이쯤에서 책을 마쳐도 된다. 전 재산을 2~4개의 자산배분 전략으로 운용해도 된다. 애초의 목표인 연복리 수익률 10%, MDD 30% 이하 달성에 아무런 문제가 없기 때문이다.

그런데 백테스트를 해본 엄마가 말했다. "이 전략들을 백테스트 해 보고 내가 어리석었다는 생각이 들었어. 굳이 MDD를 30%로 높게 가져갈 필요가 없잖아? 몇 개 전략을 섞으면 MDD가 10% 넘는 경우가 별로 없더라."

이래서 직접 백테스트를 하면 깨달음이 있다는 것이다. 다시 한번 강조하지만, 전략을 여러 개 섞으면 MDD는 각 전략의 MDD 평균보다 훨씬 낮아지게 되어 있다. 채권 동적자산배분, 변형 듀얼모멘텀, BAA 전략의 MDD는 각각 8, 15, 14%인데 3개 혼합전략의 MDD는 9%에 불과하다.

엄마는 백테스트를 하면서 느낀 점을 이야기했다. "다시 생각해봤는데 MDD를 줄이는 게 정말 중요한 거 같아. 수학적으로도 큰 손실을 만회하기가 어려운 것도 있지만, 손실이 계속되면 사람이 지치고 좌절하게 되니까 이상한 짓(?)을 할 가능성이 커지겠더라. 그래서 망하는 거겠지."

그렇다. 그래서 엄마가 말하는 '비빔밥 투자'가 탄생한다. 전략을 따르지 않고 본전 만회 심리에 휩쓸려서 평소라면 하지 않을 어리석은 짓을 하게 되는 것이다. 김수현 작가의 책 『개미는 왜 실패에도 불구하고 계속 투자하는가?』를 보면 개인 전업투자자가 망하는 길이 자세히 묘사되어 있다. 처음에는 우량주 위주로 투자하다가 조금 수익을 내면 주식에 재능이 있다고 착각하고 베팅 금액을 늘린다. 그러다 손실이 발생하고, 이를 만회하기 위해 잡주(?)와 선물 옵션 등 파생상품에 손을 댄다. 점점 레버리지가 큰 하이 리스크 투자를 하다가 2~3년 내로 모든 자본금을 다 날리게 된다. 이래서 평정심을 유지하려면 처음부터 손실을 작게 유지하는 것이 가장 중요하다.

마지막으로 추세추종 전략을 요약하겠다.

**1.** 상승장에는 최근 많이 오른 위험자산을 매수한다(상대모멘텀).

**2.** 하락장에는 위험자산을 팔고 안전자산으로 이동한다(절대모멘텀).

**3.** 안전자산으로 채권을 사는 것을 원칙으로 하되,

**4.** 최근 채권의 수익도 낮으면 채권도 팔고 현금을 보유한다.

**5.** 추세추종(동적자산배분) 또는 정적자산배분 몇 개에 자산을 나눠서 투자하면 보통 MDD가 10% 이하로 줄어든다.

이것으로 교육을 끝낼 생각은 없었다. 내가 엄마에게 겨우(?) 연복리 수익률 15%, MDD 10% 정도의 소소한 성과를 내는 자산배분 포트폴리오 노하우 정도 던져주고 떠날 불효자(?)는 아니지 않은가! 게다가 나는 외아들이니 엄마의 번영과 자산 증진은 나의 미래 행복이기도 하다.

앞으로는 수익을 더욱 키울 수 있는 계절성 연구와 개별주 선정 노하우를 알아보자.

## 퀀트를 처음 시작한 사람, 왜 중간에 포기할까?

비퀀트 투자가 21세기에 아직도 존재한다는 사실을 잘 이해하지 못하는 사람으로서 늘 궁금했다. 퀀트 투자가 진입장벽이 높다는 것은 알겠다. 그런데 도대체 왜 한번 장벽을 뚫어서 퀀트를 시작한 사람이 퀀트를 포기하고 다시 비퀀트 투자자가 되는 비극적인 일이 발생하는 것

일까? 롤프 도벨리(Rolf Dobelli)의 책 『스마트한 생각들』을 참고로, 엄마와 대화를 나눴다.

## 1. 복리를 이해하지 못한다

퀀트 투자를 통해 상대적으로 안전하고 손쉽게 낼 수 있는 연복리 수익률 10~15%를 10~20년간 꾸준히 달성하면 대부분의 직장인은 경제적 자유에 도달할 수 있다. 아니, 도달 못 하는 게 사실 더 어렵다. 그런데 엄마는 이렇게 말했다. "인간에게 '복리'라는 개념이 전혀 와닿지 않는다는 게 문제야. 사람은 그나마 그림으로 된 그래프나 차트 같은 건 조금 이해하는데, 숫자의 뜻을 제대로 이해하는 사람은 거의 없어. 대부분 울렁증이 생겨서 도망가지."

내가 봐도 그런 것 같다. 나는 10~20년 정도 일을 할 수 있는 직장인은 연복리 수익률 10~15%만 벌어도 경제적 자유에 도달할 수 있다고 예전부터 강조해 왔다. 그런데 연 10%, 15% 수익률은 언뜻 보기에는 매우 작아 보인다. '겨우 이 정도 수익으로 뭘 하자는 거야?'라는 생각을 하게 되고, 여기에 과잉 확신 편향이 같이 생겨서 내가 나서면 저것보다 훨씬 더 높은 수익을 낼 수 있다고 착각한다. '상한가 종목 두 개만 맞추면 70% 버는 것 아닌가?'

여기서 수많은 비극이 발생한다. 연복리 수익률 10~15%는 물론이고 수익조차 못 내는 투자자들이 수없이 많다는 것을 명심하자.

## 2. 믿고 싶은 대로 믿는다

사람은 보고 싶은 것만 보고 듣고 싶은 것만 듣는다. 심지어 증거를 찾을 때도 내 의견을 뒷받침하는 의견만 찾고 나머지는 무시한다. 이것이 확증 편향이다. 엄마는 투자자들이 돈을 잃게 만드는 확증 편향에 대해 이렇게 추측했다. '처음 퀀트 투자를 시작할 때는 원칙대로 투자하겠다고 결심하고 돈을 투입한다. 그리고 리밸런싱 구간까지 기다린다. 그런데 기다리는 와중에도 나에게는 계속 정보가 들어온다. 자연스레 처음 세웠던 원칙은 희미해진다. 그리고 투자 도중에 무엇인가 본인이 믿고 싶은 예측이 생길 가능성, 본인이 꽂히는 아이디어가 생길 가능성이 크다(에 글로벌 경제가 어렵고 연준이 금리를 올리므로 주식시장은 수년간 힘들 것이다). 퀀트에 대한 믿음이 점점 희박해지는데다가 본인의 새로 생긴 믿음과 불일치하므로 퀀트 투자를 버리게 된다.'

사실 이 투자자가 가진 새로운 믿음은 과학적이나 통계적인 근거가 있다기보다는 소위 전문가라고 하는 사람들의 의견이 그럴듯해 보여서 그게 내 생각이라고 착각하는 경우가 대부분이다.

나도 엄마와 생각이 비슷하다. "그래, 이 퀀트전략이 좋은 것 같은데…… 그런데 지금 세상이 망하는 분위기인데 소형주에 이렇게 많이 투자해도 될까? 이번에는 팔고 상황이 나아질 때까지(?) 기다려 보자." 이런 식으로 전략을 고수하지 않은 투자자를 무수히 많이 봤다.

사실 투자 원칙을 세운 뒤 당장 할 일이 없으면 아무것도 안 하는 것이 최고다. 파스칼은 이런 명언을 남겼다. "인류의 모든 비극은 혼자 방안에 가만히 있지 못해서 시작된다." 투자도 마찬가지다. 심지어 투자의 대가인 워런 버핏도 "일하는 날 중 대부분 우리는 그냥 가만히 앉아만 있고 아무것도 하지 않는다"라고 하지 않았는가?

### 3. 전문가 의견에 휘둘린다

대부분 사람은 직접 생각하기보다는 사회적으로 검증이 되었다고 판단되는 사람의 의견을 그대로 따라가는 경향을 보인다. 퀀트 투자자는 아직 소수라 유명한 투자자가 적다. 그런데 인기 있는 자칭 전문가들이 "퀀트, 그거 잘 안 되는데요?" 하면 많은 사람들이 별다른 검증 없이 그 말을 믿는다. 물론 잘 안된다고 주장한 전문가도, 그 말을 믿는 사람들도 아마 백테스트 한번 안 해 봤을 가능성이 높다.

# 마켓타이밍과 계절성

지금까지 우리가 배운 내용을 복습해 보자.

**1. 자산배분(정적자산배분)을 통해서 주식, 채권, 실물자산, 달러화 등에 분산투자를 하면 MDD를 상당히 줄일 수 있다. 대신 기대 수익률은 연복리 7~9% 정도이다.**

**2. 연복리 수익률을 높이기 위해 추세추종(동적자산배분) 전략을 배웠는데, 상승장에는 최근 제일 수익이 높았던 위험자산에 투자해서 수익을 크게 내고 하락장에는 안전자산을 보유하며 손실을 피하는 '마켓타이밍' 전략 중 하나다.**

우리는 지금까지 **마켓타이밍**\* 전략 중에서 '최근 주식 수익'을 기준으로 투자를 결정하는 추세추종 전략을 배웠다. 그런데 마켓타이밍의 다른 수단으로 **계절성**\*\*도 있다.

엄마는 내가 자주 '십일사 천국, 오십 지옥'이라는 말을 하니까 11~4월에는 주식 수익률이 높고 5~10월에는 저조하다는 정도는 이미 알고 있었다. 그런데 왜 이 법칙을 '계절성'이라고 부르는지 물었다.

"왜 법칙 이름이 계절성이야? 계절성이라고 하면 봄, 여름 같은 계절에 사고 가을, 겨울에 팔라는 것 같은 느낌이 들잖아."

계절성은 특정 시간, 일, 주, 월, 년의 가격 패턴이 금융시장에서 되풀이되는 현상을 의미한다. 주식시장에서 알려진 계절성은 여러 개가 있는데, 몇 가지 예를 들면 아래와 같다.

- **오전보다는 오후(약 13시 이후) 수익이 더 높다.**
- **장중(9:00~15:30) 수익보다는 장외(15:30~다음날 9:00) 수익이 더 높다.**
- **월, 화 수익보다는 목, 금 수익이 더 높다.**
- **월중보다는 월말, 월초(월말 4 거래일, 월초 3 거래일) 수익이 더 높다.**
- **11~4월 수익이 5~10월 수익보다 높다.**
- **미국 주식의 경우 중간선거 다음 해의 수익이 높다.**

이는 매년은 아니지만 자주 되풀이되는 패턴으로 우리의 투자에 활용할 만한 가치가 있다. 예를 들면 장기적으로 5~10월에 주식의 수익률이 저조한데 굳이 그때 주식에 크게 투자할 필요는 없지 않은가?

이 현상을 영어로 'seasonality'라고 하는데 이를 번역하다 보니 '계절성'이라는 다소 헷갈리는 단어가 탄생한 듯하다.

계절성에 대해서는 대표적인 패턴을 몇 개 설명하고 넘어가겠다. 특히 이 강의를 진행한 때가 2022년 하반기라 '2022년 10월 말에 모이는 3개의 우주의 기운'에 대해 간략하게 설명하겠다. 미국 시장은 쌓인 데이터가 많아서 계절성 연구가 매우 활발하다. 간단히 하나씩 알아보자.

## 2나 3으로 끝나는 해에 저점이 온다

미국의 주식시장은 세계에서 가장 큰 시장으로, 우리는 앞서 국내 증시도 미국과의 상관관계가 점점 더 높아진다고 배웠다. 미국 주식은 최근 100년 동안 흥미로운 10년 주기 패턴을 보인다.

## 미국 주식 최근 100년의 10년 주기 패턴

| 연도<br>끝자리 | 0 | 1 | 2 | 3 | 4 | 5 | 6 | 7 | 8 | 9 |
|---|---|---|---|---|---|---|---|---|---|---|
| 1920년대 | - | - | - | -4.51 | 24.04 | 23.19 | 3.16 | 23.26 | 37.57 | -11.91 |
| 1930년대 | -28.48 | -47.07 | -15.15 | 46.59 | -5.94 | 41.37 | 27.92 | -38.56 | 25.21 | -5.45 |
| 1940년대 | -15.29 | -17.86 | 12.43 | 19.45 | 13.80 | 30.72 | -11.87 | 0.00 | -0.65 | 10.26 |
| 1950년대 | 21.78 | 16.46 | 11.78 | -6.62 | 45.02 | 26.40 | 2.62 | -14.31 | 38.06 | 8.48 |
| 1960년대 | -2.97 | 23.13 | -11.81 | 18.89 | 12.97 | 9.06 | -13.09 | 20.09 | 7.66 | -11.36 |
| 1970년대 | 0.10 | 10.79 | 15.63 | -17.37 | -29.72 | 31.55 | 19.15 | -11.50 | 1.06 | 12.31 |
| 1980년대 | 25.77 | -9.73 | 14.76 | 17.27 | 1.40 | 26.33 | 14.62 | 2.03 | 12.40 | 27.25 |
| 1990년대 | -6.56 | 26.31 | 4.46 | 7.06 | -1.54 | 34.11 | 20.26 | 31.01 | 26.67 | 19.53 |
| 2000년대 | -10.14 | -13.04 | -23.37 | 26.38 | 8.99 | 3.00 | 13.62 | 3.53 | -38.49 | 23.45 |
| 2010년대 | 12.78 | 0.00 | 13.41 | 29.60 | 11.39 | -0.73 | 9.54 | 19.42 | -6.24 | 28.88 |
| 2020년대 | 16.26 | 26.89 | -14.57 | - | - | - | - | - | - | - |
| 평균 | 1.32 | 1.59 | 0.76 | 13.67 | 8.04 | 22.50 | 8.59 | 3.49 | 10.33 | 10.14 |
| 승률 | 50 | 50 | 60 | 70 | 70 | 90 | 80 | 60 | 70 | 70 |

단위: %

미국 시장을 분석해 보면 0~2로 끝나는 해의 수익이 보통 저조하다. 그래서 2로 끝나는 해에 저점이 형성되는 경우가 많다. 그 후 3~6으로 끝나는 해의 수익이 좋은 편이고, 이 중 5로 끝나는 해의 수익이 제일 높다. 최근 100년 동안 한 번도 손실이 난 적이 없다(2015년은 손실로 보이나 배당 수익을 더하면 플러스 수익으로 마감).

그 후 7~8로 끝나는 해를 분석해 보면 20세기에는 주로 7로 끝나는 해의 수익이 저조했다면 21세기에는 8로 끝나는 해가 안 좋았다는 것을 알 수 있다. 그렇게 7~8년도로 끝나는 해에 저점을 찍은 후 미국 시장은 다시 상승해서 9로 끝나는 해의 수익은 대체로 높았다.

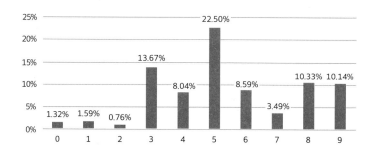

미국 10년 사이클 연별 수익률(1923~2022)

위 내용을 아래와 같이 종합해 볼 수 있다.

### 미국 연별 수익률 분석

| 연도 끝자리 | 전반적인 수익률 |
|---|---|
| 0~2 | 저조 |
| 3~6 | 높음 |
| 7~8 | 저조 |
| 9 | 높음 |

# 중간선거가 있는 해에 저점이 온다

보통 미국 시장은 중간선거가 있는 해에 저점을 찍는 경우가 많다. 투자의 대가 켄 피셔(Kenneth Fisher)는 저서『3개의 질문으로 주식시장을 이기다』에서 미국 대통령이 새로 뽑히면 정치적으로 많은 요소가 변해서 시장의 불확실성이 커진다고 서술했다. 켄 피셔는 시장이 제일 싫어하는 것이 불확실성이고, 중간선거는 추가로 또 하나의 불확실성을 만들기 때문에 대통령 당선 1년 차, 2년 차 수익률이 대체로 저조했다고 밝혔다.

## 미국 선거 사이클과 주식 수익률

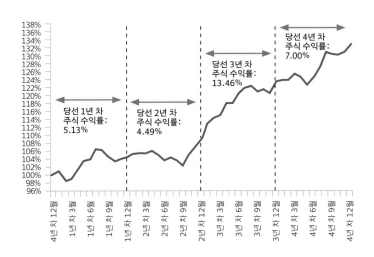

보통 중간선거에는 대통령의 정치에 실망한 국민들이 야당에 표를 주다 보니 대부분 여당은 중간선거에서 표를 잃게 된다. 따라서 대통령과 의회를 장악한 당이 다른 교착 상태(gridlock)가 생기는 경우가 많은데, 켄 피셔에 따르면 이 상태가 시장에 제일 좋다고 한다. 대통령의 정책을 의회가 막고 의회가 추진하는 법안을 대통령이 막으니까 변화가 어려워지고, 변화가 적으면 불확실성이 줄어들기 때문이다.

따라서 미국 시장은 2차 세계대전 후 지금까지 한 번도 중간선거 다음 해에 손실을 본 적이 없었다(2015년에 -2% 손실을 본 것처럼 보이나 배당수익률을 더하면 플러스 수익이다).


## 십일사 천국, 오십 지옥

1693년부터 데이터를 뽑아서 월별 주식 수익을 분석한 논문이 있는데(Zhang, Jacobsen - The Halloween Indicator, 'Sell in May and Go Away': Everywhere and All the Time(2018)), 여기서 놀랍게도 1960년부터 이 세상 거의 모든 주식시장에서 11~4월의 수익률이 5~10월의 수익률을 능가한다는 결과가 드러났다.

그중 대표적인 몇 개 국가의 예시만 소개하겠다. 다음 8개 주식시장의 수익률은 배당 수익을 제외한 수익률이다.

## 코스피지수의 수익 기간별 비교

코스피지수는 배당을 제외하고 약 24배 상승했으며, 연복리 수익률은 7.5% 정도였다. 그런데 11~4월에만 투자했다면 33.4배를 벌 수 있었으며, 연복리 수익률은 8.5%였다. 5~10월의 1980~2022년 총수익률은 −33%(연복리 수익률 −0.9%)에 불과했다. 한국에서는 11~4월에만 투자하고, 5~10월에는 투자를 중단한 뒤 자금을 안전자산으로 넘기는 것이 수익률이 더 높았다. 한국은 1995년부터 5~10월 수익이 특히 저조했는데, 총수익률이 −71.1%(!)였다.

이는 1995년에 1억 원을 갖고 5~10월에만 코스피지수에 투자한 투자자의 자산이 27년이 지난 2022년에는 2,890만 원이 되었을 것이라는 의미다. 1994년에 강남 아파트를 살 수 있었던 돈이 2022년에 좋은 차 한 대도 살 수 없는 돈으로 쪼그라든 것이다.

## 코스닥지수의 수익 기간별 비교

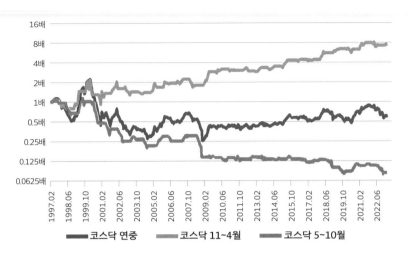

코스닥지수 데이터는 1997년 2월치부터 확보되어 있는데, 그때부터 지금까지 25년 동안 투자를 했다면 수익은 -40%(연복리 수익률 -1.9%)라 매우 저조했다. 그러나 놀랍게도 같은 기간 동안 11~4월에만 투자했다면 자산은 25년 동안 7.4배 증가했다(연복리 수익률 8%). 코스피지수의 같은 구간 11~4월 연복리 수익률이 9.0%인 것을 감안하면 크게 뒤지지 않는다.

그러나 5~10월에 코스닥지수에 투자하는 것은 매우 어리석었다. 1억 원을 가지고 1997년 2월부터 25년간 5~10월에만 투자했다면 그 금액이 무려 815만 원(!)으로 줄었을 것이다. 총수익률은 -91.85%, 연복리 수익률은 -9.2%이다.

## 미국 S&P500지수의 수익 기간별 비교

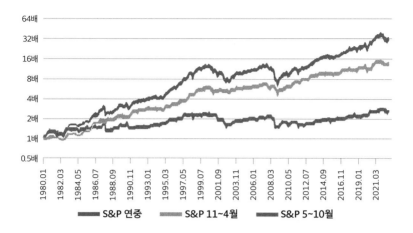

미국 시장은 한국 시장처럼 11~4월과 5~10월 구간의 차이가 크진 않았다. 그러나 차이는 엄연히 존재했다.

S&P500지수의 1980~2022년 연복리 수익률은 8.6%였는데, 11~4월의 연복리 수익률은 6.3%, 5~10월의 연복리 수익률은 2.2%였다. 한국처럼 형편없는 수익률은 아니었지만, 미국 시장에서도 5~10월에만 투자했으면 부귀영화를 누릴 수 없었다.

## 중국 상해지수의 수익 기간별 비교

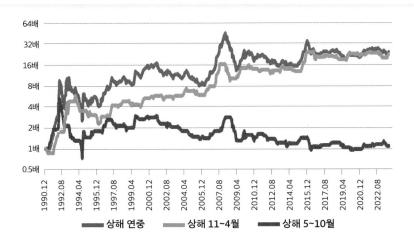

범례: 상해 연중 / 상해 11~4월 / 상해 5~10월

중국 상해지수는 1990년 12월부터 지금까지 약 25배 상승했다(연복리 수익률 10.3%). 상해지수에도 11~4월에만 투자했으면 12개월 전체에 투자하는 것과 거의 동일한 수익을 낼 수 있었을 것이다(연복리 수익률 10.0%).

반대로 5~10월에 투자했을 때의 연복리 수익률은 예금보다도 떨어지는 0.2%에 불과했다. 게다가 1992년부터 분석하면 5~10월에만 상해지수에 투자했을 경우 -82%라는 손실을 피해갈 수 없었을 것이다.

## 홍콩 항셍지수의 수익 기간별 비교

홍콩 항셍지수도 비슷한 흐름을 보였다. 항셍지수의 1980~2022 년 연복리 수익률은 7.3%였는데 11~4월 연복리 수익률은 7.6%, 5~10월의 연복리 수익률은 −0.3%이다. 항셍지수는 1997년부터 5~10월 수익률이 매우 저조했는데, 이때부터 지금까지 5~10월 투자 수익률은 총 −64.5%였다.

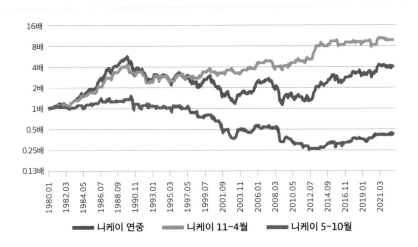

일본 니케이지수의 수익 기간별 비교

니케이 연중  니케이 11~4월  니케이 5~10월

일본 니케이지수도 대세를 벗어나지 못했다. 1980년부터 2022년까지 니케이지수의 연복리 수익률은 3.3%였는데, 11~4월 연복리 수익률은 5.6%였으며, 5~10월 연복리 수익률은 -2.0%였다. 일본에서도 5~10월에만 투자했다면 42년 장기투자를 했음에도 불구하고 돈을 잃었을 것이다. 일본 니케이지수는 1990~2012년이 특히 안 좋았는데, 이때 5~10월에 투자했다면 -84%의 손실이 발생했다.

## 영국 FTSE지수의 수익 기간별 비교

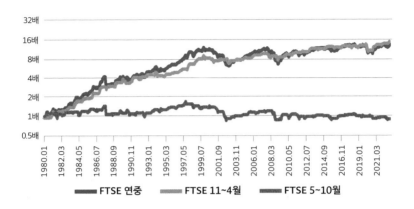

지금까지 한국과 중국, 일본 등 아시아 국가를 분석해 봤는데 유럽은 어땠을까? 거의 비슷한 결과가 나타났다.

영국 FTSE지수는 1980년부터 연복리 수익률이 6.2%였는데, 11~4월에만 투자했다면 그보다 좀 더 높은 6.5%라는 연복리 수익률을 얻을 수 있었다. 반대로 5~10월의 연복리 수익률은 -0.3%였다. 돈을 벌지 못한 것은 물론이고(?), 1997년부터 5~10월에만 투자했을 때의 총수익은 -47.1%였다.

## 독일 DAX지수의 수익 기간별 비교

마지막으로 독일 시장을 분석해 보겠다. 역시 독일 DAX지수도 11~4월 수익률이 5~10월보다 월등히 높았다. 1980~2022년 전체 연복리 수익률은 8.1%인데 11~4월 연복리 수익률은 8.0%, 5~10월은 0.1%이었다. 1997년부터만 보면 독일의 5~10월 수익률은 총 -49%였다.

이 내용을 정리하면 다음 표와 같다.

놀라운 결과가 아닐 수 없다. 5~10월 연복리 수익률이 예금 수익률을 넘은 국가는 미국 한 나라밖에 없으며, 8개 지수 중 5개 지수에서는 5~10월에 30~40년 장기투자를 해도 전혀 돈을 벌 수 없었다.

## 8개 지수의 기간별 수익률 비교 분석

| 주가지수 | 전체 구간 연복리 수익률 | 11~4월 연복리 수익률 | 5~10월 연복리 수익률 |
|---|---|---|---|
| 코스피(한국) | 7.5 | 8.5 | -0.9 |
| 코스닥(한국) | -1.9 | 8.0 | -9.2 |
| S&P500(미국) | 8.6 | 6.3 | 2.2 |
| 상해(중국) | 10.3 | 10.0 | 0.2 |
| 항셍(홍콩) | 7.3 | 7.6 | -0.3 |
| 니케이(일본) | 3.3 | 5.5 | -2.0 |
| FTSE(영국) | 6.2 | 6.5 | -0.3 |
| DAX(독일) | 8.1 | 8.0 | 0.1 |

단위: %

내 이야기를 들은 엄마는 이렇게 말했다. "네가 11~4월 투자가 왜 통하는지 몇 개 가설을 책에 언급했는데, 그건 나에게 별로 중요하지는 않아. 확실히 11~4월 수익이 월등히 높았으면, 그냥 그때 투자하면 되는 거니까. 전 세계적으로 11~4월 수익이 높았다는데 내 투자도 굳이 여기서 벗어날 필요가 있을까?"

나도 그렇게 생각한다. 왜 11~4월 수익률이 5~10월 수익보다 높은지 여러 설명이 있기는 한데 매우 공감이 가는, 설득력이 큰 이유는 아직 찾지 못했다. 그러나 아주 오랜 기간 동안 전 세계적으로 11~4월 수익률이 5~10월 수익을 압도적으로 능가한다면 그만한 이유가 있지 않을까?

금융 시장에서는 꼭 왜 무엇이 통하는지 이유를 알 필요는 없다고 생각한다. 그냥 통하는 걸 하면 된다.

그래서 15년 넘게 체득한 경험을 바탕으로 나는 만나는 사람마다 5~10월에 투자하지 말라고 신신당부를 한다. 내가 직접 투자해서 손실을 봤기 때문이다. 하지만 안타깝게도 이야기를 흘려듣고 5~10월에 큰 손실을 본 후 "강환국 씨, 당신이 맞았네요!"라고 하는 사람들이 상당히 많다. 이렇게 5~10월에 손실을 보고 신세 한탄을 하는 사람 중에는 심지어 이름이 잘 알려진 펀드매니저들도 있다. 역시 사람은 본인이 당해야만 정신을 차리는 것 같다.

## 세 가지 우주의 기운이 하나가 될 때

미국에서 중간선거가 있고 2로 끝나는 해는 20년에 한 번 온다. 최근 100년간 이즈음 주식시장이 어떤 흐름을 보였는지 한번 분석해보자.

## 1920년대 미국 S&P500지수의 흐름

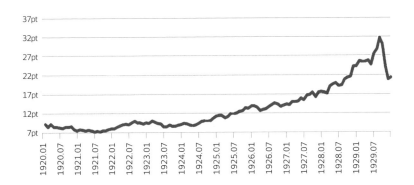

1922년은 주식투자하기 꽤 좋은 시기였다. 1922년 말이 정확히 저점은 아니었으나(최저점은 1921년 8월), 1922년 10월에 투자를 시작했다면 1929년까지 약 3.5배의 수익을 챙길 수 있었다.

## 1940년대 미국 S&P500지수의 흐름

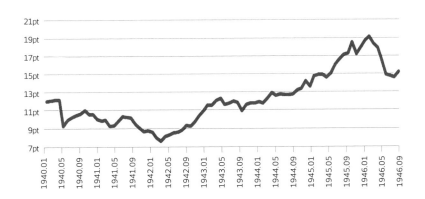

1940년대의 진짜 바닥은 1942년 4월 말이었다. 아마 나라면 당시 11~4월 전략을 고수해서 매수하지 않았을 것이다. 그러나 조금 늦게 10월 말에 들어갔어도 1946년 중순까지 103%의 수익이 생겼다.

## 1960년대 미국 S&P500지수의 흐름

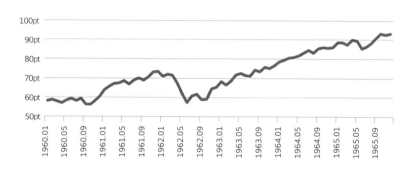

1960년대에는 정석대로(?) 1962년 10월에 최저점이 형성되었으며, 이때 들어갔으면 1966년 초까지 66%의 수익을 달성할 수 있었다.

## 1980년대 미국 S&P500지수의 흐름

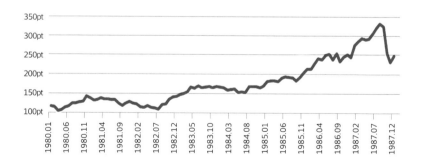

1980년대의 바닥은 1982년 7월이었다. 이때가 아닌 1982년 10월 말에 S&P500지수에 입성했더라도 1987년까지 150% 정도의 수익이 발생했다.

## 2000년대 미국 S&P500지수의 흐름

2000년대에도 2002년 10월에 바닥이 왔다. 이때 주식을 샀으면 2007년까지 90%를 벌 수 있었다.

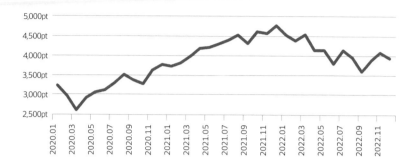

**2020년대 미국 S&P500지수의 흐름**

마지막으로 위 그래프가 2020년대 미국 주식시장의 흐름이다. 코로나19가 시작된 2020년부터 장이 상승하다가 2022년 초에 꺾이고 약 25% 하락했다. 놀랍게도 이 책이 출간되기 직전인 2023년 5월 시점에서 보면 2022년 10월 13일에 S&P500지수가 저점을 찍고 저점 대비 20% 정도 상승했다.

## 계절성은 미신일까?

이런 투자의 계절성을 미신으로 취급하는 사람들도 꽤 많은데, 실제로 꽤 높은 확률로 들어맞기 때문에 마켓타이밍에 유용하게 활용할 수 있다. 물론 매번 맞는 것은 아니다. 예를 들면 코스피지수의 경우 11~4월에 지수가 상승했던 경우는 70% 정도였으며, 5~10월에도 상승 확률이 53% 정도였다. 11~4월이라고 늘 오르고 5~10월은 늘 떨어지는 것은 아니라는 의미다.

그러나 트레이딩을 통해 일반인이 범접할 수 없는 수익을 낸 래리 윌리엄스(Larry Williams), 마크 미너비니(Mark Minervini) 같은 투자자가 계절성을 분석한다는 것을 꼭 기억하자.

마켓타이밍을 '시장 예측'으로 착각하는 사람이 많다. 그러나 시장을 예측하는 것은 불가능하다. 당장 다음 주 목요일 저녁에 누구와 무엇을 먹을지도 예측하기 어려운데, 어떻게 수만 개의 변수가 영향을 미칠 수 있는 경제나 주식시장을 예측할 수 있을까? 그러나 추세추종, 계절성 등으로 수익을 낼 수 있는 확률을 높일 방법은 분명히 존재한다. 우리는 확률이 높은 쪽에 베팅해서 초과수익을 내면 된다.

이걸 어떻게 투자에 활용할 수 있을까? 예를 들면 한국형 올웨더 등으로 자산배분을 할 때 11~4월에는 주식 비중을 높이고 5~10월 비중을 낮추는 방법이 있다. 구체적인 활용방법은 마지막 장에서 더 자세히 설명하겠다.

지금까지 우리가 배운 것을 정리해 보면 다음과 같다. 1~2교시에는 정적자산배분, 3~4교시에는 추세추종(동적자산배분)을 통한 마켓타이밍, 5교시에는 전략 백테스트와 계절성에 관해 설명했다.

6교시부터는 개별주로 초과수익을 낼 수 있는 전략을 만들어볼 것이다. 다시 한번 강조하지만, 나는 엄마에게 겨우(?) 연복리 수익률 10~15% 버는 전략을 전수하기 위해 이 프로젝트를 시작하지 않았다. 그리고 그보다 더 많은 수익을 내려면 개별주 퀀트 전략에 대한 이해가 필수다.

그런데 6교시를 시작하기 전, 엄마의 질문이 벌써 나를 당황하게 했다. "시가총액은 뭐야? 매출액이랑 뭐가 달라?"

'시가총액과 매출액의 차이도 모른다고? 개별주 공부하기 전에 기초 공부가 필요하겠네.' 엄마에게 유홍관 회계사의 『읽으면 진짜 재무제표 보이는 책』을 읽으라는 숙제를 내주었다. 개인적으로 이 책이 회계 입문서 중 최고라고 생각한다. 그리고 주식투자를 하는 사람, 특히 퀀트 투자를 하는 사람은 저 정도 회계 지식만 있어도 충분하다.

다만 가치투자를 위해 기업분석을 하려는 사람이라면 재무제표에 대해 좀 더 배울 것을 추천한다. 홍진채 작가의 『거인의 어깨』 2권이 재무제표에서 무엇이 중요한지 상세히 알려주어 공부하기 좋다. 직접 주식투자를 하는 사경인, 박동흠 회계사의 책들도 꽤 좋다.

# 5교시 숙제

▶ **5교시 내용 복습**

- MDD를 낮추기 위한 전략 비중 조정 이해하기

- 계절성을 알고 수익이 높은 때를 활용하기

▶ **6교시 예습을 위한 독서:** 재무제표 관련 도서

『읽으면 진짜 재무제표 보이는 책(유흥관, 위즈덤하우스)』

# 재무제표 기초지식 알고 넘어가기

우리는 6교시를 진행하기 위해 다시 만났다. 자, 기초지식을 쌓은 엄마와 개별주 투자를 공부해 볼까?

먼저 지난 시간에 엄마가 질문했던 시가총액과 매출액의 차이를 설명하겠다. 시가총액은 주식시장이 인정하는 기업의 가치이다. 삼성전자의 주식 수는 약 60억 주로, 현재 주당 6만 원 정도에 팔리고 있다(2022년 12월 기준). 모든 삼성전자 주식의 값을 합치면 360조 원(60억 주×6만 원) 정도인데, 이 360조 원이 시장이 생각하는 삼성전자의 가치이다. 이론적으로 360조 원을 조달해서 삼성전자의 주식을 모두 사버리면 내가 삼성전자의 100%를 소유하는 주인이 될 수 있는 것이다. 삼성전자의 주식 수는 거의 변하지 않으므로 주가가 오르면 시가총액이 오르고 주가가 떨어지면 시가총액이 떨어진다고 볼 수 있다.

간혹 주식을 찍어내 시장에 팔아서 시가총액을 올리는 기업도 있는데, 이는 기존 주주들에게 좋지 않다. 주식 수가 늘어나면 내 지분이 희석되기 때문이다.

매출액은 한 기업이 1년 동안 상품과 서비스를 팔고 얻은 대가이다. 삼성전자의 경우 반도체, 핸드폰 등을 팔아서 2021년 279.6조 원의 매출액을 기록했다.

『읽으면 진짜 재무제표 보이는 책』을 읽은 감상평을 물었더니 엄마가 느낀 점과 궁금한 점을 말했다.

"책 참 쉽게 잘 썼어. 처음 부분은 술술 읽혔는데, 나중에 설명하는 사기 기업을 구분하는 방법 같은 건 크게 중요한가 하는 의문이 들더라. 그리고 부채도 유동부채, 비유동부채 등으로 나누던데 이것도 투자에 중요할까?"

중요하지 않다고 딱 잘라 말할 수는 없다. 하지만 투자자에게 제일 중요한 재무제표는 '손익계산서'이다. 엄마가 말하는 자산, 부채, 자본 부분은 투자자 입장에서는 덜 중요하긴 하다. 엄마는 "그래서 나도 대충 읽으면서 아 이런 게 있구나, 정도로 이해하면 될 거 같았는데 역시 그렇네"라고 말했다.

그래도 이건 하나 짚고 넘어가야 한다. "부채가 많으면 뭐가 나쁠까?" 내가 물었더니, "부채가 많으면 기업이 성장을 못할 것 같은데?"라고 생각하지 못했던 답변을 받았다.

사실 기업은 부채를 갖고 얼마든지 성장할 수 있다. 단지 부채를 너무 많이 끌어 써서 무리하게 성장하려는 기업들이 문제다. 그보다 중요한 점은 부채가 많아서 이자와 원금을 감당하지 못하면 기업이 파산할 수 있다는 점이다. 부채가 많은지 적은지, 부채의 성격이 어떤지 살펴보면 이 기업이 조만간 망할 가능성이 있는지를 파악할 수 있다. 이것을 한눈에 보기 위해 유흥관 회계사는 책에서 '부채비율'이라는 지표를 제시한다.

그리고 우리는 **퀀트 프로그램**\*에서 부채비율이 특정 수치보다 낮은 기업에만 투자할 수 있도록 필터를 설정할 수 있다. 예를

**퀀트 프로그램**\*
자동 계산과 알고리즘을 활용해 퀀트 투자를 손쉽게 만들어주는 소프트웨어 프로그램.
퀀터스, 퀀트킹, 젠포트 등 다양한 회사에서 개발한 프로그램이 있는데 이 책에서는 퀀터스를 사용한다.

들면 부채비율이 150% 이하인 기업에만 투자하는 것이다.

이렇게 필터를 설정한 뒤 흑자 기업이면서 이익이 증가하는 기업에만 투자해도 파산할 기업에 투자할 확률은 매우 낮아진다. 기업이 빚이 별로 없고, 이익이 나고, 심지어 이익이 늘어나는데 왜 망하겠는가.

그런데 부채비율이 150% 미만이고 매출, 영업이익, 순이익이 늘어나는 기업은 절대로 파산하지 않을까? 확률이 낮지만 파산 가능성이 아예 없지는 않은데, 퀀트 투자자는 여러 기업에 분산투자를 하므로 혹시 하나의 기업이 파산해도 포트폴리오 전체에 큰 타격을 받지는 않는다. 참고로 16년 동안 퀀트 투자를 하면서 내가 매수한 기업이 파산해서 주식이 거래정지된 경우는 지금까지 한 번도 없었다. 그동안 수많은 소형주에 투자했는데도 말이다.

## 어떤 개별주를 사야 할까?

본격적으로 수업을 시작하기 전, 먼저 "개별주 투자에서 뭐가 중요할까?"라고 엄마에게 질문을 던졌다. 엄마는 "성장과 안정성"이라고 답했다.

기업의 성장이 투자 수익률에 매우 큰 영향을 미치는 건 맞는데, 안정성 자체만으로는 높은 수익을 낼 수 없다. 물론 망하지 않는 기업의 주식을 사는 것은 매우 중요하다. 어떤 주식이든 기업이 망하면 수익률이 -100%이기 때문이다.

그러나 우리가 하는 퀀트 투자는 앞서 설명했듯이 여러 기업에 분산투자하며, 보통 투자 기간이 3~6개월을 넘지 않기 때문에 부채 비율, 수익, 성장 등 간단한 지표 몇 개만 따져 봐도 대부분의 파산 기업을 피해갈 수 있다.

**개별주 퀀트 투자의 핵심은 '성장하고 있는, 저평가된 소형주'를 사는 것이다.**

유튜브를 보든, 언론이나 방송을 보든 "성장하는 기업을 사라. 저평가된 기업을 사라. 또는 성장하는 중인데 아직은 저평가된 기업을 사라"라는 말을 쉽게 접할 수 있을 것이다. 나도 이 이야기가 옳다고 생각한다.

## 무서운 소형주 효과

**"장기적으로는 소형주에 투자하는 것이 대형주에 투자하는 것보다 수익이 높다. 성공적인 소형주는 미래의 월마트나 마이크로소프트가 될 수 있기 때문이다. 월마트도 예전에는 소형주였는데 20년 만에 250배 오르면서 대형주가 되었다."_피터 린치(Peter Lynch)**

"어떤 환경에도 잘 적응하는 생물이 살아남는다. 경쟁이 치열한 비즈니스 환경에서는 작은 신생 기업들이 매너리즘에 빠진 대기업들보다 적응이 빠를 수밖에 없다."_랄프 웬저(Ralph Wanger)

"소형주, 중형주를 거래하는 것을 두려워하지 말아라. 여기에 기회가 있다. 월마트가 수백 배 오르기 전 거래량은 몇천 주에 불과했고 월마트 창업자 샘 월튼(Samuel Walton)은 가게 앞에 서서 고객들에게 직접 영업했다."_마크 미너비니(Mark Minervini)

이뿐만이 아니다. 전설적인 투자자 워런 버핏의 수익률은 주로 소형주를 거래한 1950~60년대에 제일 높았으며, 투자의 거장 윌리엄 오닐(William O'Neil)이 사용하는 'CANSLIM' 전략에서 S는 Supply, 즉 '주식 수가 적은 종목(소형주)'을 사라는 지침이다. 필립 피셔도 당시에는 중소형주였던 텍사스 인스트루먼트(Texas Instruments), 모토로라(Motorola) 등에 투자해서 수백 배 이상의 수익을 냈다.

사실 소형주의 수익이 대형주보다 높은 이유는 간단하다. 주식은 최악의 경우 100%만(?) 잃을 수 있으나, 잠재 수익은 무한대이다. 한 주식으로 수천 배, 수만 배 수익을 낸 사례도 드물긴 하지만 분명히 존재한다. 세 번 연속으로 100배의 수익을 낸다면 원금은 백만 배가 된다.

그런데 대형주 투자로는 그런 엄청난 수익을 낼 방법이 없다. 이미 시가총액이 300조 원이 넘는 삼성전자의 주식이 몇 년 만에 10배가 될 가능성은 거의 없지 않은가? 그러나 좋은 상품을 만들어서 시장에서 인정받는, '나중에 대형주가 되는 소형주'에 투자하면 수십 배, 수백 배 수익이 비현실적이지 않다. 아주 간단한 계산만 해도 왜 소형주 투자의 수익이 대형주 수익을 압도할 확률이 높은지 알 수 있다.

## 대형주 포트폴리오 예시

| 주식의 종류 | 수익률(%) | 주식의 종류 | 수익률(%) |
|---|---|---|---|
| 주식 1 | 27 | 주식 6 | 13 |
| 주식 2 | 3 | 주식 7 | 24 |
| 주식 3 | 1 | 주식 8 | 36 |
| 주식 4 | 49 | 주식 9 | -28 |
| 주식 5 | -11 | 주식 10 | -15 |
| 포트폴리오 전체 | | | 9.9 |

## 소형주 포트폴리오 예시

| 주식의 종류 | 수익률(%) | 주식의 종류 | 수익률(%) |
|---|---|---|---|
| 주식 1 | 500 | 주식 6 | 13 |
| 주식 2 | 3 | 주식 7 | 24 |
| 주식 3 | 1 | 주식 8 | 36 |
| 주식 4 | 49 | 주식 9 | -28 |
| 주식 5 | -11 | 주식 10 | -15 |
| 포트폴리오 전체 | | | 57.2 |

예시로 든 앞의 두 포트폴리오는 준수한 수익을 냈다. 10개 주식 중 7개 주식이 올랐다. 심지어 9개 주식의 수익은 완전히 동일하다. 그런데 소형주 포트폴리오에서는 주식 한 종목이 대박을 내서 500% 상승했다.

이 한 종목의 차이로 두 포트폴리오의 수익은 47.3%나 차이가 난다. 이건 실제로 소형주 포트폴리오를 운영하는 투자자들의 포트폴리오에서 꽤 자주 발생하는 현상이다.

한 예로, 2021년 가을에 내 강의에서 퀀트 투자를 배워서 2021년 11월부터 2022년 4월까지 소형주에 실전 퀀트 투자를 한 '재테크는 스크루지'라는 투자 블로거가 있다. 그가 투자했던 기간에 코스피지수는 -9% 하락했는데, 그는 31.85%라는 놀라운 수익을 냈다. 어떻게 이런 일이 가능했을까?

그가 투자한 20개 종목 중 나머지 19개 종목의 수익률은 총 5.4%였는데, 20번째 종목이었던 '한일사료'가 528%(!) 상승한 것이다. 이 한 종목이 전체 포트폴리오 수익의 84%를 만들었다. 우연의 일치라고? 이런 사례는 소형주 투자를 하면 매우 자주 발생해서, 결코 우연이라고 보기 어렵다.

## 재테크는 스크루지의 2022년 초반 퀀트 투자 종목 및 각 수익률

| 분류 | 매도가 | 매수평단 | 매입수량 | 매입금액(원) | 현재금액(원) | 수익률 | 매수날짜 |
|---|---|---|---|---|---|---|---|
| 제이엠티 | 4,115 | 4,185 | 119 | 498,015 | 489,685 | -1.67% | 2021-12-30 |
| 인베니아 | 2,830 | 2,675 | 186 | 497,550 | 526,380 | 5.79% | 2021-12-30 |
| 네오티스 | 5,580 | 5,080 | 98 | 497,840 | 546,840 | 9.84% | 2021-12-30 |
| 오디텍 | 7,550 | 6,550 | 76 | 497,800 | 573,800 | 15.27% | 2021-12-30 |
| 원일특강 | 13,650 | 14,300 | 35 | 500,500 | 477,750 | -4.55% | 2021-12-30 |
| 쎄니트 | 2,305 | 2,050 | 243 | 498,150 | 560,115 | 12.44% | 2021-12-30 |
| 성우전자 | 3,520 | 3,825 | 130 | 497,250 | 457,600 | -7.97% | 2021-12-30 |
| 아즈텍WB | 3,285 | 3,305 | 151 | 499,055 | 496,035 | -0.61% | 2021-12-30 |
| 한일사료 | 12,200 | 1,940 | 259 | 502,460 | 3,159,800 | 528.87% | 2021-12-30 |
| 제룡산업 | 3,565 | 3,650 | 136 | 496,400 | 484,840 | -2.33% | 2021-12-30 |
| 삼진 | 8,280 | 10,050 | 49 | 492,450 | 405,720 | -17.61% | 2021-12-30 |
| 동양에스텍 | 3,650 | 3,450 | 144 | 496,800 | 525,600 | 5.80% | 2021-12-30 |
| 대동스틸 | 7,300 | 5,820 | 85 | 494,700 | 620,500 | 25.43% | 2021-12-30 |
| 세보엠이씨 | 6,920 | 7,060 | 70 | 494,200 | 484,400 | -1.98% | 2021-12-30 |
| 삼일기업공사 | 5,050 | 4,275 | 116 | 495,900 | 585,800 | 18.13% | 2021-12-30 |
| 브리지텍 | 5,920 | 5,720 | 87 | 497,640 | 515,040 | 3.50% | 2021-12-30 |
| 대장스틸 | 4,075 | 3,164 | 157 | 496,748 | 639,775 | 28.79% | 2021-12-30 |
| 원텍 | 2,831 | 2,670 | 187 | 499,290 | 529,397 | 6.03% | 2021-12-30 |
| 시큐브 | 1,430 | 1,390 | 358 | 497,620 | 511,940 | 2.88% | 2021-12-30 |
| 아이디피 | 8,260 | 7,840 | 63 | 493,920 | 520,380 | 5.36% | 2021-12-30 |
| | | | | 9,944,288 | 13,111,397 | 31.85% | |

출처: 재테크는 스크루지

여기까지는 몇몇 유명한 투자자들의 조언과 최근 특정 투자 사례를 살펴봤다. 그런데 통계적으로 최근 20년간 소형주 투자의 수익률이 대형주 투자의 수익률을 압도적으로 능가했는지 증명할 수 있을까?

**팩터***

주식시장에서 높은 수익률과 관련이 있다고 여겨지는 지표. 예를 들면 PER이나 PBR 같은 가치 지표, 영업이익 성장률이나 순이익 성장률 같은 성장 지표, 최근 1년 수익률 같은 모멘텀 지표 등이 있다.

퀀터스 프로그램의 '**팩터*** 검증'으로 가능하다. 결과를 보여 주기 전, 퀀터스 같은 퀀트 소프트웨어 프로그램이 어떤 역할을 하는지 짚고 넘어가자.

# 개별주 투자 프로세스와 퀀트 프로그램의 필요성

나는 개별주 퀀트 전략을 다룬 책을 여러 권 썼는데(『할 수 있다! 퀀트 투자』, 『하면 된다! 퀀트 투자』, 『퀀트 투자 무작정 따라하기』와 이 책), 책의 내용을 구체적으로 실현하는 방법에서 포기하는 사람들이 상당히 많다. DB를 직접 구축하고 백테스트를 할 수 있는 코딩 스킬이 없다면 소프트웨어 없이는 퀀트 투자가 불가능하기 때문이다.

구체적으로 퀀트 프로그램이 하는 역할은 무엇일까? 이를 설명하려면 '개별주 퀀트 투자'의 전체 과정을 이해해야 한다.

### 1단계: 투자 아이디어 얻기

- 책, 유튜브, 강의, 논문 등 여러 수단을 통해 투자 아이디어를 얻는다.

### 2단계: 투자 아이디어의 계량화

- 퀀트 투자를 위해 얻은 아이디어를 계량화가 가능한 지표로 바꾼다.
- **예** 벤저민 그레이엄의 저서 『현명한 투자자』에서는 저평가되어 있고, 배당을 잘 주는 기업에 투자하라고 이야기한다. 이 '투자 아이디어'를 계량화시켜야 한다.
- 이 아이디어를 '대한민국 2,000여 개 기업의 PER, PBR, 배당수익률 순위를 계산하고, 3개 지표의 평균 순위가 가장 우수한 20개 기업에 투자한 뒤, 포트폴리오를 분기에 한 번 리밸런싱한다'처럼 누구나 따라 할 수 있고 객관적인, 계량화가 가능한 투자전략으로 바꾼다. 여기까지만 인간이 직접 두뇌를 쓰면 된다.

### 3단계: 계량화된 지표 검증

- 우리가 찾아낸 지표가 투자에 유효한 지표인지 분석한다.
- 과거에 과저 PER, 저 PBR, 고 배당수익률 주식에 각각 투자했으면 어떤 결과가 있었는지 분석하는 것이다. '팩터 검증'이라고 불리기도 한다.
- '10분위 테스트(바로 이어서 설명 예정)'를 통해 각 지표의 유효성을 분석한다.

### 4단계: 계량화된 전략의 백테스트

- 이제 유효 검증을 마친 지표 몇 개를 섞어서 전략을 만들고, 실전에서 통하는지 검증한다.
- 이 전략을 그대로 적용했다면 과거에는 어떤 결과가 있었을지 시뮬레이션을 돌려 본다. 이를 '백테스트'라고 한다. 이를 통해 미래 시장에서 이 전략이 어느 정도 통할지 대략적으로 추측해 본다.

### 5단계: 전략에 적합한 종목 찾기

- 전략을 백테스트해서 결과가 좋았다면 이 전략을 실전에서 사용하고 싶을 것이다.
- 이를 위해 전략에 적합한(PER, PBR이 낮고 배당수익률이 높은) 종목을 찾는다.

### 6단계: 주기적 리밸런싱

- 종목을 찾았다고 영원히 그 종목을 보유하는 것은 아니다.

- 현재 PER, PBR이 낮고 배당수익률이 높은 종목이 몇 달 후에는 그렇지 않을 수도 있다. 예를 들어 주가가 오르거나 순이익이 낮아지면 PER은 높아진다.
- 수치는 계속해서 바뀐다. 따라서 우리는 주기적으로 교체할 종목을 찾아야 한다.
- 그리고 기존 종목을 팔고 교체할 종목으로 대체해야 한다.

3~6단계의 경우 소프트웨어의 도움이 필수다. 우리가 직접 일일이 2,000여 개 종목의 PER, PBR, 배당수익률 순위를 계산할 수는 없지 않은가?

3단계에서 **'각 지표가 유의미한 성과를 내는지 분석한다'**고 했다. 우리는 '시가총액'이라는 지표가 한국, 미국 시장에서 유의미한 성과를 내는지 분석할 것이다. 대형주의 정의는 '시가총액이 큰 기업'이고, 소형주는 '시가총액이 작은 기업'이다. 따라서 우리는 최근 20년 동안 시가총액이 큰 기업과 작은 기업의 수익률을 분석해 볼 것이다.

내 이야기를 들은 엄마는 이렇게 질문했다. "그런데, '시가총액이 낮으면 좋다'고 했는데 그 기준이 뭐야?"

좋은 질문이다. 한국에 주식이 2,000개 정도 있는데, 나는 시가총액 하위 20% 정도(약 400개 기업)를 소형주라고 부른다. 시가총액이 한국에서 유의미한 지표인지 분석을 하기 위해 할 일이 **10분위 테스트***이

> **10분위 테스트***
> 관련 지표의 등수를 매겨 1등 그룹부터 10등 그룹까지 테스트를 해보고 어떤 유의미한 결과가 나오는지 확인하는 작업

다. 10분위 테스트를 하는 이유는 무엇일까? 일단 '시가총액'의 10분위 테스트를 직접 돌려보면 이해가 빠르다. 퀀터스 프로그램을 이용해 테스트를 한번 해본 뒤 결과를 분석해 보자.

## 10분위 테스트를 직접 해보자

먼저 퀀트 프로그램 사이트인 퀀터스(www.quantus.kr)에 접속하자.

퀀터스는 부분 유료 서비스를 제공하고 있다. 무료 기능과 유료 기능이 있는데, 10분위 테스트는 유료 기능에 해당한다.

### 퀀터스 사이트 첫 화면

옆과 같은 화면이 나온다. 로그인을 해야 백테스트가 가능하니 가입 후 로그인하자. 초급, 중급, 고급 중 레벨을 선택하라는 화면이 나오는데, 레벨이 높아질수록 선택할 수 있는 지표의 개수가 많아진다. 나는 '고급'을 선택했다.

## 10분위 테스트 첫 화면

'백테스트' 탭의 '유니버스 선택' 탭이 기본적으로 선택되어 있다. 여기서 10분위 테스트를 실행한다.

전략명을 입력하는 칸에 임의로 '시가총액 10분위'라고 입력했다.

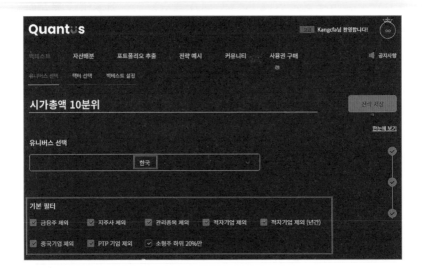

**유니버스**\* 선택에서는 10분위를 진행하는 주체가 무엇인지 고른다. '유니버스 선택'을 클릭해 먼저 한국, 미국 중 한 나라를 선택한다. 이후 '기본 필터' 중 '소형주 하위 20%'를 제외한 나머지를 모두 클릭한다.

**유니버스**\*
투자자가 투자 가능한 자산의 집합. 예를 들면 한국 주식은 한국에 상장된 2,000여개 주식, 한국 대형주는 한국에 상장된 기업 중 가장 시가총액이 높은 200개 기업 등이다.

# 팩터 선택

상단의 '팩터 선택' 탭을 클릭한다.

하단의 '가치 팩터'에서 내가 10분위 테스트를 하고 싶은 지표를 선택한다. 지금 우리는 '시가총액'이다.

상단의 '백테스트 설정' 탭을 클릭한다.

이어서 각자의 투자 금액과 거래비용을 입력한다. 나는 보통 1,000만 원, 0.5%를 선택한다. '초기 투자 금액'은 본인의 투자금을 입력하는 칸인데 아무 금액이나 임의로 넣어도 크게 상관이 없고, '거래 수수료'는 0.5% 정도로 입력하면 된다.

# 백테스트 설정 – 10분위 테스트

상단의 '10분위 테스트' 탭을 클릭한다.

아래에서 '리밸런싱 기간'을 클릭해 10분위 테스트의 리밸런싱 기간을 정한다. 월별, 분기별, 반기별, 매년이 있는데 나는 보통 '분기별'을 사용한다. 그리고 '기간 설정'에서 백테스트 기간을 설정할 수 있다. 나는 최대한 긴 기간을 백테스트하는 것을 선호한다(퀀터스 프로그램에서는 2003년부터 백테스트가 가능하다).

위 내용을 모두 입력한 후 '검증'을 클릭하면 약 90초 내로 다음과 같이 엑셀로 결과물이 도출된다.

# 10분위 테스트 결과물

| | 1st | 2st | 3st | 4st | 5st | 6st | 7st | 8st | 9st | 10st |
|---|---|---|---|---|---|---|---|---|---|---|
| Start Period | 2003-04-15 | 2003-04-15 | 2003-04-15 | 2003-04-15 | 2003-04-15 | 2003-04-15 | 2003-04-15 | 2003-04-15 | 2003-04-15 | 2003-04-15 |
| End Period | 2022-12-19 | 2022-12-19 | 2022-12-19 | 2022-12-19 | 2022-12-19 | 2022-12-19 | 2022-12-19 | 2022-12-19 | 2022-12-19 | 2022-12-19 |
| Risk-Free Rate | 0 | 0 | 0 | 0 | 0 | 0 | 0 | 0 | 0 | 0 |
| Time in Market | 100 | 100 | 100 | 100 | 100 | 100 | 100 | 100 | 100 | 100 |
| Cumulative Return | 142,757.85 | 11,738.52 | 4,217.49 | 1,396.04 | 618.13 | 352.74 | 162.4 | 213.19 | 198.71 | 255.81 |
| CAGR | 44.61 | 27.43 | 21.07 | 14.73 | 10.53 | 7.97 | 5.02 | 5.97 | 5.71 | 6.66 |
| Sharpe | 1.9 | 1.27 | 1.02 | 0.76 | 0.57 | 0.47 | 0.34 | 0.38 | 0.37 | 0.42 |
| Sortino | 2.59 | 1.69 | 1.33 | 1 | 0.75 | 0.61 | 0.44 | 0.5 | 0.5 | 0.57 |
| Sortino/2 | 1.83 | 1.19 | 0.94 | 0.71 | 0.53 | 0.43 | 0.31 | 0.36 | 0.35 | 0.41 |
| Omega | 1.43 | 1.27 | 1.21 | 1.15 | 1.12 | 1.09 | 1.07 | 1.07 | 1.07 | 1.08 |
| Max Drawdown | -52.86 | -59.12 | -58.5 | -64.58 | -65.03 | -68.75 | -65.25 | -66.59 | -64.2 | -61.19 |
| Longest DD Days | 484 | 603 | 750 | 878 | 925 | 2088 | 2817 | 2486 | 2708 | 4157 |
| Gain/Pain Ratio | 0.43 | 0.27 | 0.21 | 0.15 | 0.12 | 0.09 | 0.07 | 0.07 | 0.07 | 0.08 |
| Gain/Pain (1M) | 2.46 | 1.4 | 1.04 | 0.69 | 0.52 | 0.39 | 0.27 | 0.33 | 0.32 | 0.41 |
| Payoff Ratio | 0.9 | 0.85 | 0.82 | 0.84 | 0.8 | 0.82 | 0.85 | 0.84 | 0.86 | 0.9 |
| Profit Factor | 1.43 | 1.27 | 1.21 | 1.15 | 1.12 | 1.09 | 1.07 | 1.07 | 1.07 | 1.08 |
| Common Sense Ratio | 1.47 | 1.18 | 1.08 | 1.04 | 0.97 | 0.97 | 0.92 | 0.94 | 0.96 | 0.99 |
| CPC Index | 0.79 | 0.65 | 0.6 | 0.56 | 0.52 | 0.51 | 0.5 | 0.5 | 0.51 | 0.53 |
| Tail Ratio | 1.03 | 0.93 | 0.89 | 0.9 | 0.87 | 0.89 | 0.87 | 0.88 | 0.89 | 0.92 |
| Outlier Win Ratio | 3.75 | 3.77 | 3.9 | 3.82 | 3.87 | 3.89 | 3.58 | 3.68 | 3.5 | 3.66 |
| Outlier Loss Ratio | 4.65 | 4.68 | 4.6 | 4.56 | 4.45 | 4.43 | 4.43 | 4.17 | 3.98 | 3.97 |
| MTD | -1.91 | -2.31 | -1.45 | -2.15 | -1.36 | -1.78 | -2.77 | -3.44 | -2.2 | -3.93 |
| 3M | -3.33 | -1.94 | -1.04 | -6.38 | -3.11 | -4.38 | -4.55 | -6.63 | -2.77 | -3.64 |
| 6M | -3.59 | -2.1 | -1.28 | -6.84 | -6.25 | -3.74 | -7.13 | -9.6 | -5.78 | -8.01 |
| YTD | -9.47 | -6.32 | -14.55 | -22.29 | -22.38 | -14.45 | -24.88 | -26.1 | -23.55 | -24.78 |
| 1Y | -6.06 | -3.09 | -10.18 | -20.2 | -20.3 | -11.23 | -21.83 | -23.3 | -21.08 | -24.17 |
| 3Y (ann.) | 32.21 | 25.21 | 19.19 | 9.21 | 4.76 | 8.75 | 3.4 | 3.82 | 3.63 | 0.61 |
| 5Y (ann.) | 28.19 | 21.45 | 14.46 | 4.76 | 2.87 | 0.73 | -0.22 | -0.63 | -3.52 | -4.14 |
| 10Y (ann.) | 34.56 | 21.74 | 14.96 | 8.35 | 5.88 | 3.9 | 1.96 | 2.25 | 1.61 | -2.6 |
| All-time (ann.) | 44.61 | 27.43 | 21.07 | 14.73 | 10.53 | 7.97 | 5.02 | 5.97 | 5.71 | 6.66 |
| Avg. Drawdown | -3 | -3.56 | -3.62 | -3.88 | -5.06 | -4.73 | -6.55 | -5.8 | -5.09 | -4.51 |
| Avg. Drawdown Days | 21 | 27 | 33 | 43 | 60 | 77 | 148 | 110 | 101 | 75 |
| Recovery Factor | 2700.44 | 198.54 | 72.1 | 21.62 | 9.51 | 5.13 | 2.49 | 3.2 | 3.09 | 4.18 |
| Ulcer Index | 0.09 | 0.11 | 0.12 | 0.14 | 0.15 | 0.2 | 0.25 | 0.21 | 0.22 | 0.23 |
| Serenity Index | 1229.89 | 71.46 | 22.03 | 4.95 | 2.08 | 0.65 | 0.21 | 0.36 | 0.34 | 0.38 |

위와 같이 10분위 테스트 결과가 나오는데, 가장 중요한 건 빨간색으로 표시한 부분이다. 이는 최근 1, 3, 5, 10, 20년 동안 10분위 테스트 결과를 의미한다.

시가총액으로 테스트를 진행했기 때문에 상단의 1st는 1분위, 즉 시가총액 하위 10% 기업을 의미하며, 2st는 2분위, 즉 시가총액 하위 10~20% 기업을 의미하고, 10st는 10분위, 즉 시가총액 상위 10% 기업을 의미한다. 20년 동안의 백테스트 결과를 그래프로 그려보면 결과가 다음과 같다.

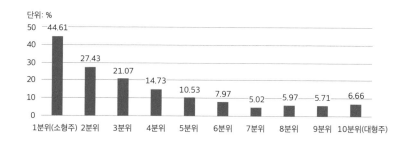

기본 필터를 적용한 한국 시가총액 10분위 결과(2003~2022)

위 그래프를 보면 1분위의 연복리 수익률이 44.61%, 2분위는 27.43%…… 10분위는 6.66%이다. 여기서 '1분위'는 한국에서 시가총액이 가장 낮은 하위 10% 기업을 말한다. 이 그래프가 의미하는 바가 무엇일까?

수익률 44.61%란 우리가 꾸준히 한국 시가총액 하위 10% 기업에만 투자했을 때 얻을 수 있는 결과물이다. 분기에 한 번 필요 시 종목 교체를 했다고 가정했다. 시가총액(=주가×주식 수)은 매일 주가에 따라 변하기 때문에 시가총액의 순위도 매일 바뀔 수 있다. 따라서 원래 시가총액 하위 10%였던 기업의 주가가 올라서 위로 올라갈 수도 있고, 시가총액 하위 10%가 아니었던 기업의 주가가 하락해서 하위 10%로 내려올 수도 있다.

축구에서도 1부 리그 팀이 못하면 2부로 강등당하고, 2부 리그 팀 중 우수한 팀을 1부 리그로 올리지 않던가. 투자에서도 분기에 한 번 정도씩 투자하는 기업을 교체하는 것이다. 예를 들면 2003년 4월 1일 당시 상장기업이 1,500개 있었다고 가정하면 시가총액 하위

10% 기업은 150개다. 그리고 3개월 후인 7월 1일에 다시 확인해 보니 기존에 하위 10%에 속했던 150개 기업 중 20개 기업은 시가총액 하위 10%를 벗어나고 다른 20개 기업이 하위 10%로 떨어졌다면 그 20개 기업을 교체하는 것이다.

위와 같은 방식으로 2003년 4월 1일부터 2022년 12월 31일까지 대한민국 시가총액 하위 10% 기업에만 꾸준히 투자했다고 가정하면 연복리 수익률이 44.61%였다는 뜻이다. 이는 정말 어마어마한 수치가 아닐 수 없다. 20년 동안 총 원금이 1,428배(!)가 되었다는 의미이기 때문이다. 원금 1억 원을 투자했다면 그 돈이 20년 만에 1,428억 원이 되었을 것이다.

**이것이 한국 주식시장에서 가장 큰 비밀이다. 반대로 대형주, 즉 10분위 기업의 수익을 보면 연복리 수익률이 7%도 안 된다.** 그래서 난 한국에서 대형주에 투자하는 사람이 이해가 안 된다.


## 나쁜 기업을 거르는 방법

잠자코 얘기를 듣고 있던 엄마의 반격이 나왔다. "그런데 시가총액 하위 10% 기업이면 망할 위험이 큰 기업 아니야? 아주 별 볼 일 없는 기업들일 것 같은데……."

매우 중요한 포인트를 짚었다. 다시 앞으로 돌아가 보면 우리가 '기본 필터'를 모두 클릭했다는 사실을 확인할 수 있다. 이 작업으로 소형주 중에서도 별 볼 일 없는 기업을 미리 어느 정도 걸러낸 것이다. 걸러낼 기업들은 다음과 같다.

**금융주, 지주사 제외**: 주로 수익률이 저조한 편이다. 물론 소형주 중에는 금융주, 지주사가 거의 없으므로 큰 영향을 미치진 않는다.

**관리종목 제외**: 관리종목은 한국거래소에서 상장회사가 갖추어야 할 최소한의 유동성이 없거나, 제대로 작성된 재무제표를 갖추지 못했거나, 영업실적의 지속 악화 등으로 부실이 심화되어 상장폐지 기준에 해당할 가능성이 있는 종목이다. 투자자들이 각 회사의 위험도를 직접 체크하기 어렵기 때문에 거래소가 먼저 투자자들에게 상장폐지 위험이 있는 종목을 분리해 주의를 환기하는 것이다. 거래소가 매매하지 말라고 경고한 기업들이니 제발 매매하지 말자.

**적자기업(분기·연간)**: 기업의 존재 이유가 무엇일까? 돈을 벌기 위해서다. 그런데 왜 최근 분기 또는 최근 4분기 동안 적자를 낸 기업, 즉 최소한의 존재 기준도 충족하지 않은 기업의 주식을 사는 것인가? 적자기업은 무조건 피하자.

**중국기업 제외**: 여기서 의미하는 중국기업은 텐센트, 바이두, 알리바바 같은 우량 중국기업을 의미하는 것이 아니다. '한국 주식시장에

상장한 중국기업'을 의미한다. 한국거래소는 21세기 초에 한국 증시의 국제화를 꾀하며 해외기업을 유치하기 위해 해외기업의 상장 조건을 대폭 낮췄는데, 이를 악용해서 한국 증시에 상장한 중국기업이 여럿 있다. 생각해 보면 중국기업이 왜 상해, 홍콩, 뉴욕 시장을 내버려 두고 한국에 상장했겠는가? 위 시장들의 상장 기준에 미달하는 삼류 기업이기 때문이다. 절대 한국 상장 중국기업에 투자하지 말자.

**PTP 기업 제외**: 미국 정부는 2022년 12월 200여 개 **PTP 기업**\*의 주식 및 ETF를 외국인이 거래할 경우 매도 시 매도 금액(수익이 아님!)의 10%를 원천 징수하겠다고 밝혔다. 미국에 투자하는 경우 PTP 기업은 무조건 피해야 한다.

> **PTP 기업**\*
> 원자재, 원유, 부동산 등의 분야에 파트너십 형태로 투자하는 합자회사

만약 이런 위험한 기업들을 필터로 거르지 않고 시가총액 10분위 테스트를 했으면 어떤 결과가 있었는지 한번 살펴볼까?

### 기본 필터를 '적용하지 않은' 한국 시가총액 10분위 결과(2003~2022)

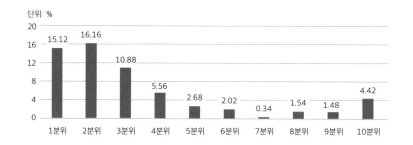

단위: %

| 1분위 | 2분위 | 3분위 | 4분위 | 5분위 | 6분위 | 7분위 | 8분위 | 9분위 | 10분위 |
|---|---|---|---|---|---|---|---|---|---|
| 15.12 | 16.16 | 10.88 | 5.56 | 2.68 | 2.02 | 0.34 | 1.54 | 1.48 | 4.42 |

놀라운 결과이다. 소형주, 즉 1분위 기업의 연복리 수익률이 15.1%로 크게 줄어들었다. 소형주 중에서 적자기업, 관리종목 중에서는 실제로 파산하거나 수익이 매우 저조한 기업들이 매우 많았다는 점을 알 수 있다. 엄마가 말한 것처럼 소형주 중 '망할 위험이 큰, 별 볼 일 없는 기업'이 실제로 많았던 것이다.

이래서 실적이 저조한 적자기업, 관리종목 등을 처음부터 걸러야 한다. 소형주 중에서 이런 기업은 부실기업일 가능성이 매우 크다. 반대로 적자기업이나 관리종목이 아닌 '멀쩡한' 소형주의 수익률은 매우 높다.

나는 이 7대 필터를 '사회 악 필터'라고 부른다. 적자기업, 관리종목, 한국 상장 중국기업, 금융기업, 지주사, PTP 기업…… 이 기업들을 처음부터 배제하고 투자해야 한다. **이 중에서도 국내 투자에서 가장 해로운 기업은 관리종목과 적자기업, 중국기업이다. 그리고 미국 투자에서 PTP 규제에 해당되는 주식이나 ETF는 절대 쳐다보지도 말아라.**

이 10분위 테스트가 투자할 때 정말 중요한 작업이다. 퀀터스 프로그램을 통해 수백 개 지표의 10분위 테스트를 할 수 있는데, 실제로 나는 이 화면에 있는 지표의 10분위 백테스트를 전부 다 한 번씩 해봤다.

이 수많은 지표 중 실제로 투자에서 통하는 지표가 무엇인지 알아야 하기 때문이다. 조금 전에 봤던 시가총액 지표의 10분위 테스트를 다시 한번 살펴보자.

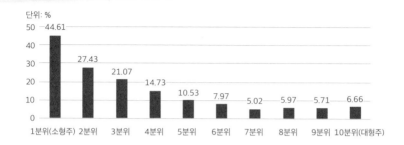

### 한국 시가총액 10분위 결과(2003~2022)

단위: %

누가 봐도 시가총액이 낮은 주식(1~3분위)의 수익은 매우 높고, 시가총액이 중간 정도인 기업(4~7분위)과 시가총액이 높은 기업(8~10분위)의 수익은 매우 저조하다는 것이 한눈에 보인다. 그렇다면 이 시가총액이라는 지표는 투자에 매우 유의미하다는 결론이 나온다. 꾸준히 시가총액이 낮은 기업에 베팅했으면 20년 동안 매우 높은 수익을 낼 수 있었기 때문이다.


## 왜 사람들은 소형주를 외면할까?

엄마가 또 핵심 질문을 던졌다. "소형주의 수익이 압도적으로 높은데도 사람은 삼성전자, 대기업, 최근 뜬다는 기업, 이런 데 압도적으로 몰리던데. 전문가들이 추천해서 몰리는 걸까?"

일단 대중은 시가총액이 높은 대기업에 몰릴 수밖에 없다. 그 기업들이 친숙하기 때문이다. 한국에서 개미들이 제일 많이 사는 주식은 삼성전자, 카카오, 네이버 같은 대형주인데, 이런 대기업을 모르는 사람은 대한민국에 아무도 없다. 한국이 반도체 강국이니까 하이닉스 주식을, 2차전지가 요즘 '핫'하니까 LG에너지솔루션 주식을 산다. 또한 전문가들은 사람들의 심리를 잘 알기 때문에 이런 기업들에 관한 얘기를 한다. 인기를 얻기 좋고 조회수도 잘 나오기 때문이다.

게다가 기관투자자는 보유한 자산이 커서 소형주 거래가 거의 불가능하다. 따라서 중대형주 위주로만 매수할 수밖에 없다. **그러나 사실 7대 필터로 거른 소형주들 중 무작위로 20개 주식 포트폴리오를 만들어도 그들보다 훨씬 더 높은 수익을 낼 수 있다.** 이걸 대중이 알게 되면 얼마나 난처하겠는가? 누가 기관에 돈을 맡기겠는가? 그래서 '기관 전문가'들은 늘 '소형주는 위험하다, 안전한 대형주를 사라'고 대중에게 속삭인다.

엄마가 재차 물었다. "그런데 대형주를 산 사람들이 투자 성과가 별로인데도 계속 대형주를 고집한단 말이지? 왜일까? 소형주가 생소한 기업이라 그런가?"

사람들이 소형주를 꺼리는 첫 번째 이유는 이렇듯 소형주 수익이 대형주보다 훨씬 높다는 것 자체를 모르기 때문이다. 나는 퀀터스를 통해 시가총액 10분위 테스트를 하는 데 딱 2분이 걸렸다. 그런데도 이런 검증을 하는 사람 자체가 거의 없다. 그래서 많은 사람들이 소형주의 수익이 대형주를 능가한다는 사실 자체를 모른다.

그러나 일부 사람들은 내가 이 결과를 보여줘도 이런저런 이유로 내 말을 믿지 않는다. 엄마가 물었다. "안 믿는 이유는 너에 대한 신뢰도가 낮아서일까?"

그런 것도 있겠지만, '인지부소화'도 하나의 이유이다. 본인이 이미 대형주를 샀는데 나 같은 사람이 와서 소형주가 훨씬 더 유리하다고 말하면 자신의 행동과 일치하지 않기 때문이다. 그런데 99%의 사람은 합리적인 정보와 본인이 믿고 싶은 정보가 불일치하면 합리적인 정보를 무시하고 본인이 믿고 싶은 것을 믿게 되어 있다. 이걸 인지부조화라고 한다.

이야기를 들은 엄마는 이렇게 말했다. "그래, 이미 산 사람은 이해가 되네. 그런데 투자를 아직 안 한 사람 중에서도 네가 소형주 수익이 월등히 높다고 얘기해 줘도 '그래도 삼성전자가 한국 1위 기업, 아니 세계 1위 기업인데 이걸 사야죠' 하면서 돈을 넣는 사람이 많을 것 같은데."

그런 투자자가 압도적으로 많다. 한국에서 주식투자를 하는 사람이 약 1,500만 명 정도인데, 삼성전자 주주가 700만 명이다. 거의 두 명 중 한 명은 삼성전자를 보유하고 있다. 이러니 집단 압박(peer pressure)이 자연스럽게 생긴다. '우리 부장님도 삼성전자 샀고, 친구도 삼성전자 샀고…… 아는 사람들 다 삼성전자 샀으니까 나도 사야 하나 보다' 하는 경우도 많고, 스토리를 만들기도 쉽다. '삼성전자가 망하면 대한민국이 망하는데, 이 주식 사면 설마 망하겠어?'라는 생각으로 매수하기도 한다. 거기에 나보다 훨씬 주식을 더 잘할 것 같은 '전문가'들이 열심히 대형주를 추천하는 것도 한몫할 것이다.

# 소형주에 대한 3가지 편견

여기서 짚고 넘어가야 할 소형주의 3대 편견이 있다.

## 1 소형주는 '듣보잡'이다

### 2022년 12월 강환국 보유 소형주 리스트

| | |
|---|---|
| SHD | 에스에이티 |
| 모헨즈 | 누리플랜 |
| 영신금속 | 한창산업 |
| 참엔지니어링 | 성창오토텍 |
| 한솔PNS | 에스티오 |
| 티에이치엔 | 모베이스 |
| 대동금속 | 호전실업 |
| 동원수산 | 스타플렉스 |
| 기산텔레콤 | 서진오토모티브 |
| 우리엔터프라이즈 | 유니트론텍 |
| 쎄니트 | SGA솔루션즈 |
| 제일테크노스 | 윈하이텍 |
| 에이치케이 | 유니온커뮤니티 |
| 백금T&A | 정다운 |
| 우리로 | 제너셈 |
| 아이앤씨 | 패션플랫폼 |
| 세동 | 휴엠앤씨 |
| 엑사이엔씨 | 대유에이피 |

이게 강환국이 2022년 11월에 실제로 매수한 소형주 리스트다(이 책이 나올 때쯤 분기 지표가 변했을 테니 추천종목은 아니다). 소형주를 매수하 겠다고 마음을 먹어도 정작 구체적인 종목을 보면 처음 들어보는 기 업이 대부분이라 마음이 변하는 경우가 생긴다. 나도 엑사이엔씨, 참 엔지니어링과 모헨즈가 뭐 하는 기업인지 전혀 모른다. 내가 중요하 게 보는 성장과 가치 지표가 우수한 소형주라 매수한 것이다. 나는 내가 투자한 기업이 무엇을 하는지 모르는 것은 물론이고 매수 후 기업 이름조차 잊어버리는 경우도 비일비재하다. 이렇게 이상한(?) 투자를 하면서도 거의 매년 수익이 났다. 그런데 투자자 대부분은 투 자할 기업 중 아는 기업이 없으면 두려움이 생긴다.

엄마도 이 말에 동의했다. 엄마는 퀀트 투자를 배우기 전부터 내 가 매수했던 소형주 리스트를 똑같이 따라서 수년간 매수해 왔는데, 그 리스트에 있는 회사들이 뭐하는 곳인지 전혀 모르겠다고 했다. 정 작 매수하려고 MTS를 확인해 보니 주가도 2천 원 전후로 매우 싼 경 우가 많았다. 그러면 '이게 맞나?' 하는 생각이 들었다고 한다.

**그런데 우리는 돈을 벌기 위해 투자하는 것이지 '아는 기업'에 투자 하기 위해 투자하는 것이 아니지 않은가?**

친숙도 편향(Familiarity Bias)은 익숙한 것에 투자하는 심리적 편향 을 의미하는데, 투자에 악영향을 미친다. 예를 들면 글로벌 분산투자 가 자산배분 차원에서 좋은데, 한국 사람의 포트폴리오는 주로 한국 주식 비중이 매우 높고, 독일 사람의 포트폴리오는 독일 주식 비중이 매우 높다. '내가 아는 기업'에 투자하고 싶은 마음이 크기 때문이다.

친숙도 편향을 감안하면 무슨 일을 하는지도 모르는 기업들은 껄끄러울 수밖에 없다. 아무리 좋은 통계를 제시해도 통계는 그 껄끄러움을 없애지 못한다.

그런데 소형주의 수익은 왜 높을까? 분명히 저 중에서 저평가된 기업들이 있고, 그 기업의 주식이 크게 올라서 포트폴리오 전체 수익률이 높아지는 것이다. 미래의 월마트가 저 사이에 숨어 있을 수 있다. 앞서 보았듯이 10개 종목 중 한 종목만 크게 상승해도 포트폴리오 전체 수익에 큰 차이가 난다. 그런데 우리가 잘 아는 덩치 큰 대기업의 주식 중, 단기간에 300%나 500%가 오를 수 있을 만큼 크게 저평가된 기업이 존재할 수 있을까?

## ② 소형주는 망할 것 같다

IMF 사태를 겪은 한국인들에게는 중소기업은 쉽게 망할 수 있다는 트라우마가 뿌리박혀 있다. 당시 멀쩡한 대기업에 다니다가 하루아침에 일자리를 잃은 가장들이 얼마나 많았나.

'소형주는 망한다'는 강력한 편견이다. 그런데 기업이 상장까지 했다는 것은 사실상 망하기 쉽지 않다는 의미이다. 소형주가 옆집 아저씨가 운영하는 구멍가게라고 착각하는 경우가 많은데, 상장한 소형주와 동네 치킨집은 근본적으로 스케일이 다르다. 대부분 중소기업이 아니라 중견기업 레벨이다.

요즘 스타트업 붐이 한창이다. 그런데 그 스타트업 대표들의 꿈은 뭘까? 창업한 기업이 '상장 소형주'가 되는 것이다. 위대한 2,000개 상장 기업 중 한 개가 되는 것이 그들이 항상 간절하게 그리는, 매일 꾸는 꿈이다. 그리고 스타트업 100개 중 이 '상장몽'을 달성하는 기업은 1~2개밖에 없다. 그런데 우리가 '소형주'라고 무시하는 상장 기업은, '힙하고 쿨하다'고 여겨지는 스타트업의 대표들이 간절하게 꾸는 꿈을 이미 이룬 대단한 기업이다.

그리고 요즘에는 스타트업을 매우 멋지게 묘사하는데 사실 현실을 보면 대부분 스타트업은 돈도 못 벌고, 상장도 못 했으면서 그 적자를 투자자(주로 **벤처캐피털**\*이 투자한 자금)를 통해 메꾸는 기업들이다. 기업의 존재 이유인 '흑자'도 달성 못 하는 기업들이 수두룩하다.

**벤처캐피털**\*
기술력과 장래성은 있으나 경영기반이 약해 일반 금융기관으로부터 융자받기 어려운 벤처기업에 무담보 주식투자 형태로 투자하는 기업

그런데 중소형주라고 불리는 상장기업, 특히 흑자를 내는 중소형주는 그들보다 까마득히 상위 레벨에 있는 기업이다. 그런데 사람들이 스타트업은 좋게 보고 중소형주를 과소평가하는 걸 보면 기가 막힐 수밖에 없다.

여기까지 이야기를 들은 엄마가 당부했다. "이 내용 책에서 꼭 강조해줘. 우리나라 사람들은 대기업만 기업이라고 치고 나머지 기업은 다 시시껄렁한 기업이라고 생각하는 경향이 있는 것 같거든."

한국은 사회적으로 대기업의 이미지가 워낙 강력해서 투자에서도 대기업 선호도가 큰 것 같다. 일단 한국 사람들에게 대기업과 중

소기업 중에서 취업할 회사를 고르라고 하면 십중팔구 대기업 취업을 선호할 것이다(해외에선 적성이나 전공에 맞는 '강소기업'을 선호하는 경우도 꽤 있다). 엄마는 한국은 대기업 의존도가 다른 나라보다 특히 강한데, 이것이 투자에 미치는 영향이 상당할 것이라고 생각했다.

당연히 중소형주 중에서 망하는 기업도 있고, 조만간 망할 기업도 있다. 그런데 우리는 처음부터 적자, 관리종목을 필터링하지 않는가. 이 조치로 부실 소형주의 상당 부분을 피해갈 수 있다. 또한 20개 기업 이상에 분산투자를 하기에 만에 하나 어떤 기업이 망한다고 해도 포트폴리오에 큰 타격을 입지는 않는다.

### ③ 소형주에는 큰돈을 투자할 수 없다

'백번 양보해서 소형주가 수익률은 높을지 몰라도 거래량이 적어서 큰 금액을 투자할 수 없다'는 편견도 꽤 강력하다. 심지어 퀀트 투자를 연구하는 사람들 중에도 이런 편견을 가지고 있는 경우가 종종 있다. 실전투자를 하지 않고 퀀트 투자 회사에서 연구만 하는 사람들이 이런 주장을 하는 경우가 많다.

이는 현실과 완전히 다르다. 실제로 투자해 보면 큰 거래비용 없이도 소형주에 그보다 훨씬 더 많은 금액을 투자할 수 있다는 것을 쉽게 확인할 수 있다.

내가 아는 투자자 중 실제로 시가총액 하위 10% 기업에만 60억 원 이상을 투자하는 사람이 있다. 이 투자자는 시가총액 하위 10% 소형주에서만 25억 원 이상의 수익을 냈다. 다른 투자자도 한국 소형주 중 가치 지표(PER, PBR, PCR, PSR)가 우수한 기업에만 꾸준히 투자해서 30대 말에 100억 원 이상의 부를 이뤘다(그는 상장주 퀀트 투자뿐 아니라 비상장 기업 투자도 병행했음을 밝혀둔다).

현재 60억 원을 투자하는 투자자는 종목 수를 늘리면 1,000억 원 이상 투자도 충분히 가능할 것이라고 이야기한다. 그런데 이 책을 읽는 독자들의 투자금은 대부분 60억 원이 안 될 것 아닌가? 그래서 웬만한 사람은 아무런 무리 없이 소형주에 투자할 수 있다.

게다가 소형주 효과는 한국에만 존재하는 현상이 아니다. 미국 등 다른 나라의 시가총액 10분위 데이터를 분석해 보자.

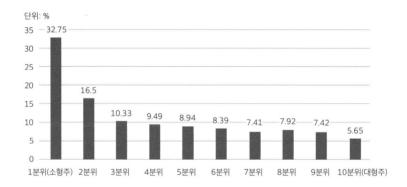

미국 시가총액 10분위 결과(2003~2022)

보다시피 소형주 효과는 한국에만 존재하는 것이 절대 아니다. 미국 또한 소형주의 수익률이 압도적으로 높다.

자산이 수백억 원 이상으로 불어나서 거래량 때문에 한국 소형주 투자가 버거워진다면, 해외 소형주에 투자하면 수천 억 원대의 부자가 되기 전까지는 큰 문제가 없을 것이다.


# 기관이 빠진 소형주 투자 리그

"여튼 이런저런 편견들이 강해서 내가 아무리 말해도 대부분 투자자는 소형주 투자를 안 하려고 해." 아쉬운 마음에 이렇게 말했더니 엄마가 답했다. **"괜찮아. 너만 돈 벌면 돼."**

그렇다. 역시 엄마가 제일 중요한 핵심을 요약했다.

소형주 투자의 큰 장점 중 하나는 기관이 못 들어온다는 점이다. 운용 자금이 몇천억 원, 몇조 원이 되면 소형주를 사고파는 것이 사실상 불가능해진다.

"기관은 소형주 매수가 금지되어 있다는 거야?" 엄마가 물었다.

금지는 아니지만, 효율성이 떨어진다. 예를 들어보자. 투자금이 1조 원인데, 조그만 소형주에 투자하려고 한다. 이런 상황에서는 종목의 규모 때문에 그 종목에 아무리 많이 투자해도 10억 원 이상 투자하기 어려울 수 있다. 전체 포트폴리오의 0.1% 이상 투자를 할 수가 없는 상황에서 굳이 소형주 종목 하나를 연구하는 사람은 없을 것이다.

하지만 앞서 말했듯 이건 개인투자자와는 전혀 상관없는 얘기이다. 개인은 자본금이 적으니 마음껏 소형주에 투자할 수 있다. 그리고 여기서 파생된 또 하나의 매우 큰 장점이 있다. 기관이 없다는 것은 소형주에 투자하는 투자자의 평균 실력이 떨어진다는 뜻이다.

**많은 사람들이 놓치고 있지만 사실 투자에서 가장 중요한 것은 나와 거래하는 사람들이 나보다 실력이 높은가, 낮은가이다.**

다른 투자자들이 나에게 괜찮은 주식을 싸게 팔아주고, 나중에 비싸게 사주면 내가 돈을 번다. 그런데 아무래도 기관에서 투자하는 매니저들은 개인투자자보다는 투자를 더 잘한다. 그러니 기관투자자가 없는 시장에서 거래하는 것은 무조건 유리하다.

"너랑 거래하는 사람들의 실력이 네 수익과 무슨 상관이야?" 엄마가 물었다.

사실 소형주로 꾸준히 초과수익을 낼 수 있었다는 건 소형주 일부는 최근 20년 동안 꾸준히 저평가되었다는 의미다. 나에게 누군가가 미래에 많이 오를 주식을 싼 가격에 팔아줘야 연복리 40%라는 엄청난 수익률이 나온다. 그리고 이 주식들이 오르면 내가 재평가된 소형주를 파는데, 이걸 그 가격에 사주는 투자자가 있어야 차익을 실현할 수 있다. 그런데 시장에 참가하는 투자자들의 수준이 매우 높으면 주식이 이 가격에 팔리지 않는다.

하지만 실력이 낮은 투자자들에게는 주식을 100원에서 사서 150원에 팔 수가 있다. 소형주 중에서 터무니없이 저평가된 기업이 자주 나오는 이유는, 소형주를 거래하는 개미는 기업 가치평가 같은 것을 잘하지 못하고 주로 감정에 의존해서 주식을 사고팔기 때문이다.

기관투자자는 150원의 가치가 있다고 판단되는 기업을 100원에 잘 팔아주지 않는다. 150원 언저리에 팔 것이다. 그럼 나는 수익을 낼 수 없다. 따라서 기관이 많이 투자하는 대형주의 경우 가격이 가치보다 터무니없이 낮게 거래되는 경우는 드물다. 기관투자자는 기업 가치평가를 어느 정도 할 줄 알기 때문에, 주가가 너무 싸다면 대량 매수해서 가격을 올린다.

그래서 퀀트로 걸러낸 기업 중 소형주에서는 정말 저평가된 기업들이 많이 걸리고, 대형주에서는 수치상으로는 싸 보이는데 실제로는 저평가되지 않은 기업이 자주 걸린다.

사실 내가 하는 퀀트 투자의 레벨은 별로 높지 않다. 중학교 수학 정도만 할 줄 알면 충분히 만들어낼 수 있는 전략이다. 그런데 대부분 투자자의 수준은 이보다 훨씬 떨어진다. 만약 상대방의 투자 수준이 높으면 내 전략들은 잘 먹히지 않는다. 그래서 내가 만든 전략들은 참가자들의 수준이 제일 높은 미국 대형주에서는 거의 먹히지 않는다.

"그런데 네 전 책인『하면 된다! 퀀트 투자』를 보니까 대형주, 소형주 투자를 같이하라고 권했더라. 왜 그렇게 했니?" 아들의 책을 열심히 읽어본 엄마가 물었다. 이런, 한번 쓴 글은 영원히 남기 때문에 이렇게 가끔 치부(?)가 드러나는구나.

2017년처럼 가끔 대형주가 소형주보다 수익이 높은 해도 있다. 이때는 삼성전자 등 몇몇 대형주만 크게 오르고 나머지 주식은 부진해서 주가지수는 상승했으나 소형주에 주로 투자한 퀀트 투자자는 크게 고생했다. 2023년 상반기에도 에코프로 등 몇몇 대형주에 자금이 몰려서 지수는 상승하고 소형주는 부진한 현상이 있었다. 2017년 당시에는 소형주에만 투자하면 심리적 소외감이 커서 대형주 투자도 일부 해야 한다고 생각했다. 그러나 전반적으로 소형주 수익이 대형주보다 월등히 높아서 이제는 대형주 투자를 아예 하지 않는다. 대형주 우위가 2년 이상 지속된 적은 최근 20년 동안에는 단 한 번도 없었다.

"그 2017년의 경험 때문에 어리석게도 대형주 일부 투자를 추천했구나. 너도 확증 편향, 최근 편향에 빠졌네!"라고 엄마는 나를 놀렸다. 그리고 "정 그렇다면 혹시 대형주 10개, 소형주 30개 이런 식으로 대형주에는 적은 비중, 소형주에 큰 비중을 주는 건 어떨까?"라고 질문을 이어갔다. 그것도 가능한 방법이라고 본다. 어쨌든 나는 당분간은 대형주 투자를 하지 않기로 결정했다.

지금까지 왜 우리가 소형주에 투자해야 하는지 알아보았다. 다음 시간에는 성장주에 대해서 알아보자.

**예습·복습**

## 6교시 숙제

▶ **6교시 내용 복습**

- 기본적인 재무제표 지표 알아두기
- 10분위 테스트의 중요성을 알고 직접 해보기
- 소형주가 수익이 높은 이유 이해하기

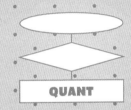

QUANT

# 무엇이 성장해야 성장주일까?

앞서 우리가 투자해야 하는 개별주는 '성장하고 있는, 저평가된 소형주'라고 했다. 그리고 6교시에서 우리는 소형주, 즉 시가총액이 낮은 기업이 얼마나 수익이 높은지 분석해 봤다. 이번에는 '성장'을 분석해 보자. 도대체 무엇이 성장하는 것이 좋은가?

유흥관 회계사의 『읽으면 진짜 재무제표 보이는 책』에서 그 힌트를 찾을 수 있다. 그래서 어떤 지표가 성장하면 좋을 것 같은지 엄마에게 물었다.

엄마는 "『퀀트 투자 무작정 따라하기』에서 네가 매출액, 매출총이익, 영업이익, 순이익이 증가하는 기업이 좋다고 한 것 같은데? 유흥관 회계사도 그 지표를 중요시하는 것 같고"라고 정답을 말했다.

위에서 말한 매출액, 매출총이익, 영업이익에 대해 설명하겠다. 손익계산서는 쉽게 말하면 아래와 같이 정리할 수 있다.

> **매출 - 비용 = 이익**

좀 더 세부적으로 나누면 이익은 세 가지로 나눈다. 매출이익, 영업이익, 순이익이다.

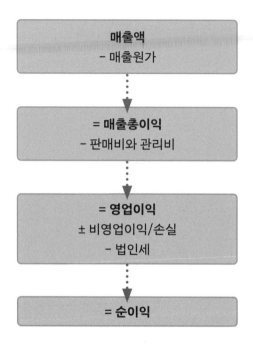

위에 표시한 4개 지표(매출액, 매출총이익, 영업이익, 순이익)가 성장하는 기업이 좋은 기업이다. 만든 제품·상품·서비스를 더 많이 팔고(매출) 이익을 더 많이 남기면 좋다는 것은 누구나 상식적으로 이해할 수 있지 않은가?

그래도 조금 더 자세히 설명해 보겠다.

### 1 매출

엄마도 시가총액과 매출을 구분하지 못했기 때문에 한번 더 짚고 넘어가자. 매출은 기업이 판매하는 제품·상품·서비스의 금액이다. 1년 동안 1만 원짜리 돈가스를 만 개 팔면 그 해 매출액은 1억 원(1만 원×1만 개)이다.

"판 것만 매출로 보나?" 엄마가 물었다. 판매에 성공한 제품·상품·서비스만 매출로 잡는다. 못 판 제품은 '재고'라고 한다. 옷 가게에 가보면 많은 옷이 걸려 있다. 이 옷들은 팔리기 전까지 '재고자산'이며, 매출은 아직 발생하지 않았다. 팔리는 순간 재고자산은 사라지고 매출이 잡힌다.

매출은 모든 기업 활동의 근간이다. 뭔가 팔아야 돈이 들어올 것 아닌가? 돈으로는 뭐라도 사 먹을 수 있는데 옷으로는 그게 불가능하다. 그래서 그 많은 옷 가게 직원들이 옷을 팔아서 재고를 매출로 돌리기 위해 엄청난 노력을 쏟아붓는 것이다.

이렇듯 매출은 기업의 근간이다. 그러니 매출이 크게 성장하는 기업이 훌륭한 기업이다.

### ② 매출총이익

아쉽게도 1만 원짜리 돈가스 1만 개를 팔면 생기는 1억 원은 전부 이익으로 남지 않는다. 비용을 제한 금액만 이익으로 남는다.

이익은 매출총이익, 영업이익, 순이익으로 구분할 수 있는데, 우선 매출액에서 매출원가를 뺀 금액을 매출총이익이라고 부른다.

> **매출총이익 = 매출액 - 매출원가**

매출원가에는 매출에 기여하는 직접적인 비용이 포함되어 있다.

제품을 생산하기 위한 비용이다. 돈가스 가게의 경우에는 고기, 튀김 가루, 식용유 등의 재료비가 포함될 것이고 돈가스를 만든 사람의 인건비도 포함된다(서빙 아르바이트의 인건비는 포함되지 않는다).

당연히 매출총이익이 많은 기업은 좋은 기업이며 이 매출총이익이 성장하는 기업 역시 훌륭한 기업이다.

### ③ 영업이익

만약 저 돈가스의 원가가 4,000만 원이라고 치면 매출총이익은 6,000만 원이다. 그럼 이걸 사장이 다 가져갈 수 있는가? 아니다. 판매를 촉진하고 기업을 관리하는 데도 비용이 발생하는데, 이를 '판매비와 관리비'라고 한다.

서빙 아르바이트 비용, 임차료, 홍보 및 마케팅 비용, 돈가스와 소스를 연구하는 데 투입되는 연구개발비, 소모품비, 지급수수료 등 수많은 판매비와 관리비가 있다. 이를 모두 제한 이익을 영업이익이라고 한다.

**영업이익 = 매출총이익 - 판매비와 관리비**

주식을 접한 사람은 아마 영업이익이라는 단어를 자주 들어봤을 것이다. 영업이익이 높은 기업은 좋은 기업이며, 영업이익이 성장하는 기업 역시 훌륭한 기업이다.

## 4 순이익

영업활동으로 발생하는 매출과 비용 말고도 기업에는 '비영업' 수익과 비용이 발생할 수 있는데, 대표적인 것으로는 아래 두 가지가 있다.

① **금융이익·비용**: 기업이 다른 회사 주식이나 채권을 사서 배당이나 이자를 받을 수 있다(금융이익). 돈을 빌리면 반대로 이자를 지불해야 한다(금융비용).

② **영업 외 수익·비용**: 부동산을 팔아서 돈을 벌면 영업활동에서 생기는 이익은 아니므로 영업 외 수익으로 처리한다. 반대로 가진 부동산이 불타면 영업 외 손실로 처리한다.

순이익은 영업이익에서 금융손익과 영업 외 손익을 반영하고, 남는 금액에서 법인세를 차감한 금액이다.

> **순이익 = 영업이익 ± 금융손익 ±영업 외 손익 - 법인세**

주식에 투자하는 사람은 기업의 순이익의 증가 여부에 큰 관심을 가진다. 순이익이 늘어나는 기업은 훌륭한 기업이며 기업의 주가는 장기적으로 이익의 방향을 따라가기 때문이다.

# 성장 지표 10분위 테스트 실습

다행히도 우리는 직접 매출액, 매출총이익, 영업이익, 순이익이 성장하는 기업에 투자했으면 어느 정도의 성과가 있었으며, 현재 어떤 기업이 성장이 제일 높은지 직접 찾을 필요가 없다. 퀀트 프로그램이 알아서 다 해주기 때문이다. 이번에도 퀀터스 사이트에 접속해보자.

10분위 테스트는 6교시에서 했던 것과 같이 진행하되, '팩터 선택'에서 시가총액 대신 성장 팩터들을 클릭하면 된다.

**퀀터스에서 선택할 수 있는 성장 지표들**

"그런데 과거 성장보다는 미래 성장이 더 중요한 거 아닌가?"라고 엄마가 반론을 던졌다.

이것도 맞는 말이다. 미래의 매출 및 이익 성장이 과거 성장보다 더 중요하다. 그리고 기업의 향후 2~3년 매출 및 이익 수치만 정확하게 추정할 수 있다면 연복리 수익률 50% 따위(?)를 벌려고 고민할 필요가 없다. 월에 50%의 수익도 무난히 벌 수 있을 것이다.

문제는 우리는 보통 기업의 성장 잠재력을 알 수 없다는 점이다. 애널리스트나 가치투자자 중 기업의 매출 및 이익 방향을 예측할 수 있다고 주장하는 사람들이 있는데, 다음 분기 수치도 제대로 못 맞추는 경우가 대부분이다.

미래 예측치를 믿기 어렵다면 우리가 활용할 수 있는 최선의 지표는 무엇일까? 최신 분기, 최신 1년 지표 정도일 것이다. 이 지표가 전년 동기대비 많이 성장했는지 분석하는 것이다. 구체적으로 우리가 사용하는 성장 지표는 아래 공식으로 구할 수 있다.

**(최근 분기 지표 - 전년 동기 지표)/시가총액**

예를 들면 2023년 1월 1일 매출액 성장률을 알고 싶다면 아래 지표를 계산하면 된다.

**(2022년 3분기 매출액 - 2021년 3분기 매출액)/2023년 1월 1일 시가총액**

왜 2023년인데 2022년 3분기 매출액이 최신 데이터일까? 2022년 4분기 데이터는 다음 해 3월 31일에 발표되어 2023년 1월 1일에는 아직 존재하지 않기 때문이다.

보통 언론에서는 'A사의 영업이익이 20% 증가했다' 등 단순 증가율에 집중하는데, 왜 우리는 '시가총액'이 포함된 희한한 공식을 썼을까? 가상의 두 기업을 예로 들어보자. 시가총액이 300조 원인 '킹대기업'의 최신 분기 순이익이 150억 원인데, 전년 동분기에는 100억 원을 벌었다고 치자. 또 시가총액 500억 원인 '구멍가게'라는 기업이 있는데 이 기업은 최신 분기 순이익이 130억 원이며, 전년 동분기에는 100억 원을 벌었다. 킹대기업의 순이익은 50% 증가하고 구멍가게는 30% 증가했다. 이것만 보면 킹대기업이 더 우수해 보인다.

그러나 시가총액 300조 기업이 겨우 100~150억 원의 순이익밖에 내지 못했다는 것은 매우 부끄러운 일이다. 작년에 티끌 정도의 순이익을 남긴 셈인데, 올해도 그보다 조금 더 큰 티끌을 벌어온 것에 불과하다. 반면 구멍가게는 시가총액 대비 유의미한 순이익을 벌어들였으며 심지어 그 금액이 30%나 성장했다. 따라서 두 기업 중 구멍가게가 훨씬 더 비즈니스를 잘했다고 볼 수 있다.

그렇다면 최신 분기에 매출액, 매출총이익, 영업이익, 순이익이 증가한 기업들에만 투자했으면 어떤 성과가 있었을까? 앞서 소개한 10분위 테스트를 여기서도 해보자.

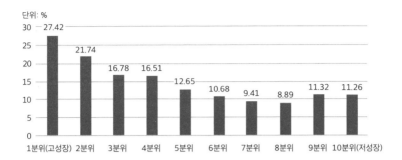

한국 매출액 성장률 10분위 결과(2003~2022)

단위: %

|  |  |
|---|---|
| 1분위(고성장) | 27.42 |
| 2분위 | 21.74 |
| 3분위 | 16.78 |
| 4분위 | 16.51 |
| 5분위 | 12.65 |
| 6분위 | 10.68 |
| 7분위 | 9.41 |
| 8분위 | 8.89 |
| 9분위 | 11.32 |
| 10분위(저성장) | 11.26 |

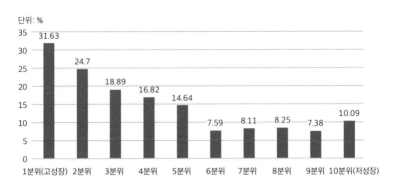

한국 매출총이익 성장률 10분위 결과(2003~2022)

단위: %

|  |  |
|---|---|
| 1분위(고성장) | 31.63 |
| 2분위 | 24.7 |
| 3분위 | 18.89 |
| 4분위 | 16.82 |
| 5분위 | 14.64 |
| 6분위 | 7.59 |
| 7분위 | 8.11 |
| 8분위 | 8.25 |
| 9분위 | 7.38 |
| 10분위(저성장) | 10.09 |

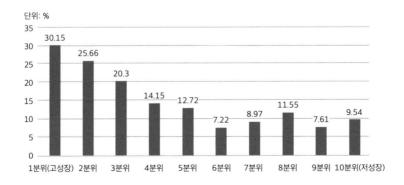

한국 영업이익 성장률 10분위 결과(2003~2022)

단위: %

|  |  |
|---|---|
| 1분위(고성장) | 30.15 |
| 2분위 | 25.66 |
| 3분위 | 20.3 |
| 4분위 | 14.15 |
| 5분위 | 12.72 |
| 6분위 | 7.22 |
| 7분위 | 8.97 |
| 8분위 | 11.55 |
| 9분위 | 7.61 |
| 10분위(저성장) | 9.54 |

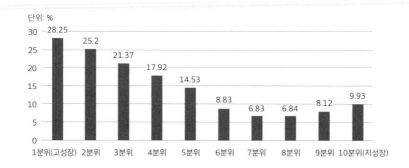

한국 순이익 성장률 10분위 결과(2003~2022)

단위: %

그래프 값: 1분위(고성장) 28.25, 2분위 25.2, 3분위 21.37, 4분위 17.92, 5분위 14.53, 6분위 8.83, 7분위 6.83, 8분위 6.84, 9분위 8.12, 10분위(저성장) 9.93

한국에서는 매출액, 매출총이익, 영업이익, 순이익 성장률 모두 상위 10% 기업의 수익이 매우 높았다. 대체로 성장률이 떨어지면 수익도 감소하는 것을 볼 수 있다. 따라서 이 네 지표는 투자에 매우 유용한 지표라는 사실을 확인했다.

그렇다면 미국에서는 어떨까?

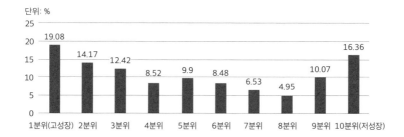

미국 매출액 성장률 10분위 결과(2003~2022)

단위: %

그래프 값: 1분위(고성장) 19.08, 2분위 14.17, 3분위 12.42, 4분위 8.52, 5분위 9.9, 6분위 8.48, 7분위 6.53, 8분위 4.95, 9분위 10.07, 10분위(저성장) 16.36

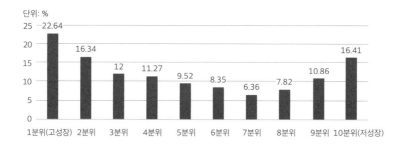

## 미국 매출총이익 성장률 10분위 결과(2003~2022)

단위: %

| 1분위(고성장) | 2분위 | 3분위 | 4분위 | 5분위 | 6분위 | 7분위 | 8분위 | 9분위 | 10분위(저성장) |
|---|---|---|---|---|---|---|---|---|---|
| 22.64 | 16.34 | 12 | 11.27 | 9.52 | 8.35 | 6.36 | 7.82 | 10.86 | 16.41 |

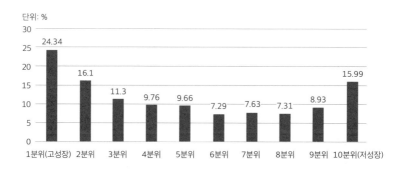

## 미국 영업이익 성장률 10분위 결과(2003~2022)

단위: %

| 1분위(고성장) | 2분위 | 3분위 | 4분위 | 5분위 | 6분위 | 7분위 | 8분위 | 9분위 | 10분위(저성장) |
|---|---|---|---|---|---|---|---|---|---|
| 24.34 | 16.1 | 11.3 | 9.76 | 9.66 | 7.29 | 7.63 | 7.31 | 8.93 | 15.99 |

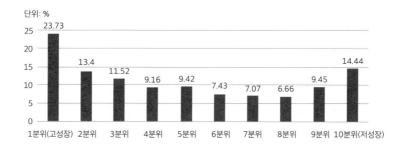

## 미국 순이익 성장률 10분위 결과(2003~2022)

단위: %

| 1분위(고성장) | 2분위 | 3분위 | 4분위 | 5분위 | 6분위 | 7분위 | 8분위 | 9분위 | 10분위(저성장) |
|---|---|---|---|---|---|---|---|---|---|
| 23.73 | 13.4 | 11.52 | 9.16 | 9.42 | 7.43 | 7.07 | 6.66 | 9.45 | 14.44 |

미국에서도 최신 분기 매출액, 매출총이익, 영업이익, 순이익 지표
가 크게 성장한 기업들에 투자하면 큰돈을 벌 수 있었다. 미래 성장 지
표가 아닌 과거 지표만 보고도 초과수익을 낼 수 있었다는 뜻이다.

## 왜 재무제표에 이미 성장이 반영된 후에도 주가는 계속 오를까?

10분위 테스트를 해보면 매출액, 매출총이익, 영업이익, 순이익 성장
이 재무제표를 통해 공개된 후에 매수해도 초과수익을 낼 수 있다는
놀라운 결과가 보인다. 그 이유는 무엇일까?

### 1. 초창기: 앵커링을 통한 과소평가

기업 실적이 좋아지면 호재라는 것은 누구나 다 안다. 그런데 이 호재
가 기업가치에 정확히 어느 정도 영향을 미치는지 파악하기는 쉽지 않
다. 일단 어떤 기업의 순이익이 갑자기 증가하면 투자자들은 "어? 저
거 일시적인 것 아닌가? 일단 지켜보자"라며 관망하는 경우가 많다.
또한 이 순이익 성장이 지속적인 성장의 신호탄인 것을 알아차렸다 해
도 보통 현재 주가가 1만 원이라고 가정하면 대부분의 투자자는 "호
재다! 지금 가격이 1만 원이니까 새로운 기업 가치는 1만 2000원쯤
되려나?"라고 생각하게 된다. 최근 가격인 1만 원에 영향을 받기 때
문이다. 호재가 커서 기업 가치가 4만 원으로 올라도 마찬가지이다.
대부분 투자자는 기업 가치가 '그까짓 호재 한두 개 때문에' 4배나 오
를 수 있다고 생각하지 못한다. 따라서 기업가치가 폭발적으로 오른
기업의 주가는 그 사실을 당장 반영하지 못한다.

## 2. 상승기: 물린 투자자, 작은 손실에 만족하는 투자자

큰 호재가 발생한 기업의 주가는 오르기 시작한다. 그 주가가 1만 2000원~1만 3000원 정도로 오르면 과거에 그 가격에 사서 물렸던 주주들이 '얼씨구나, 본전이 되었다'라며 안도감에 주식을 팔 것이다. 또한 1만 원에 매수한 투자자 일부는 20~30% 벌었다고 기뻐하면서 매도 버튼을 누를 것이다. 이때 원래는 '사야 할 기업'을 파는 주주들이 꽤 나온다. 이래서 주식은 천천히 오른다.

## 3. 기관투자자 유동성

기관투자자는 이 기업의 '진가'를 알아봐도 워낙 자금이 커서 많은 금액을 곧바로 매수할 수 없다. 이렇게 급하게 매수하면 주식이 곧바로 상한가에 도달할 수 있기 때문이다. 그래서 기관투자자는 천천히 나눠서 주식을 매집하게 된다.

## 4. 후반기: 과잉 평가 구간

강력한 호재가 있어서 기업 가치가 1만 원에서 4만 원으로 오른 기업의 주가가 우여곡절 끝에 4만 원에 도달하면 그걸로 끝일까? 아니다. 대박 주식이 나왔다고 투자자들 사이에서는 난리가 났을 것이다. 그리고 사람들은 생각하기 시작한다. "이 기업의 가치가 4만 원이라고 누가 장담할 수 있을까? 5만 원, 10만 원일 수도 있는 거잖아?" 핫한 주식에는 투기성 자금이 많이 붙을 수밖에 없기에 주가는 기업가치보다도 훨씬 높은 수준으로 오를 수 있다.

결론적으로, 초기 과소 평가와 후기 과잉 평가 때문에 호재가 있는 기업은 호재가 공개된 후에도 당분간 계속 오를 수 있다.

# 개별주 투자전략 만들고 백테스트하기

그렇다면 이제 이 4개 지표의 위력을 검증했으니 이를 활용해서 투자전략을 만들어볼까?

개별주 퀀트 투자를 단계별로 복습해 보면 아래와 같다.

**1단계: 투자 아이디어 얻기**

→ 소형주, 성장주가 좋을까?

**2단계: 투자 아이디어의 계량화**

→ 시가총액, 매출/매출총이익/영업이익/순이익 성장률

**3단계: 계량화된 지표의 백테스트**

→ 위 5개 지표가 투자에 유의미하다는 점을 검증 완료

**4단계: 계량화된 전략의 백테스트**

**5단계: 전략에 적합한 종목 찾기**

**6단계: 주기적 리밸런싱**

우리는 3단계를 완료한 것이다. 6교시에는 시가총액이, 7교시에는 매출, 매출총이익, 영업이익, 순이익 성장률이 유의미한 지표라는 것을 입증했다.

그럼 4단계로 넘어가서 '매출, 매출총이익, 영업이익, 순이익 성장률이 높은 소형주'에 투자하는 전략의 백테스트를 해보자. 퀀터스에서 '백테스트' 탭을 클릭해 화면을 이동해 보자.

# 유니버스 선택

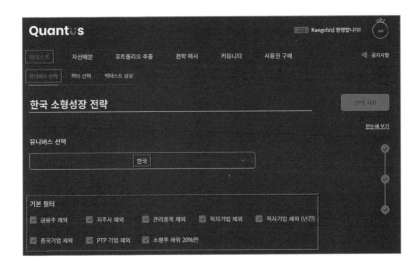

　'유니버스' 선택 탭에서 한국을 선택한다. 전략 이름은 임의로 '한국 소형성장 전략'이라고 입력했다.

　또한 한국 시장에서는 기본 필터를 무조건 다 적용해야 한다. 필터 중 '소형주 하위 20%만'을 클릭하면 소형주 내에서만 전략을 실행한다.

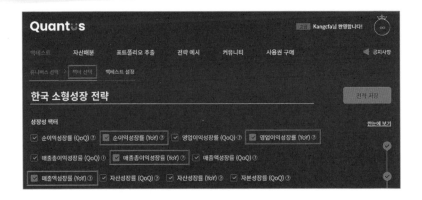

'팩터 선택'에서 우리가 분석한 매출, 매출총이익, 영업이익, 순이익 성장률 4개 지표를 동시에 클릭한다.

다만 같은 팩터임에도 어떤 기간을 기준점으로 삼느냐에 따라 YoY와 QoQ로 나뉜다. 각 뜻은 다음과 같다.

**YoY: 전년 동분기 대비 성장률**
**QoQ: 전분기 대비 성장률**

나는 보통 YoY를 사용하는데, 많은 기업의 이익이 계절성을 보이기 때문이다. 예를 들면 아이스크림 기업은 여름에 매출과 순이익이 높고 봄, 가을, 겨울은 상대적으로 저조한 편인데, 이 경우 수익이 높은 3분기 실적을 그 해 2분기 실적과 비교하는 것(QoQ)보다는 작년 3분기 실적과 비교하는 것(YoY)이 적절하다.

## 백테스트 설정 – 백테스트 1

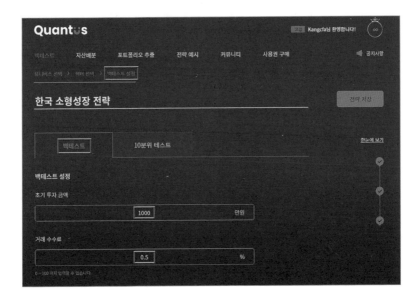

초기 투자 금액과 거래 수수료를 입력한다. 임의로 초기 투자 금액은 1,000만 원, 거래 수수료는 0.5%를 선택했다.

화면을 스크롤해 아래로 더 내리면 다음과 같은 화면이 나온다.

리밸런싱 기간, 비중 조절 방법, 종목 수, 리밸런싱 전략을 입력한다.

**리밸런싱 기간**: 월간, 분기, 반기, 연간이 있는데 나는 주로 분기를 입력한다.

**비중 조절 방법**: 현재 프로그램 버전으로는 동일비중만 가능하다.

**종목 수**: 20개 종목을 입력했다. 1개 전략에만 투자하면 20개 종목에 분산투자하는 편이 낫고, 2~3개 전략에 나눠서 투자하면 각각 10개 종목에만 투자해도 좋다.

이렇게 하면 퀀터스 프로그램은 무엇을 할까? 우선 각 지표의 순위를 매긴다. 그 후 4개 지표의 평균 순위를 매겨서 그 평균 순위가 가장 높은 기업에 투자한 뒤 분기에 한 번 리밸런싱했다고 가정해 백테스트를 한다.

"그 평균 순위가 의미하는 게 뭔데? 어떻게 계산하는 거야?"라고 내가 약 수십 번 들은 질문을 엄마도 했다. 역시 사람은 궁금한 게 비슷하군.

평균 순위는 이렇게 설명하면 좋을 것 같다. 학교에서는 보통 분기마다 시험을 본다. 1학기 중간고사, 기말고사, 2학기 중간고사, 기말고사. 그런데 과목이 4개 있다고 가정해 보자. 국어, 영어, 수학, 과학. 그럼 각 과목의 점수를 보고 이를 평균을 내서 가장 점수가 높은 학생을 '전교 1등'이라고 한다.

여기서 '학생'을 '주식'으로 바꾸고, '과목명'을 '매출 성장률', '매출총이익 성장률', '영업이익 성장률', 순이익 성장률'로 바꾸자. 그럼 2,000여 개 기업에 순위를 매길 수 있다. 예를 들면 '삼성전자'라는 주식은 순이익 성장률은 268위, 영업이익 성장률은 38위, 매출총이익 성장률은 276위, 매출 성장률은 512위일 수 있다. 따라서 '평균 순위'는 (268+38+276+512)/4=273.5위가 된다.

이런 식으로 퀀터스에서는 2,000개 주식에 각 지표의 순위를 매기고 평균 순위를 계산한다. 그리고 저 평균 순위가 가장 우수한 주식이 '전교 1위'가 되는 것이다. 퀀터스는 분기마다 '대한민국 전교(?) 1~20위 주식'에 투자하면 어떤 성과가 있었는지 알려주는 역할을 하는 것이다.

백테스트 결과를 분석해 보면서, 백테스트 결과지 보는 방법도 함께 알아보자.

## 소형성장주 전략 백테스트 결과

한국 소형성장 전략 2003-04-15 - 2022-12-19

표의 우측 상단에 있는 'Strategy'는 우리 전략의 지표이고, 'Benchmark'는 코스피지수의 지표를 의미한다.

연복리 수익률(CAGR)이 52.4%이다. 엄청나다. 20년 동안 이 전략으로 투자했으면 총수익(Cumulative Return)이 401,062%로 원금이 4,000배가 되었다. 그런데 MDD가 52.65%인 점에 주목하자. 이 전략도 심하게 '얻어터진' 구간이 많았다.

## 최근 1, 3, 5, 10년간 수익

| | 내 전략 | 벤치마크 (코스피지수) |
|---|---|---|
| 1Y ——— 1년 수익 | 4.19% | -22.05% |
| 3Y (ann.) ——— 3년 수익 | 31.92% | 2.31% |
| 5Y (ann.) ——— 5년 수익 | 30.39% | -1.04% |
| 10Y (ann.) ——— 10년 수익 | 35.74% | 1.64% |
| All-time (ann.) — 총수익 | 52.4% | 7.14% |

　　최근 20년간 수익률은 좋았는데 최근엔 어땠을까? 위 화면은 최근 1, 3, 5, 10년 동안의 수익을 나타낸다. 이때 벤치마크는 한국 전략의 경우 코스피지수, 미국 전략의 경우 S&P500지수를 뜻한다.

　　최근 1, 3, 5, 10년 동안 오른쪽 코스피지수의 수익이 매우 저조했는데도 불구하고 왼쪽 우리 소형성장 전략의 수익은 매우 높았다. 최근에도 연 30% 정도의 초과수익(코스피지수를 능가하는 수익률)을 꾸준히 유지하고 있다.

# 연별 수익

전략의 연별 수익률 vs. 벤치마크

벤치마크보다
수익률이 높았는가

| Year | Benchmark | Strategy | Multiplier | Won |
|---|---|---|---|---|
| 2003년 | 34.00%<br>벤치마크 | 16.78%<br>내 전략 | 0.49<br>내 전략 수익률/벤치마크 수익률 | - |
| 2004 | 10.51% | 43.29% | 4.12 | + |
| 2005 | 53.96% | 289.41% | 5.36 | + |
| 2006 | 3.99% | 43.70% | 10.94 | + |
| 2007 | 32.25% | 158.74% | 4.92 | + |
| 2008 | -40.73% | -24.97% | 0.61 | + |
| 2009 | 49.65% | 179.38% | 3.61 | + |
| 2010 | 21.88% | 74.58% | 3.41 | + |
| 2011 | -10.98% | 39.60% | -3.61 | + |
| 2012 | 9.38% | 60.94% | 6.49 | + |
| 2013 | 0.72% | 31.71% | 44.32 | + |
| 2014 | -4.76% | 54.56% | -11.46 | + |
| 2015 | 2.39% | 89.47% | 37.48 | + |
| 2016 | 3.32% | 50.90% | 15.32 | + |
| 2017 | 21.76% | -7.84% | -0.36 | - |
| 2018 | -17.28% | 18.18% | -1.05 | + |
| 2019 | 7.67% | 42.36% | 5.52 | + |
| 2020 | 30.75% | 58.73% | 1.91 | + |
| 2021 | 3.63% | 39.34% | 10.85 | + |
| 2022 | -21.01% | 0.89% | -0.04 | + |

위 화면은 연별 수익 자료다. 여기서도 코스피지수를 벤치마크로 삼아 비교했다. 2003, 2017년을 제외하고는 매년 코스피지수보다 수익이 높았다.

## 고통스러운 순간

최악의 손실을 낸 시기 10

며칠간 손실이
났는가

| Worst 10 Drawdowns | | | |
|---|---|---|---|
| Started | Recovered | Drawdown | Days |
| 2008-08-12 손실의 시작 | 2009-04-03 손실을 복구한 때 | -52.65% 손실률 | 234 |
| 2020-02-17 | 2020-06-02 | -48.00% | 106 |
| 2022-05-04 | 2022-12-19 | -30.05% | 229 |
| 2006-05-16 | 2006-11-20 | -26.12% | 188 |
| 2021-09-09 | 2022-03-23 | -23.01% | 195 |
| 2018-05-16 | 2019-02-13 | -21.53% | 273 |
| 2011-08-02 | 2011-10-27 | -21.29% | 86 |
| 2019-04-15 | 2019-09-18 | -20.49% | 156 |
| 2015-07-22 | 2015-10-01 | -19.33% | 71 |
| 2010-05-17 | 2010-07-30 | -17.88% | 74 |

그렇다고 해서 이 전략이 심리적으로 버텨내기 쉬운 전략은 결코 아니었다. 2008~2009년, 2020년에 포트폴리오가 반토막 났고, 20% 정도의 손실은 총 10번 정도 있었다. 즉 2년에 한 번은 포트폴리오가 20% 이상의 손실을 겪었다는 뜻이다.

## 월별 수익

| | 1 | 2 | 3 | 4 | 5 | 6 | 7 | 8 | 9 | 10 | 11 | 12 |
|---|---|---|---|---|---|---|---|---|---|---|---|---|
| 2003 | 0.00 | 0.00 | 0.00 | 0.88 | 6.83 | 0.11 | 2.46 | 6.18 | -3.74 | -3.86 | 2.02 | 5.36 |
| 2004 | -3.48 | 9.84 | 0.11 | 0.79 | -0.81 | -3.95 | 2.26 | 11.51 | 1.27 | 4.08 | 7.53 | 8.78 |
| 2005 | 30.85 | 34.23 | -5.50 | 0.62 | 14.25 | 5.51 | 20.04 | -2.43 | 18.94 | 14.66 | 22.08 | -0.83 |
| 2006 | 1.85 | 0.80 | 7.21 | 6.63 | -7.41 | -3.98 | -0.02 | 7.92 | 2.22 | 5.38 | 13.53 | 4.37 |
| 2007 | 12.65 | 14.02 | 13.46 | 8.55 | 14.53 | -0.98 | 17.92 | 12.69 | 16.05 | -6.84 | -2.27 | 2.72 |
| 2008 | -9.39 | 10.08 | -5.39 | 7.80 | 5.35 | 3.09 | 0.69 | -11.76 | -6.47 | -28.11 | -2.12 | 16.14 |
| 2009 | 12.47 | 6.25 | 18.78 | 37.06 | 12.64 | -5.30 | 14.86 | 6.46 | -0.01 | -2.82 | 8.30 | 4.63 |
| 2010 | 1.19 | 14.29 | 12.11 | 7.99 | -5.23 | 0.38 | 9.90 | 0.27 | 4.70 | 12.48 | -2.99 | 4.09 |
| 2011 | 9.11 | 4.34 | 11.00 | 3.61 | -4.64 | -1.85 | 7.23 | -10.99 | -2.87 | 16.02 | 2.33 | 3.50 |
| 2012 | 7.99 | 28.61 | -1.61 | -1.66 | -2.80 | 9.12 | -3.25 | 10.26 | 5.64 | 1.77 | -3.04 | 1.53 |
| 2013 | 7.48 | 10.66 | 12.08 | 2.06 | 1.31 | -10.01 | 7.26 | -2.71 | 1.70 | 2.53 | -0.64 | -1.79 |
| 2014 | 2.58 | 19.29 | 5.98 | 5.14 | 7.47 | -1.51 | -0.06 | 10.52 | -0.88 | -3.40 | 1.04 | 0.21 |
| 2015 | 6.50 | 15.83 | 4.37 | 4.43 | 2.07 | 11.19 | 0.16 | -4.68 | 8.76 | 8.09 | 1.71 | 8.76 |
| 2016 | -3.16 | 5.36 | 8.75 | 9.16 | -0.99 | -0.64 | 8.72 | 1.95 | 11.67 | -5.33 | 2.21 | 5.74 |
| 2017 | 3.77 | -2.93 | 4.03 | -0.72 | 2.72 | -0.98 | -3.74 | 2.24 | -10.46 | 0.48 | -0.29 | -1.35 |
| 2018 | 9.82 | 0.96 | 5.48 | 7.81 | 2.17 | -5.07 | -0.51 | 8.70 | 0.28 | -14.64 | 6.93 | -2.36 |
| 2019 | 13.36 | 0.90 | 4.52 | 6.05 | -5.85 | 3.53 | -8.28 | 3.51 | 6.92 | 1.23 | 2.56 | 9.30 |
| 2020 | -2.24 | -2.64 | -16.75 | 20.35 | 9.28 | 2.85 | 9.12 | 4.03 | 8.04 | 0.82 | 7.54 | 11.38 |
| 2021 | 5.01 | 3.32 | 6.02 | 8.24 | 12.58 | 11.03 | -3.73 | -3.73 | 3.34 | -1.27 | -15.24 | 11.71 |
| 2022 | -0.59 | 4.50 | 13.02 | -0.65 | -0.10 | -17.46 | 7.67 | 0.47 | -16.25 | 10.67 | 9.50 | -4.46 |
| | JAN | FEB | MAR | APR | MAY | JUN | JUL | AUG | SEP | OCT | NOV | DEC |

한 달 만에 5%, 10% 하락한 구간도 비일비재하다. 가끔 처음 퀀트 투자를 시작하는 사람들이 "아니, 연복리 수익률이 50%라고 해서 믿고 투자했는데 이번 달 7% 손실이 났어요. '멘붕' 옵니다"라는 말을 하는데, 개별주 퀀트 투자는 원래 그런 것이다. 수익률이 높지만, MDD도 높다.

**한 달에 10% 이상 손실이 나는 구간이 2년에 한 번 꼴로 오고**
**총 20% 이상 손실을 보는 구간도 2년에 한 번 정도 오고**
**10년에 한 번은 반토막도 각오해야 한다.**

여기서 엄마가 새로운 질문을 했다. "이렇게 뽑은 종목도 2022년 수익률은 별로 높지 않았겠지?"

그것도 앞의 '연별 수익' 하단에서 확인할 수 있다. 연간 수익을 보면 이 전략은 2022년에 '겨우⁽?⁾' 0.89%밖에 못 벌었다. 코스피지수가 -25% 하락한 것에 비해 엄청나게 선방한 것이다.

## 초보들이 퀀트 투자를 그만두는 때

재밌는 것은 이 전략은 내가 실행하나 왕초보가 실행하나 결과가 다 똑같은데, 초보들은 보통 손실이 나는 구간에서 전략을 포기하고 다 빠져나간다는 점이다.

최근 배우 권상우가 출연하는 「위기의 X」라는 웹드라마에 퀀트 투자 장면이 나와서 화제가 되었는데, 거기서 주인공 권상우는 우리가 다음 장에서 배울 PER, PBR, PSR 등 가치 지표를 결합해서 백테스트 결과가 좋은 전략을 만들고 투자금을 '몰빵'했다. 그런데 -27% 정도의 손실이 나자 절망한다. 그는 안타깝게도 시작하자마자 이런 구간에 걸린 것이다.

# 아마 권상우가 퀀트 투자를 시작한 구간

**Worst 10 Drawdowns**

| Started | Recovered | Drawdown | Days |
|---------|-----------|----------|------|
| 2008-08-12 | 2009-04-03 | -52.65% | 234 |
| 2020-02-17 | 2020-06-02 | -48.00% | 106 |
| 2022-05-04 | 2022-12-19 | -30.05% | 229 |
| 2006-05-16 | 2006-11-20 | -26.12% | 188 |
| 2021-09-09 | 2022-03-23 | -23.01% | 195 |
| 2018-05-16 | 2019-02-13 | -21.53% | 273 |
| 2011-08-02 | 2011-10-27 | -21.29% | 86 |
| 2019-04-15 | 2019-09-18 | -20.49% | 156 |
| 2015-07-22 | 2015-10-01 | -19.33% | 71 |
| 2010-05-17 | 2010-07-30 | -17.88% | 74 |

누구라도 새로운 기법을 시도했는데 처음부터 손실이 크게 나면 전략을 포기하는 것은 물론이고, 그 후 다시는 그 투자기법을 쳐다도 보지 않게 된다. 그게 인간이다. 결국 이 전략은 내 자산 100%를 베팅하기에는 너무 위험하다. MDD가 너무 높지 않은가?

20년 동안 MDD 50% 이상을 버틸 수 있다고 말하는 사람들이 꽤 많다. 하지만 그런 사람들이 석 달 만에 10% 정도 손실을 입게 되면 괴로워하다가 "누구나 이 전략 아니까 이제 안 통해요"라며 퀀트 투자를 그만둬 버린다. 내가 이런 사례를 몇 번 접했는지 셀 수도 없다. 하긴, 나도 그대로 따라 하면 1년 안에 무조건 20kg 이상 빠지는 다이어트 방법이 있다는 것을 알면서도 성공한 적이 없는 사람이니까 이해가 안 되는 건 아니다.

**큰 MDD를 버틸 수 있다고 말하는 사람은 절대 믿으면 안 된다.**
**설사 그게 나 자신이라도 말이다.**

따라서 이 전략에 전 재산을 투자하면 버틸 수 없다. 그보다는 한국형 올웨더 포트폴리오 같은 자산배분 전략에 투자하되, 자산배분의 주식 비중을 개별주 퀀트 전략에 투자하기를 권한다.

### 한국형 올웨더 포트폴리오의 비중

| 구분 | | ETF 상품(티커) | 비중(%) |
|---|---|---|---|
| 위험자산 | 미국 주식 | TIGER 미국S&P500(360750) | 17.5 |
| | 한국 주식 | TIGER 200(102110) | 17.5 |
| | 금 | ACE KRX 금현물(411060) | 15 |
| 안전자산 | 한국 중기채 | KOSEF 국고채 10년(148070) | 25 |
| | 미국 중기채 | TIGER 미국채 10년 선물(305080) | 25 |

기존 한국형 올웨더는 전체 투자금의 35%를 한국 주식과 미국 주식 ETF에 투자했는데, 이 비중만큼을 우리가 만든 개별주 퀀트 전략에 투자하면 MDD는 낮게 유지함과 동시에 수익을 극대화할 수 있다. 코스피지수의 기대수익은 8% 정도인데 소형성장주 전략의 기대수익이 수십 퍼센트이기 때문이다.

이 장을 끝내기에 앞서 엄마는 퀀터스 프로그램에 관련된 몇 가지 기술적인 질문을 던졌다.

## 질문 1. 내가 만든 전략을 저장할 수 있니?

### 전략 저장

가능하다. '전략 저장'을 클릭하면 내가 만들었던 전략을 저장하고, 나중에 찾으면 내가 입력했던 지표와 조건이 다시 보인다.

## 질문2. 퀀터스에서 자산배분과 개별주 퀀트 전략을 섞을 수 있어?

### 전략 섞기 1

가능하다. 상단의 '자산배분' 탭을 클릭해 보자. '자산배분 알고리
즘'에서 전략 배분을 클릭한다. 리밸런싱 주기도 선택한다.

### 전략 섞기 2

'자산 1'에 내가 앞서 만들고 저장해 두었던 한국 성장가치 소형을
클릭하고 30%의 비중을 할당한다. '자산 2'에서는 금에 20%, '자산 3'
에서는 TLT(미국 장기채)에 50%으로 비중을 설정하고 백테스트를 해볼
수 있다.

### 질문 3. 자동 매매도 가능할까?

아직은 자동매매 기능은 없지만, 2023년 안에 이 기능이 퀀터스에서 구현될 것이다.

# 전략에 맞는 종목 찾기 & 리밸런싱

마지막으로 우리가 이번 시간에 배운 내용을 다시 한번 복습하면서 개별주 투자의 과정을 따라 해보자.

### 1 투자 아이디어 얻기

'매출과 이익이 성장하는 소형주는 좋은 주식일 것 같다!'라는 아이디어를 얻었다.

### 2 투자 아이디어의 계량화

'성장하는 기업'을 매출, 매출총이익, 영업이익, 순이익이 성장하는 기업으로 정의, '소형주'는 시가총액 하위 기업으로 정의한다.

### 3 계량화된 지표 검증

시가총액과 매출, 매출총이익, 영업이익, 순이익 성장률 10분위 테스트를 해보니 5개 팩터 모두 매우 유의미해 보인다.

## 4 계량화된 전략의 백테스트

매출, 매출총이익, 영업이익, 순이익 성장의 평균 순위가 가장 높은 20개 소형주 기업(시가총액 하위 20%)을 매수해서 분기에 한 번 리밸런싱했을 경우 실제로 얼마를 벌 수 있었는지 백테스트해 본다.

백테스트 결과, MDD는 높지만 장기적으로 수익률은 매우 좋아 보인다. 자산배분 전략 내 주식 비중을 이 전략에 투자해도 되겠다.

## 5 전략에 적합한 종목 찾기

4단계까지 완료했으면 5단계는 종목을 찾을 차례다. 우리가 이 전략을 쓴다고 가정해 보면 이 전략에 맞는 기업을 찾는 것이다.

### 포트폴리오 추출

'포트폴리오 추출' 탭에 들어가면 전략에 맞는 종목을 뽑아낼 수 있다. 가장 하단의 '다음'을 두 번 클릭하면 다음 화면이 나온다.

'포트 추출'에서 '초기 투자 금액'과 '종목 수'를 입력한다.

1,000만 원을 20개 종목에 투자한다고 가정하고 '포트 추출'을 클릭하면 엑셀 파일이 나온다.

# 포트폴리오 추출 엑셀파일

| | A | B | C | D | E | F | G | H |
|---|---|---|---|---|---|---|---|---|
| 1 | Code | Name | 시가총액 (억원) | 업종명 | 상장된 시장 | 종가 (전일기준) | 매수수량 | 총매수금액 |
| 2 | A005320 | 국동 | | 603 화장품,의류,완구 | KOSPI | 1085 | 460 | 499100 |
| 3 | A378850 | 화승알앤에이 | | 682 자동차 | KOSPI | 3595 | 139 | 499705 |
| 4 | A041650 | 상신브레이크 | | 649 자동차 | KOSPI | 3025 | 165 | 499125 |
| 5 | A053060 | 세동 | | 245 자동차 | KOSDAQ | 1405 | 355 | 498775 |
| 6 | A017370 | 우신시스템 | | 586 자동차 | KOSPI | 3200 | 156 | 499200 |
| 7 | A069730 | DSR제강 | | 687 철강 | KOSPI | 4775 | 104 | 496600 |
| 8 | A123410 | 코리아에프티 | | 664 자동차 | KOSDAQ | 2385 | 209 | 498465 |
| 9 | A092780 | 동양피스톤 | | 631 자동차 | KOSPI | 4795 | 104 | 498680 |
| 10 | A017000 | 신원종합개발 | | 506 건설,건축관련 | KOSDAQ | 4340 | 115 | 499100 |
| 11 | A025560 | 미래산업 | | 483 반도체 | KOSPI | 10850 | 46 | 499100 |
| 12 | A046310 | 백금T&A | | 502 IT하드웨어 | KOSDAQ | 3060 | 163 | 498780 |
| 13 | A053270 | 구영테크 | | 588 자동차 | KOSDAQ | 2230 | 224 | 499520 |
| 14 | A020400 | 대동금속 | | 284 자동차 | KOSDAQ | 8930 | 55 | 491150 |
| 15 | A123700 | SJM | | 655 자동차 | KOSPI | 4200 | 119 | 499800 |
| 16 | A038010 | 제일테크노스 | | 612 건설,건축관련 | KOSDAQ | 6810 | 73 | 497130 |
| 17 | A054040 | 한국컴퓨터 | | 658 디스플레이 | KOSDAQ | 4100 | 121 | 496100 |
| 18 | A225590 | 패션플랫폼 | | 440 화장품,의류,완구 | KOSDAQ | 1655 | 302 | 499810 |
| 19 | A263020 | 디케이앤디 | | 433 화장품,의류,완구 | KOSDAQ | 2795 | 178 | 497510 |
| 20 | A290120 | 대유에이피 | | 628 자동차 | KOSDAQ | 5390 | 92 | 495880 |
| 21 | A122690 | 서진오토모티브 | | 570 자동차 | KOSDAQ | 2710 | 184 | 498640 |

도출된 결과물이다. 투자금에 맞춰서 코드 번호, 종목명, 시가총액, 업종, 상장된 시장, 종가, 매수해야 하는 주식 수 및 매수 금액까지 알려준다.

이렇게 퀀터스를 통해 투자할 기업들을 뽑으면 아무도 모르는 소형주들이 나온다. 그런데 이런 기업들에 투자하면 20년 동안 연복리 수익률 52%를 내고 원금은 4,010배가 되었을 것이다. 미리 이야기하자면, 현실에서 원금이 4,010배가 되기는 어렵다. 자산이 너무 커져서 언젠가는 소형주 투자가 어려운 시기가 올 것이기 때문이다. 그러나 자산 100억 원 이하에서는 소형주의 거래량이 투자에 전혀 문제가 되지 않으므로 100억 원이 생기면 그때 가서 어떻게 투자할지 생각하면 된다.

## 6 주기적 리밸런싱

마지막 6단계는 주기적으로 리밸런싱하는 것이다.

엄마가 예리한 질문을 많이 하지만 가끔 안 그럴 때도 있다. 이때 그런 질문이 나왔다. "이 20개 주식을 사서 20년 동안 보유한다는 뜻이야?"

아니다. 자산배분 때 배운 것처럼 '분기 리밸런싱'을 해야 한다. 이것이 개별주 투자의 마지막 단계다. 이 조건에 부합되는 종목을 분기에 한 번 뽑아서 교체를 한다.

학교에서 학생들의 전교 등수가 매번 변하듯 기업의 분기 실적은 매 분기 변하기 때문에, 이번 분기에 성장성이 가장 높았던 종목이 다음 분기에도 그럴 것이라는 가능성은 크지 않다. 2,000여 개 종목 중 상위 1%인 20위 안에 들어가는 일은 절대 쉽지 않다. 대한민국 거의 모든 기업들이 더 높은 매출, 매출총이익, 영업이익, 순이익을 위해 밤낮으로 노력하지 않는가? 따라서 지속적으로 기업의 순위 변화를 체크해서 순위가 내려간 기업은 매도하고, 새로 순위에 편입된 기업을 매수해야 한다.

# 과거 거래내역 보기

만약 이 전략이 20년 동안 어떤 종목에 투자했는지 알고 싶다면 '포트폴리오 추출' 탭의 '트레이딩 설정'에서 '과거 거래내역 보기'를 활용하면 된다. 이 전략은 20년 동안 총 80번의 리밸런싱을 거쳤는데 그 내용을 모두 엑셀파일로 저장해 준다.

지금까지 '성장하는 소형주'에 투자하는 개별주 투자 프로세스를 알아보았다. 다음 시간에는 여기에 더해 저평가된 기업을 찾는 방법을 확인해 보자.

# 7교시 숙제

▶ **7교시 내용 복습**

   – 성장주 지표 알아두기

   – 개별주 투자의 6단계 프로세스 이해하기

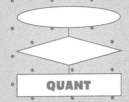

# 저평가된 주식의 특징

6교시에서 개별주 퀀트 전략을 만들기 위해 소형주, 성장주를 공부했으니 이번에는 저평가 주식이 무엇인지 공부해 보자. 우리가 원하는 것은 소형주 내에서 저평가주와 성장주를 찾아내는 것 아니겠는가!

저평가 주식을 판별하는 방법은 여러 가지가 있다. 가치투자자는 기업의 사업, 경영진, 상품, 경쟁기업 등을 나름대로 주도면밀하게 분석해서 기업 가치를 분석하는데, **퀀트 투자자는 주로 'P'로 시작하는 지표를 보고 투자를 한다. 나는 이 지표들을 'P 가족'이라고 부른다.**

P 가족의 P는 Price, 즉 시가총액이라는 뜻이다. 퀀터스 화면을 함께 보며 엄마에게 물었다. "시가총액 뒤에 있는 지표들은 무슨 의미가 있는지 알아? PER, PBR, PSR 같은 거." 엄마는 낯선 듯 인상을 찌푸렸다. "아니, 잘 모르겠는데."

이 P 가족은 '저평가 지표'다.

1. **저평가 지표는 '시가총액을 중요한 재무제표 지표로 나눈 수치'다.**
2. **수치가 낮을수록 주식이 저평가되었다고 본다.**
3. **수치가 높을수록 주식이 고평가되었다고 본다.**

그렇다면 어떤 수치가 낮고 어떤 수치가 높은 것일까? 대한민국 모든 기업들의 지표를 계산해서 평균과 비교해 보면 이 기업의 수치가 높은 편인지, 낮은 편인지 금방 파악할 수 있다. 예를 들면 한국 상장기업의 평균 PER은 10 정도인데, PER이 5면 저평가, 30이면 고평가 기업이라는 결론을 내릴 수 있다.

손익계산서에는 매출액, 매출총이익, 영업이익, 순이익 지표가 있는데, 시가총액을 이 지표로 나누면 4개의 저평가 지표를 구할 수 있다. 손익계산서의 구조를 간단히 나타내면 아래 그림과 같다.

**손익계산서의 구조**

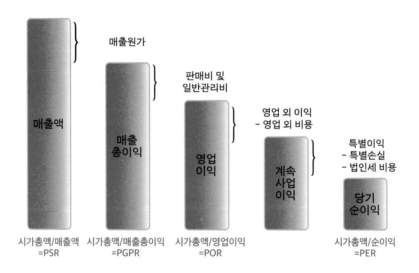

재무상태표의 경우 다음 그림이 핵심인데, 여기서도 2개의 저평가 지표를 만들 수 있다.

## 재무상태표의 구조

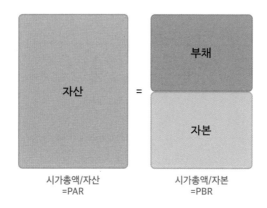

이 외에도 지표가 여럿 있지만, 개별주 투자를 위해서는 이 정도만 알아도 충분하다. 궁금한 독자를 위해 각 지표의 계산법만 간략하게 나열하겠다.

## 퀀터스의 137개 시가총액 기반 가치 지표 계산법

| 지표 | 계산법 | 지표 | 계산법 |
|------|--------|------|--------|
| PER | 시가총액/순이익 | PEG | PER/순이익성장률 |
| PBR | 시가총액/자본 | PAR | 시가총액/자산 |
| PSR | 시가총액/매출 | PACR | 시가총액/발생액 |
| POR | 시가총액/영업이익 | NCAV | 시가총액/청산가치 |
| PCR | 시가총액/영업활동현금흐름 | 배당수익률 | 배당/시가총액 |
| PFCR | 시가총액/잉여현금흐름 | 주주수익률 | (배당+자사주매입)/시가총액 |
| PRR | 시가총액/연구개발비 | - | - |

P 가족 중 가장 널리 알려진 지표는 PER인데, 시가총액을 순이익으로 나눈 지표이다. 모든 기업의 목표는 순이익의 극대화다. 따라서 순이익이 중요한 지표라는 점은 누구나 공감할 수 있다. 그러므로 순이익을 주식시장이 평가하는 기업가치인 시가총액과 비교할 수 있다.

여기서 다음 질문으로 넘어가 보자. A와 B 두 기업이 있는데 똑같이 순이익 100억 원을 번다. 그런데 A라는 기업은 시가총액이 300억 원이라서 PER이 3인데, B라는 기업은 시가총액이 1조 원이라서 PER이 100이다. 실제로 주식시장에서 PER은 이처럼 천차만별이다. 왜 이렇게 큰 차이가 날까?

"음…… 순이익은 같은데, B라는 기업이 훌륭한 브랜드가 있거나, 경영진이 더 뛰어난 거 아닐까?" 엄마가 답했다.

"그거 때문에 기업 가치가 30배나 차이가 난다고? 똑같이 월세 100만 원을 내는 아파트 가격이 브랜드 가치 좀 다르고 입지 좀 다르다고 값이 30배까지 차이가 나지는 않잖아." 내가 말했다.

"아니, 그래도 아파트가 서울에 있나 강원도에 있나, 지은 지 5년이 되었나 50년이 되었나에 따라 가격 차이가 크잖아?" 엄마가 반박했다.

일리가 있는 말이다. 그리고 이 차이가 기업의 경우에는 더 큰 것 같다. 지금은 두 기업이 100억 원을 버는데, 투자자는 B사의 미래 수익이 훨씬 높으리라 생각하는 것이고, A사는 지금은 100억 원을 벌지만, 미래에는 이것보다 적게 벌거나, 크게 성장할 가능성이 작다고 보는 것이다.

"예를 들면 옛날에는 카메라가 잘 팔렸는데, 요즘은 전부 다 스마트폰으로 촬영하니까 카메라는 사양산업이라서 카메라 생산 기업 주식의 PER이 낮다는 거지?" 엄마가 말했다.

그렇다. 시장에서 카메라 산업은 비전이 별로 없다고 판단해서 현재 수익 대비 시가총액이 낮은 것이다. 반대로 스마트폰 시장이 잘 될 것이라는 인식이 깔려 있으면 스마트폰 카메라 부품 만드는 회사는 순이익이 많이 증가할 것으로 예상되므로 시가총액을 높게 인정받을 수 있고, PER은 높아진다.

## 저 PER 기업 vs. 고 PER 기업, 어디에 투자할까?

여기서 중요한 포인트를 짚고 넘어가자. 투자자 입장에서는 아래 두 기업 중에서 어떤 기업에 투자하는 것이 더 나을까?

**1. 저 PER 기업**(위 예시에서는 A사)
**2. 고 PER 기업**(위 예시에서는 B사)

10분위 테스트를 해보면 해답이 2분만에 나온다.

저 PER 주식의 수익률이 고 PER 주식의 수익률을 압도한다. 그냥 조금 압도한 게 아니라 크게 압도한다. 이 정도면 PER과 주식 수익률은 반비례한다고 봐도 과언이 아니다.

누가 봐도 고 PER 기업의 미래가 더 유망해 보이는데, 왜 정작 주식 수익률은 미래가 암울해 보이는 저 PER 주식이 더 높은 것일까?

엄마는 **"저 PER 주식은 시장의 기대가 별로 없어서 그 기대치보다는 잘하고, 고 PER 주식은 시장의 기대가 높은데 거기 미치지 못해서 그런가?"**라고 추측했다.

정답이다. A사는 현재 100억 원을 버는데 시가총액이 300억 원밖에 안 된다는 건 주식이 매우 싸다는 뜻이다. 월세 100만 원씩, 총 연 1,200만 원 임대료를 받을 수 있는 부동산을 3,600만 원에 사는 것과 똑같다. 물론 시장은 이 기업의 순이익이 100억 원을 유지하지 못하고 30억 원으로 떨어지거나 적자로 전환하리라 전망했을 가능성이 높다. 그러니까 시가총액이 저렇게 낮은 것이다. 그런데 실제로 이 기업이 다음 해에 순이익 85억 원을 벌었다고 치면, 순이익이 떨어진 것은 맞는데 '시장의 생각보다 덜 떨어졌기' 때문에 주가는 오를 수 있다. 기대치보다는 잘했기 때문이다. 주가가 오르면 시가총액이 700억 원으로 오를 수도 있고, 이 덕분에 나는 순이익이 감소한 기업으로 2배 이상 수익을 낼 수 있다.

객관적으로 이 기업은 별 볼 일 없는 기업이다. 순이익이 100억 원에서 85억 원으로 떨어졌기 때문이다. 그런데 시장이 갖고 있었던 더 낮은 기대치를 크게 초과 달성했기 때문에 주가는 오른 것이다.

또다른 사례를 한번 보자. 사람들이 사료나 비료 주식에 관심이 있을까? 투자자 대부분은 사료와 비료에 관심이 없다. 그래서 관련 주식은 보통 PER이 매우 낮았다. 그런데 갑자기 2022년 러-우 전쟁

이 터지면서 이 주식들이 주목받기 시작했다. 식료품과 사료 관련 주식이 천정부지로 오르기 시작해서 6교시에 보았던 한일사료라는 종목은 단기간에 5배 이상 올랐다.

처음에는 아무도 이 주식에 관심이 없어서 PER이 낮았는데, 갑자기 테마를 타서 각광을 받는 경우는 주식시장에서 생각보다 자주 있는 일이다. 그럼 이런 기업은 예상치도 못한 엄청난 수익을 가져다주게 된다.

반대로 고 PER 주식을 분석해 보자. 2021년에는 '메타버스(metaverse)' 관련 종목에 투자자들의 관심이 매우 많았다. 이 기업들의 PER은 어땠을까?

엄마는 아리송하다는 듯 역질문을 해왔다. "높았구나. 사람들 관심이 높으면 PER이 높아지는 거야?"

투자자들이 관심이 많다는 것은 주식을 많이 샀다는 것이다. PER을 구하는 공식은 다음과 같은데, 투자자들이 주식을 많이 사면 주가가 오르고, 주가가 오르면 PER이 오를 수밖에 없다.

> **PER = 시가총액(주가×주식 수)/순이익**

그런데 최근에는 메타버스에 대한 사람들의 관심이 많이 줄어들었다. 메타버스 기업들이 대단한 실적을 달성하지도 못했다. 그래서 이런 기업들의 주가는 높은 PER에 붙은 높은 기대를 충족하지 못해서 하락했다. 2021년에 '메타버스 ETF'라고 메타버스 기업에만 투자하는 ETF가 여러 개 생겼는데, 그런 ETF의 가격은 대부분 -70%까지 떨어졌다.

앞의 사례에서 설명한 B사의 현재 순이익이 100억 원인데, 시가 총액은 1조 원이었다. 투자자들이 이 기업의 순이익이 크게 성장할 것으로 예상했다는 뜻이다. 내년 순이익은 200억 원으로 증가하고, 몇 년 간 순이익은 500억 원, 1,000억 원을 넘어설 수 있다고 기대한 것이다. 근데 실제 수익은 130억 원까지 증가하는 데 그쳤다. 그럼 투자자들이 실망하고, '이 기업의 가치가 정말 1조 원이 될까?'를 의심하기 시작하면서 시가총액이 3,000억 원으로 추락할 수 있다. 기업의 순이익이 30% 성장했으므로 꽤 잘한 것은 맞는데, 투자자들의 기대치보다는 턱없이 못 미치면서 주가가 70% 하락하는 일이 발생하는 것이다.

지금까지 배운 내용을 정리해 보자.

**PER 등 P 가족 지표들은 투자자들의 기대치를 보여 주는 지표이다. P 지표들의 수치가 낮으면 기대가 별로 없고, 수치가 높으면 기대가 높다는 뜻이다.**

엄마는 "주식 수익은 기대와 반대라는 거네"라고 정리했다.

내가 보기에는 모든 분야가 동일한 것 같다. 인간관계에서도 어떤 사람에게 기대치가 높으면 그 사람이 아무리 잘해도 만족하기가 어렵고, 기대치가 하나도 없으면 뭔가 하나만 잘해도 감동하게 된다. 평소 못된 팀장이 한번 따뜻한 말 한마디 해주면 감동하고, 늘 상냥하고 친절했던 팀장이 한번 소리 지르면 이런 사람인 줄 몰랐다며 실망하는 것과 비슷한 이치이다.

다르게 설명하면, 고 PER주는 시험마다 100점 맞는 학생이고, 저 PER주는 평균 50점 맞는 학생이다. 늘 50점 맞던 학생이 65점을 맞으면 "이번에는 좀 열심히 공부했네"라고 집에서 칭찬받을 것이다. 그런데 드라마를 보면 100점 맞던 학생이 90점을 맞으면 집에서 "우리 가문의 수치"라는 말을 들으면서 부모에게 얻어맞는다(?). 주식시장도 똑같은 이치로 움직인다. 기대치가 너무 높으면 언젠가 성과가 기대를 하회하면서 주가가 '얻어맞는' 것이다.

## 10분위 테스트의 중요성

10분위 테스트 관련 언급은 소형주 분석 때도 했지만, 여기서 다시 한번 강조하고 싶어서 얘기를 꺼냈다. 엄마가 내 책에는 복습이 너무 부족하다고 조언하지 않았는가.

앞에서 해봤던 10분위 테스트는 투자할 때 정말 중요한 작업이다. 나는 퀀터스에서 다루는 100여 개 팩터의 10분위 백테스트를 전부 다 한 번씩 해봤다.

이 100개 지표 중 실제로 투자에서 통하는 지표가 무엇인지 알아야 한다. 10분위 테스트를 해보면 내가 분석하는 지표가 실제로 투자 수익률에 영향을 미치는지 한눈에 파악할 수 있다.

앞서 6교시에 보았던 시가총액 지표의 10분위 테스트를 다시 한 번 살펴보자.

### 한국 시가총액 10분위 결과(2003~2022)

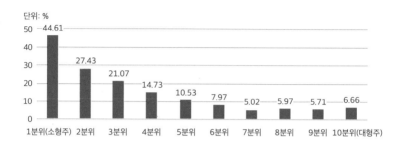

누가 봐도 시가총액이 낮은 기업(1~3분위)의 수익은 높고, 시가총 액이 중간 정도인 기업(4~7분위)과 시가총액이 높은 기업(8~10분위)의 수익은 저조하다는 것이 한눈에 보인다. 그렇다면 시가총액이라는 지표는 투자에 활용하기 좋다는 사실을 알 수 있다. '최근 20년 동안 수익이 높았던 소형주에 투자하라'라는 결론이 도출되기 때문이다.

이런 식으로 여기 있는 다른 모든 팩터도 점검해 보는 것이다. 그러면 투자에 활용한 만한 팩터, 그렇지 않은 팩터들이 한눈에 보 인다.

예를 들면 조금 전에는 'PER'의 10분위 결과를 분석해 봤다. 많은 투자자가 '저 PER 기업은 좋다'고 말하는데, 그 말이 실제로 맞는지, 이 지표가 실제로 투자에서 유효한 지표인지 점검해볼 필요가 있다.

남의 말을 그냥 믿을 수는 없기 때문이다. 그렇게 하기에는 금융시장에 미신이 너무 많다. PER이라는 지표의 10분위 테스트를 돌려보면 아래와 같은 결과가 나온다.

한국 PER 10분위 결과(2003~2022)

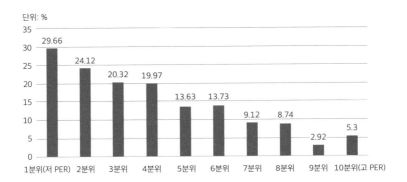

한국의 경우 1분위, 즉 PER이 낮은 기업의 수익은 매우 높고, 10분위, 즉 PER이 높은 기업의 수익은 매우 낮다는 결과가 나온다. 결론은 'PER이라는 지표는 상당히 투자에 도움이 많이 되는 지표이고, 특히 저 PER 주식에 투자하면 높은 수익을 낼 수 있다'다.

**퀀트 투자라는 것은 매우 간단하다. 이런 식으로 실전에서 잘 통하는 지표가 무엇인지 알아내고, 그 지표를 몇 개 결합해서 투자전략을 만들면 된다.**

# 여러 지표를 섞어서 전략을 만드는 방법

참고로 퀀터스 화면에 나오는 14개 가치 팩터(PER, PBR, PSR, POR, PCR, PPFCR, PRR, PGPR, PEG, PAR, PACR, NCAV, 배당수익률, 주주수익률)는 10분위 테스트를 해보면 전부 '유효한 지표'라는 결론을 도출할 수 있다.

엄마는 깨달음을 얻은 듯 이렇게 말했다. "그러면 통하는 지표는 10개가 넘으니까 지표 몇 개를 합치면 거의 무한대의 전략을 만들어 낼 수 있는 거네?"

그렇다. 투자전략을 만들 때 지표 1개를 쓸 수도 있고, 2개를 쓸 수도 있고, 4개, 8개…… 다 가능하다. 따라서 여기 있는 100여 개 지표만 갖고도 수만 개의 전략을 만들어 낼 수 있다.

P지표들 중 '괜찮은 지표' 몇 개만 살펴보자.

다음 10분위 결과를 보면 PER뿐만 아니라 PSR, PGPR, POR, PBR도 상당히 유효하다는 사실을 확인할 수 있다.

## 한국 PSR 10분위 결과(2003~2022)

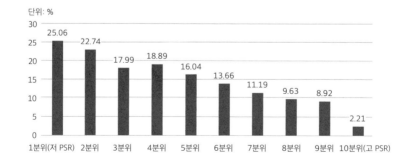

단위: %

| 1분위(저 PSR) | 2분위 | 3분위 | 4분위 | 5분위 | 6분위 | 7분위 | 8분위 | 9분위 | 10분위(고 PSR) |
|---|---|---|---|---|---|---|---|---|---|
| 25.06 | 22.74 | 17.99 | 18.89 | 16.04 | 13.66 | 11.19 | 9.63 | 8.92 | 2.21 |

## 한국 PGPR 10분위 결과(2003~2022)

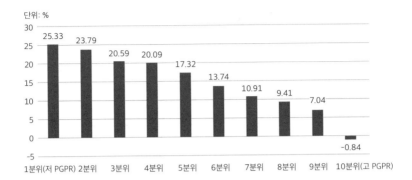

단위: %

| 분위 | 값 |
|---|---|
| 1분위(저 PGPR) | 25.33 |
| 2분위 | 23.79 |
| 3분위 | 20.59 |
| 4분위 | 20.09 |
| 5분위 | 17.32 |
| 6분위 | 13.74 |
| 7분위 | 10.91 |
| 8분위 | 9.41 |
| 9분위 | 7.04 |
| 10분위(고 PGPR) | -0.84 |

## 한국 POR 10분위 결과(2003~2022)

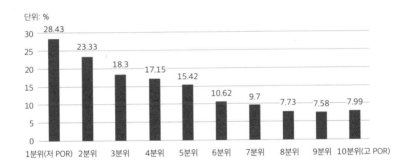

단위: %

| 분위 | 값 |
|---|---|
| 1분위(저 POR) | 28.43 |
| 2분위 | 23.33 |
| 3분위 | 18.3 |
| 4분위 | 17.15 |
| 5분위 | 15.42 |
| 6분위 | 10.62 |
| 7분위 | 9.7 |
| 8분위 | 7.73 |
| 9분위 | 7.58 |
| 10분위(고 POR) | 7.99 |

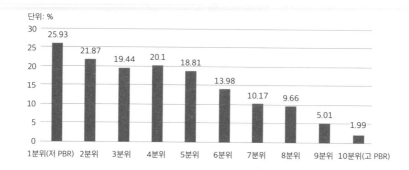

한국 PBR 10분위 결과(2003~2022)

단위: %

지금까지 배운 내용으로 전략을 한번 만들어보자. 예를 들면 이런 전략을 만들 수 있다.

투자전략

## 소형가치주 전략

1. 소형주(시가총액 하위 20%)

 - 기본 필터 모두 적용

2. PER, PGPR, POR, PSR, PBR 5개 지표의 각 순위 계산

3. 5개 지표의 평균 순위 계산

4. 평균 순위가 우수한 20개 종목에 투자

5. 분기 1회 리밸런싱

# 한국 소형가치주 전략 백테스트 결과

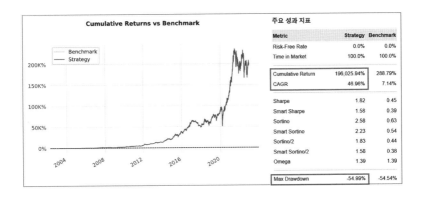

백테스트를 해본 결과, 이 전략도 연복리 수익률 47% 정도가 나온다. 그런데 소형주 성장전략과 비슷한 단점이 있었다.

**1. 10년에 한 번 정도 반토막이 나고**

**2. 2년에 한 번쯤 20% 정도의 손실이 나고**

**3. 20년 동안 한 달 만에 10% 이상 손실이 난 경우가 9번이나 있었다.**

따라서 전체 자금을 투자할 전략은 아니고, 자산배분 중 주식 비중만 투자하기에는 괜찮은 전략이다.

늘 강조하는 점인데, 내가 책에서 소개한 전략은 꽤 괜찮은 수만 가지 전략 중 하나일 뿐이다. 독자 여러분도 이런 식으로 팩터를 조합해서 본인만의 '괜찮은' 전략을 하나 만들어서 쓰면 된다. 내 전략을 군이 따라 할 필요는 없다.

이 이야기를 들은 엄마가 투자자들의 심리를 꿰뚫는 말을 했다. "이제 왜 백테스트를 많이 해보라고 하는지 알 거 같다. 사실 네 책을 사서 맨 뒷장으로 가서 결론적으로 추천하는 전략을 그대로 따라서 투자할 수도 있는데, 직접 이런 작업을 해봐야 어떻게 이 전략이 만들어졌고, 왜 이 지표를 사용했는지 알 수 있겠다. 이걸 안 해보고 결과물만 어설프게 따라 하면 전략이 안 먹히는 시기가 올 때 포기하고 안 먹힌다고 너를 욕하겠지."

사실 P 가족들의 10분위 테스트 결과를 보면 결론적으로 다 괜찮다. 왜 하필 PSR, PGPR, POR, PER 4개 가치 지표를 썼냐 하면, 설명하기 좋기 때문이다.

손익계산서를 다시 복습하면 다음과 같다.

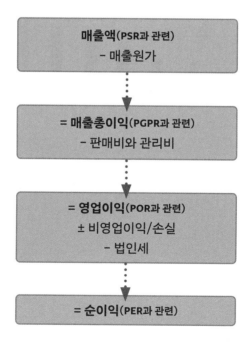

손익계산서의 핵심 지표는 아래와 같이 쉽게 설명할 수 있다.


**PSR은 시가총액을 매출액으로 나눈 지표**

**PGPR은 시가총액을 매출총이익으로 나눈 지표**

**POR은 시가총액을 영업이익으로 나눈 지표**

**PER은 시가총액을 순이익으로 나눈 지표**


그렇다고 해서 다른 지표의 위력이 딱히 떨어지는 것은 아니다. 이번에는 시가총액 포함, 퀀터스 화면에 나오는 14개 지표를 전부 섞어서 전략을 만들어보자.


### 퀀터스에서 분석할 수 있는 가치 팩터(P 가족들)

"이걸 다 체크하면 퀀터스는 뭘 하는 거야?" 엄마가 물었다.

여러 지표를 클릭하면 퀀터스는 늘 각 지표의 순위를 매기고 평균 순위를 매긴다.

이 질문을 하는 사람이 아주 많아서 다시 한번 복습하겠다. A라는 기업의 PER 순위는 162위, PBR 순위는 182위, PSR의 순위는 762위 등으로 기업마다 각 지표의 순위를 측정할 수 있는데, 그 순위를 전부 더하고 지표 수로 나눠서 평균을 낸다. 퀀터스는 그 평균 순위가 우수한 기업에 투자하고 주기적으로 리밸런싱을 했다면 어떤 성과가 있었을지 보여준다.

## 14개 지표를 전부 포함한 소형주 전략의 백테스트 결과(2003~2022)

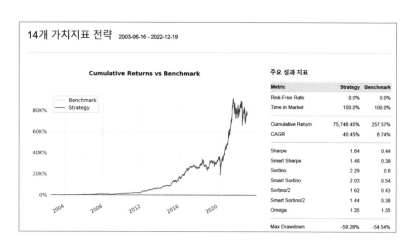

이렇게 14개 지표를 마구잡이로 집어넣은 전략도 연복리 수익률 40%가 나온다. 조금 전 선보인 '소형가치주 전략'과 차이는 크지 않다. 그럼 가장 유명한 PER, PBR 두 개 지표만 넣은 전략은 어떨까? 여기에 PSR을 추가해서 3개 지표를 넣는다면 어떤 결과가 나올까?

복습 겸 테스트해 보라고 엄마에게 숙제를 내주었다. 다음 시간에 답이 공개된다.

그 전에 10분위 테스트를 해야 각 지표가 실제로 통하는지 알 수 있기 때문에 나는 엄마에게 퀀터스 100여개 지표의 10분위 테스트를 직접 해보라고 권했다. 당연히 엄마는 별로 하고 싶지 않았을 것이다. 그래서 이렇게 물었다. "이미 네가 10분위 테스트를 다 돌렸는데 이 지표들의 유효성을 내가 직접 검증할 필요가 있을까?"

내가 책에서 거짓말을 했는지 아닌지 어떻게 알 것인가? 투자를 할 때는 모든 것을 자신이 직접 검증하고 확인하는 습관을 갖춰야 한다. 그리고 나도 지면상 책에서 모든 결과를 다 공개하지는 못한다.

백테스트를 하다 보면 아래와 같은 의문이 충분히 생길 수 있다.

1. **특정 팩터가 한국, 미국 둘 다 통할까?**
2. **소형주 내에서, 대형주 내에서 모두 잘 통할까?**
3. **이 두 팩터를 섞으면 결과가 많이 달라질까?**
4. **시가총액이 X억 원 이상·이하 기업에서 백테스트를 하면 어떨까?**
5. **팩터를 2개, 3개, 4개 섞어보면 어떤 결과가 나올까?**
6. **이 팩터나 전략에 상승장에만 투자하면 어떨까?**
7. **이 팩터나 전략에 특정 기간(예 11~4월)에만 투자하면 어떨까?**
8. **팩터가 우수한 기업을 샀는데 가격이 떨어지면 리밸런싱 구간까지 기다리지 않고 손절을 하면 어떨까?**

세상 어떤 저자도 이 모든 답을 책을 통해 제공할 수 없다. 이건 본인이 직접 백테스트를 해 봐야만 알 수 있다. 그래서 백테스트를 하면 할수록 지식과 내공이 쌓이고 퀀트 실력이 느는 것이다.

# 저 PER 주식, 무조건 좋을까?

조금 전에 잠시 언급했듯이, 강환국이 PER이 낮은 주식이 좋다고 말했다고 그 말만 믿고 저 PER 주식을 사면 안 된다. 다른 투자 대가, 나보다 훨씬 더 많은 성과를 낸 위대한 투자자 중에서는 저 PER 주식에 투자하지 않고 그런 투자가 무의미하다고 주장하는 사람들도 많다. 대표적으로는 윌리엄 오닐, 니콜라스 다비스(Nicolas Darvas) 등의 전설적인 투자자가 있다. 그럼 강환국이 맞을까, 아니면 그 대가가 맞을까?

한국에서 10분위 테스트를 해보면 저 PER 주식의 수익이 높고, 고 PER 주식의 수익은 낮다. 그래서 최소한 최근 20년 동안 한국 시장에서는 강환국이 맞았고 오닐, 다비스가 틀렸다.

물론 평균이 그랬던 것이지 고 PER 주식 중에서도 높은 수익을 낸 주식도 있고, 반대로 저 PER 주식 중에서도 수익이 저조했던 종목도 있다. 오닐과 다비스는 고 PER 주식 중에서 옥석을 골라내는 자신만의 방법을 찾아내서(옥석이 아닌 경우도 많은데 이 경우는 빠른 손절을 통해 손실을 최소화한다) 위대한 투자 수익을 달성한 것이다.

엄마는 내가 추천한 다비스의 책 『나는 주식투자로 250만불을 벌었다』를 이미 읽었다. 그래서 엄마의 다음 질문은 "다비스는 저 PER 주식을 무시하겠다고 했는데 그 이유가 뭘까?"였다.

다비스는 나름대로 연구를 열심히 해서 저 PER, PBR 주식에 '몰빵' 투자를 했다가 완전히 망했다. 그 아픔이 매우 컸을 것이다. 다행히 재기에 성공한 그는 책 제목에 언급된 대로 250만 달러를 벌게 된다(1950년대 250만 달러의 가치는 지금과 비교할 수 없을 만큼 크다). 그런데 주로 순이익이 급성장하고 가격도 많이 오르는 주식을 통해 돈을 벌었다. 그래서 그는 그 후에도 계속 순이익이 급성장하고 가격도 많이 오르는 기업에 투자했고, PER 무용론을 주장하며 다시는 저 PER 주식을 건드리지 않았다.

다비스처럼 투자해도 돈을 벌 수 있다. 앞서 우리도 매출액, 영업이익, 순이익 성장 지표의 10분위 테스트를 해보지 않았나? 그런 기업만 꾸준히 매수해도 부자가 될 수 있다는 것이 입증된 셈이다.

이 이야기를 들은 엄마는 이렇게 말했다. "결국 첫 경험이 가장 중요했구나. 한 번의 실패를 겪고 그 분야의 주식을 아예 버렸네."

다행인 것은 주식으로 돈을 벌 방법은 매우 다양하다는 것이다. 다비스는 자신에게 어울리는 방법을 찾았다. 그 방법도 좋은 방법이며, 그 분야에 대해서는 우리가 그를 통해 배울 것이 매우 많다. 그러나 그가 아픈 경험 때문에 주장했던 '저 PER, PBR 주식이 필요 없다'는 의견은 옳지 않다. 10분위 테스트를 해보면 그 말이 틀렸다는 것을 알 수 있다. 저 PER 주식은 미국에서 꽤 준수한 수익을 낸다. 그리고 실제로 다비스가 살았던 1950년대 데이터로 저 PER 주식의 10분위 테스트를 한 연구 결과도 있다. 그 결과에 따르면 당시에 저 PER 주식의 초과수익은 21세기보다 훨씬 높았다.

만약 그가 매수한 저 PER 주식의 가격이 올랐다면 다비스는 아마 성장주, 모멘텀 주식을 사는 대신 가치투자 또는 저 PER 주식의 신

봉자가 되었을 수도 있다. 이처럼 투자에서는 첫 경험이 매우 중요하다.

주식투자에서 성공하는 길은 매우 다양하다. 그래서 주식의 한 분야에서 성공해 최고의 투자자가 된 사람이 다른 분야에 대해서 완전히 틀린 말을 할 수도 있다. 다비스가 저 PER 주식에 대해 하는 말이 잘못된 것처럼 말이다. 이게 초보자들에게 주식투자를 어렵게 만드는 주된 이유 중 하나이다.

엄마는 이렇게 결론을 내렸다. "주식투자에서 성공하는 길은 많은데, 그중 하나를 선택하고, 거기에 맞는 전략을 짜고, 그 후 내공으로 그 전략이 잘 안 통하는 시간을 버텨야 하는군."

인생도 똑같다. 사업가, 투자자, 공무원, 회사원 모두 다 각자의 길에서 성공할 수 있다. 그런데 사업에서 엄청나게 성공한 사람이 공무원으로서 어떻게 성공하는지 이야기하다 보면 잘못된 의견을 내기도 한다. 이 사람은 분명히 사업에서 성공했지만, 공무원 세계에 대해서는 무지할 수 있기 때문이다. 그런데 많은 사람이 한 분야에서 성공하고 나면 다른 분야에 대해서도 잘 안다고 착각하게 된다.

엄마가 내 말에 의견을 덧붙였다. "그게 다가 아니야. 똑같이 사업에서 성공했는데, 직원 급여나 복지, 근로 의욕 등을 중요하게 생각해서 직원들에게 아낌없이 베푼 덕에 성공한 경우도 있고, 직원들을 박봉으로 굴리고 맨날 쪼아대서 성공한 경우도 있어. 주식도 마찬가지 아닐까?"

다비스는 분명히 주식투자에 성공한 위대한 투자자다. 하지만 그가 책에서 언급한 여러 가지 내용이 모두 옳은 것은 아니다. 예를 들어 순이익이 급성장하는 기업을 사라는 조언, 미국에서는 주가가 많이 오르는 주식을 사라는 조언은 옳았다. 그런데 저 PER 주식은 수익에 도움이 안 된다는 주장은 틀렸다. 그의 책에는 옳은 내용도 있고 틀린 내용도 있는데, 그는 옳은 내용에만 집중해서 본인만의 투자전략을 만들고 그 전략에 적합한 종목을 사서 부자가 되었다.

그리고 우리는 그의 주장을 그대로 받아들이는 대신, 하나하나 백테스트해 보면서 진실 여부를 확인할 수 있다. 이게 더 훌륭한 투자자가 되는 길이다.

"백테스트가 엄청 중요하네. 이 내용을 책에 포함하면 독자들도 나름대로 백테스트를 해보고 본인만의 결론을 내리려고 하지 않을까? 이 내용 책에 꼭 넣자." 엄마가 강조했다.

## 백테스트의 생활화, 무엇이든 의심하고 검증하라

백테스트는 사실 훨씬 더 광범위하게 활용할 수 있다. 나는 주식 방송이나 책에서 어떤 고수가 나와서 이론을 설명하면 그 말이 맞는지 집에 가서 백테스트를 해보는 습관을 들였다. 예를 들면 최근 모 TV 방송에 출연한 적이 있는데, 대기하던 중에 다른 출연자가 "9, 10월에는 배당주 투자가 좋아요"라고 말하는 것을 우연히 들었다. 촬영을 마치고 집에 와서 백테스트를 해봤는데, 배당주의 9, 10월 수익은 별로였다.

그 사람이 한 주장은 사실과 달랐다. 배당주는 12월에 가장 많이 오르고, 1월에는 수익이 가장 저조하고, 9~10월도 별로 수익이 높지 않았다. 이걸 알아내는 데 겨우 5분이 걸렸다. 결론적으로 그 사람의 주장은 틀렸다. "그런데 그 사람은 왜 그런 주장을 했을 거 같아?" 나는 엄마에게 질문했다.

엄마는 "그런 식으로 사람들에게 매수, 매도를 의도해서 수수료 받으려고?"라고 이야기했다. 엄마 같은 일반인들이 금융회사에서 일하는 사람들에 대해 대체로 어떻게 생각하는지 엿볼 수 있는 대답이었다.

엄마의 생각이 맞을 수도 있지만 나는 그런 나쁜 의도를 가정하고 싶지는 않다. 내 생각에는 몇 년 전 다른 사람이 그때 9~10월에 배당주가 많이 오른 것을 보고서 "9~10월에 배당주가 많이 오른다"라고 주장했고, 그 뒤 다른 사람들은 아무 생각 없이 그 주장을 베껴 썼을 가능성이 크다고 본다. 그 사람들은 5분 시간을 내서 백테스트를 해볼 생각을 하지 않은 것이다.

'9~10월에는 배당주가 좋다' 같은 미신들이 금융시장에는 무수히 많다. 그래서 누구의 말이라도 곧이곧대로 받아들이지 말고, 주식시장에서 수익이 난다는 모든 주장을 무조건 직접 백테스트할 필요가 있다. 강환국이 백테스트를 했다고 주장하는 내용도 절대로 믿지 말고 직접 백테스트하는 것을 생활화해야 한다. 요즘 훌륭한 소프트웨어가 아주 많다.

"금융시장뿐만 아니야. 건강 상식 같은 것도 헛소문이나 미신이 많아. 과학적 근거가 없고 백테스트 결과도 없어"라고 엄마가 덧붙였다.

사실 의학 상식도 백테스트의 결과가 아니면 믿으면 안 된다. '설탕이 몸에 나쁘다'는 주장을 하려면, 수천 명의 사람들에게 설탕을 먹인 다음 통계적으로 건강에 미치는 영향을 분석해 봐야 한다. 그래야 유의미한 결론이 나온다. 그리고 통계적으로 유의미한 정도의 샘플을 갖고 분석한 결과가 아니면 모두 미신이라고 보는 것이 옳다. 그렇게 검증되지 않은 미신은 의료계 등 여러 분야에 많겠지만, 투자에는 특히 많다.

계량화가 가능한 모든 것은 백테스트를 해봐야 한다. 전문가라고 불리는 사람들, 주식투자로 실제로 돈을 많이 번 사람들 중에서도 틀린 말을 하는 경우가 많다. 방금 다비스 이야기에서도 엿보지 않은가.

또 하나의 예를 들면, '금리가 오르면 주식에 나쁘다'는 설도 있는데, 물론 그럴 때도 있지만 그렇지 않은 사례도 아주 많다. 한국은행, 미국 연준 등에 수십 년, 아니 수백 년어치의 금리 데이터가 쌓여 있다. 주가지수 데이터도 마찬가지다. 그 데이터를 다운로드 받으면 실제로 금리가 오를 때 주가지수가 어떻게 움직였는지 찾아볼 수 있다. 자료를 확인해 보면 금리가 오를 때 주식시장이 하락한 경우도 분명히 있었지만 그렇지 않은 경우도 매우 많았다는 것을 금방 알 수 있다.

그런데 전문가라는 사람들이 보통 본인이 하고 싶은 말을 하기 위해 본인 주장에 맞는 데이터만 들고 와서 근거로 제시하는 경우가 정말 많다. 그래서 백테스트를 하는 습관이 중요하다. 그래야 저 사람이 진실을 말하는지 아닌지 밝힐 수 있기 때문이다.

엄마는 이렇게 말했다. "백테스트를 안 하면 내공이 쌓이지 않겠네. 갈대처럼 휘둘리다가 결국 비빔밥 만들게 되겠어."

이 검증 작업은 오래 걸리지 않는다. 데이터를 다운로드 받아서 검증하는 데까지는 보통 5~10분도 안 걸린다.

엄마는 이런 명언을 남겼다.

"이제부터 백테스트를 사랑하기로 했어요!"

지금까지 우리는 개별주 투자를 하면서 아래 기업들의 수익이 높다는 것을 배웠다.

### 1. 매출액, 매출총이익, 영업이익, 순이익 성장률이 높은 기업
### 2. 저평가된 기업(P 지표들이 낮은 기업)

그렇다면 두 조건을 다 충족하는, 성장률도 높은데 아직 저평가된 '성장가치주'가 상당히 괜찮은 투자대상일 것이라고 추정할 수 있다. 예를 들면 PER, PBR이 낮고 영업이익, 순이익 성장률이 높은 기업에 투자한다면 어떨까?

좋은 결과가 나온다. 여기서도 지표를 각각 1개씩 섞어도 되고, 2개, 3개씩 섞어도 얼추 비슷한 결과가 나온다. 다음 시간까지 성장 지표와 가치 지표를 섞은 전략을 만들어 오라고 엄마에게 숙제를 내줬다.

# 돈 버는 게 목표라면 우량주는 몰라도 된다

**주의**: 이 파트는 난이도는 높은데 돈을 버는 것이 목표라면 몰라도 된다!

놀랍게도 퀀트 투자에서는 우량주를 사지 않아도 돈을 버는 데 지장이 전혀 없다. 성장하고 있으면서 저평가되어 있는 소형주를 사면 충분하다. 그러나 엄마뿐만 아니라 '우량주'가 도대체 무엇인지 궁금한 투자자도 많을 것 같아서 이 내용을 책에 실었다.

정말 중요한 건, '대형주=우량주'라는 공식이 틀렸다는 것이다. 이 파트에서 이것만 기억해도 독자 여러분은 앞으로 큰 손실을 여러 번 피해갈 수 있을 것이다.

"유튜브를 보면 '우량주'라는 개념이 자주 나오더라고. 저평가주, 성장주는 이제 뭔지 알겠는데, 우량주가 뭐야? 늘 궁금했어"라고 엄마가 질문했다.

사실 '우량주'는 설명하기 어렵고 좀 애매모호한 개념이다. "우량주가 어떤 주식일 거 같아?"라고 내가 역질문을 날렸다. "성장가치주는 성장하면서 저평가된 주식인데, 우량주는 성장은 하는데 고평가된 주식인가?" 엄마가 답했다.

우량주는 가치평가와는 관계가 전혀 없다. 기업 자체에 집중해서, 통상적으로 '경쟁우위가 있고', '경영진이 우수한', '퀄리티 높은' 기업을 우량주라고 한다(벌써 좀 애매모호하지 않은가?) 그렇다면 어떤 기업이 질이 좋을까? 내가 분석하는 기업이 명품 기업인지 분석하려면 여러 차원에서 접근해야 한다.

## ① 성장하는 기업

우리가 지금까지 언급한 '매출과 이익의 성장'도 우량주의 중요한 요소라고 볼 수 있다. 작년보다 더 많이 팔고, 더 많은 이익을 남기면 우량주다.

**지표**: 매출, 매출총이익, 영업이익, 순이익 성장률 등

## ② 수익성

투자한 금액 대비 수익을 얼마나 냈는지 분석하는 지표들이다. 워런 버핏이 투자할 때 제일 중요하게 여기는 지표이기도 하다.

치킨집 A, B가 있는데 둘 다 순이익 1억 원을 번다. 그런데 A는 주인이 1억 원을 투자했고 B는 10억 원을 투자했다. 어떤 치킨집이 더 좋은 집인가? 당연히 A 치킨집이다. 투자 대비 달성한 이익이 더 높기 때문이다. 이를 '수익성이 높다'라고도 한다.

기업의 수익성을 측정하는 지표로는 ROE, ROA 같은 지표가 널리 알려져 있으며, GP/A, GP/E 같은 지표도 있다. 또한 매출 대비 얼마나 이익을 남겼는지 측정하는 지표들도 있다. 많이 들어본 듯한 용어인 영업이익률, 순이익률 등이 여기에 포함된다.

**지표**: ROE, ROA, GP/A, GP/E, 매출총이익률(GPM), 영업이익률(OPM), 순이익률(NPM)

### ③ 안정성

돈을 곧잘 버는 기업이라도 경기가 나쁘고 매출이 부진한 시기에 파산해 버리면 투자자에게 좋을 것이 없다. '망할 확률이 낮은' 기업의 안정성은 어떻게 특정할까?

보통 부채비율, 차입금 비율 등으로 '가진 자산 대비 빚이 얼마인가?'와 기업의 수익 여부 및 방향성 등을 주요 지표로 삼는다. 번 돈으로 빌린 돈의 이자와 원금을 제때 갚을 수 있다면 그 기업은 안전하다.

**지표**: 부채비율, 차입금 비율, 영업이익 · 차입금 성장률 등

### ④ 변동성

이익 폭이 덜 흔들리고, 주가도 덜 움직이는 기업을 통상적으로 우량주라고 한다.

**지표**: 베타, 이익 변동성, 가격 변동성 등

### ⑤ 배당성향

기업이 벌어들인 수익에서 배당을 많이 주는지도 본다. 통상적으로 자금을 유보하는 기업보다 배당을 더 많이 주는 기업의 주식 수익률이 더 높다.

**지표**: 배당성향(배당/순이익) 등

## 6 효율성

투입한 자금 대비 매출을 얼마나 일으키는지 측정하는 지표들이다. 두 사람이 각각 1억 원이란 돈을 투입해서 사업을 시작했는데 A는 첫해 매출이 10억 원이고 B는 1억 원밖에 안 된다면, 이익이 어느 정도 보장된다는 가정하에 A가 사업을 더 잘했다고 볼 수 있다.

**지표**: 자산회전율 등

이렇게 봐도 초보자들은 이게 무슨 말인지 알기 어렵다. "그렇다면, 이 6개 분야의 지표를 각각 확인해서 평균을 내야 하나?"라고 엄마가 질문했다.

우량주 지표를 분석할 때도 10분위 테스트를 통해 모든 지표들을 분석하는 것이 좋다. 그런데 퀀트 투자를 가르치다 보니 가치주와 성장주의 개념도 헷갈리는 사람이 의외로 많았다. 그래서 설명하기 어렵고 재무제표와 기업경영에 대한 이해가 상당히 있어야 하는 우량주 얘기는 최근 들어 잘 안 꺼내는 편이다.

**가장 중요한 것은 '성장+가치주 투자'와 '성장+우량+가치주 투자'의 수익률 차이가 거의 없다는 점이다. 따라서 굳이 우량주가 무엇인지 정확히 몰라도 돈 버는 데 지장이 전혀 없다.**

제일 안타까운 점은, 수많은 투자자가 '우량주=대형주'라고 혼동하고 있다는 점이다. 안타깝게도 대형주 중에서도 비우량주, 아니 아예 쓰레기 같은 기업도 매우 많다.

**대형주라고 해도 앞서 설명한 지표가 형편없으면 비우량 잡주고, 소형주라 해도 앞서 설명한 지표가 훌륭하면 우량주다. 우량주와 시가총액은 관계가 전혀 없다.**

그런데 대부분은 우량주와 대형주를 구분하지 못하고 대형주면 막연히 우량주라고 착각하는 경우가 많다. 엄마가 적절한 비유를 찾아냈다. "사람을 외모만 보고 평가하는 것과 똑같네. 또는 사람의 한 면만 보고 그 사람의 성격이나 인성을 짐작하는 거랑 비슷하네."

그래서 사실 나는 우량주라는 단어를 별로 안 좋아한다. '우량주 =대형주'라는 잘못된 공식이 너무 널리 퍼져 있기 때문이다. 그리고 앞서 소형주를 연구하면서 이미 공부했지만, 대형주 투자는 대부분 수익률이 저조하다.

'우량주 지표를 몰라도 돈 버는 데 지장이 없다'고 했는데, 10분위 테스트를 하면 대부분 우량주 지표와 주식의 수익은 비례하지 않는다는 것을 알 수 있다. 예를 들면 ROE가 높은 기업은 우수한 기업임은 틀림없다. 그런데 ROE가 높은 기업의 주식 수익률이 평균보다 그다지 높지 않다는 것을 볼 수 있다. 또한 영업이익률도 기업경영에는 분명히 중요한 지표이나 이 지표가 우수한 기업에 투자해서는 초과수익을 내기 어려웠다.

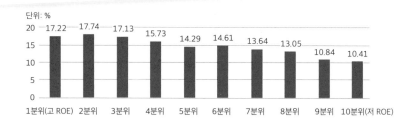

한국 ROE 10분위 결과(2003~2022)

단위: %

| | 1분위(고 ROE) | 2분위 | 3분위 | 4분위 | 5분위 | 6분위 | 7분위 | 8분위 | 9분위 | 10분위(저 ROE) |
|---|---|---|---|---|---|---|---|---|---|---|
| | 17.22 | 17.74 | 17.13 | 15.73 | 14.29 | 14.61 | 13.64 | 13.05 | 10.84 | 10.41 |

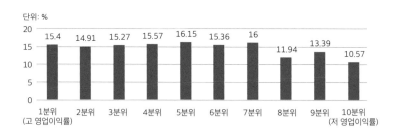

한국 영업이익률 10분위 결과(2003~2022)

단위: %

| | 1분위(고 영업이익률) | 2분위 | 3분위 | 4분위 | 5분위 | 6분위 | 7분위 | 8분위 | 9분위 | 10분위(저 영업이익률) |
|---|---|---|---|---|---|---|---|---|---|---|
| | 15.4 | 14.91 | 15.27 | 15.57 | 16.15 | 15.36 | 16 | 11.94 | 13.39 | 10.57 |

1분위 수익이 10분위보다 높긴 한데, '평균' 기업인 5분위 수익과 별 차이가 없다. 따라서 이 지표들은 유효성이 많이 떨어지는 편이다.

이래서 10분위 테스트가 매우 중요하다. 영업이익률은 '영업이익/매출액'으로, 기업 운영에서는 매우 중요한 지표임이 틀림없다. "저 기업의 마진이 얼마나 될까?"라는 말을 들어보지 않았는가? 그 '마진'이 영업이익률 또는 순이익률을 의미하는 것이다. 1만 원짜리 치킨을 팔았는데 영업이익이 300원이 남는지, 500원이 남는지는 기업 운영에 매우 중요하다.

그러나 이 지표가 높은 기업에 투자해도 초과수익을 낼 수는 없었다. 10분위 테스트를 해보지 않은 대부분의 투자자는 '영업이익률이 높은 기업이 좋은 기업이니까 주식 수익률도 당연히 높겠지'라고 막연하게 생각하고 영업이익률이 높은 주식을 사는 우를 범할 수 있다. 따라서 모든 지표의 10분위 테스트를 꼭 직접 해봐야 한다.

우리가 우량주에 대해서 꼭 알아야 할 내용은 아래와 같다.

**1. 우량주 지표 중 주식 수익률과 연결되지 않는 지표도 많다.**

**2. 대형주는 우량주가 될 수 있으나 모든 대형주가 우량주라고 생각하는 것은 큰 착각이다.**

## 강환국이 보는 가치투자의 문제점

아마 '가치투자'라는 단어를 자주 들어봤을 것이다. 가치투자는 벤저민 그레이엄(Benjamin Graham)이 만들고 워런 버핏이 사용해서 큰 자산을 축적한 방법이다. 가치투자자는 주식은 기업의 일부이고, 주가는 기업가치보다 훨씬 낮아지거나 훨씬 높아질 수 있는데, 주가가 기업가치보다 낮을 때 매수하고 주가가 기업가치보다 높을 때 매도하면 높은 수익을 낼 수 있다고 주장한다. 여기까지는 쉽게 반박할 수 없을 것이다.

그런데 기업가치란 무엇인가? **'기업이 벌어들일 미래 현금흐름의 현재 가치'**이다. 아쉽게도 대부분 기업은 미래 현금흐름을 예측하기가 매우 어렵거나 불가능하다. 심지어 워런 버핏도 주주서한에서 "극히 일부 기업의 현금흐름만 어느 정도 예측이 가능하며, 대부분 기업은 이런 전망이 불가능하다. 그러나 나는 어떤 기업이 가능하고 어떤 기업이 불가능한지 꽤 잘 아는 편이다"라고 서술한 바 있다.

워런 버핏도 이런데 강환국은 어떨까? 미래 현금흐름을 전망할 수 있는 기업이 단 한 개도 없다. 그리고 이런 전망을 하고 싶은 의지도 전혀 없다. 왜 내가 농심이나 롯데칠성이 내년, 내후년, 그 후에 얼마를 벌지 추정하고 분석해야 하는가?

이걸 피하고자 퀀트 투자자는 주식투자에 도움이 되는 지표를 찾아내고, 한국 2,000개 기업의 지표 순위를 매겨서 그 순위가 높은 기업의 주식을 매수한다.

일반인이 듣기에는 가치투자자들이 기업을 잘 알고 산업 분석, 경쟁기업 분석, 매크로 분석까지 하기 때문에 지표 몇 개 보고 주식을 사는 퀀트 투자자들보다 더 스마트한 지식인처럼 보인다. 그러나 몇 개 지표만 보고 투자하는 퀀트 투자자들의 수익이 가치투자자보다 오히려 훨씬 높다. 위대한 가치투자자라고 추앙받는 사람들의 연복리 수익률이 15~30%인데, 그냥 저 PER, PSR 소형주만 사도 그보다 훨씬 더 높은 수익을 낼 수 있지 않은가?

그래서 퀀트 투자자는 가치투자자를 보고 '비퀀트치고는 꽤 투자를 잘하긴 하지만, 쉽게 돈 버는 길이 있는데 굳이 어려운 길을 가는 안타까운 사람들'이라고 평한다.

이제 성장하는 주식, 저평가된 주식, 우량한 주식이 무엇인지 모두 다뤘다. 오늘의 숙제는 두 가지다.

### 숙제 1. 퀀터스에 있는 100개 팩터 전부 10분위 테스트 돌리기

일단 무식하게 모든 팩터를 다 분석해 봐야 어떤 팩터가 유효한지 감이 온다. 원칙적으로는 한국, 미국 두 나라에서 동시에 통하는 지표가 강력한 지표다. 2023년 중국 데이터까지 추가된 후 거기서도 통하는 지표면 금상첨화다. 그 지표들은 인류 공통으로 유효한 강력한 원인이 있을 가능성이 매우 크다. 특정 시장에서만 통하는 지표라면 우연히 그 시장에서만 통했을 가능성이 있다.

### 숙제 2. 좋은 팩터 여러 개로 백테스트 돌려서 전략 만들어오기

숙제 1에서 얻은 지표를 바탕으로 괜찮은 전략을 만들어볼 수 있다. 숙제를 하기 전 엄마가 질문했다. "퀀터스에서 '가중치'가 의미하는 게 뭐야?"

# 팩터 선택 – 가중치

**가치 팩터 (Price 관련)**

☑ 시가총액 ⑦　☑ PER ⑦　☑ PBR ⑦　☑ PSR ⑦　☑ POR ⑦

☑ PCR ⑦　☑ PFCR ⑦　☑ PRR ⑦　☑ PGPR ⑦　☑ PEG ⑦

☑ PAR ⑦　☑ PACR ⑦　☑ NCAV ⑦　☑ 배당수익률 ⑦　☑ 주주수익률 ⑦

| PER 가중치 | PBR 가중치 | PSR 가중치 |
|---|---|---|
| 1 | 1 | 1 |
| 상위　하위 | 상위　하위 | 상위　하위 |
| 0 ~ 100 까지 입력할 수 있습니다. | 0 ~ 100 까지 입력할 수 있습니다. | 0 ~ 100 까지 입력할 수 있습니다. |

'팩터 선택'에서 팩터에 체크를 하면 위 박스와 같은 가중치 화면이 생성된다. 여기서 팩터별로 비중을 다르게 설정할 수 있다.

나는 각 지표의 비율을 동일하게 '1'로 설정하는 것을 권장하긴 하는데, 특정 팩터의 비중을 올리고 싶으면 그렇게 할 수도 있다.

"가중치를 다르게 하면 결과가 다르게 나오나?"라고 엄마가 되물었다. 학교에서 수학과 영어 시험을 보는데, 전교 1등을 정할 때 영어 가중치를 2, 수학 가중치를 1로 정했다면 수학보다는 영어 잘하는 학생의 종합 순위가 유리하게 나온다. 이처럼 퀀터스에서도 특정 지표의 비중을 높이면 똑같은 효과가 생긴다.

엄마가 괜찮은 전략을 만들어 올까?

## 8교시 숙제

▶ **8교시 내용 복습**

　– 저평가 지표 알아두기

▶ 퀀터스에 있는 100개 팩터 전부 10분위 테스트 돌리기

▶ 좋은 팩터 여러 개로 백테스트 돌려서 전략 만들어오기

　(성장 지표, 가치 지표를 섞은 전략 만들어오기)

# 새로 만들어본 전략의 성과는?

다음 주 우리는 다시 만났다. "그래서, 전략 좀 만들어봤어?" 내가 묻자 엄마는 열심히 만든 전략을 나에게 보여줬다.

엄마는 10분위 테스트를 통해 어떤 지표가 한국과 미국 시장에서 잘 통하는지 분석하고 그 지표를 통해 아래 전략을 만들었다. 모든 전략은 기본 필터(7대 사회 악 필터)와 소형주 하위 20% 필터를 적용한 전략이다.

## 엄마가 만든 전략들

| 번호 | 포함한 지표 | 2003~2022년 연복리 수익률 (%) |
|---|---|---|
| 1 | PER, PBR, PSR | 39.9 |
| 2 | POR, PRR, PAR | 34.2 |
| 3 | PER, PBR, POR | 42.0 |
| 4 | PER, PBR, PRR | 35.3 |
| 5 | 순이익 성장률(YoY), 영업이익 성장률(YoY), 매출총이익 성장률 (YoY) | 50.6 |
| 6 | PER, PBR, 영업이익 성장률, 매출총이익 성장률(YoY) | 48.0 |
| 7 | PBR, POR, 순이익 성장률, 영업이익 성장률(YoY) | 47.0 |
| 8 | PRR, 순이익 성장률(YoY), 영업이익 성장률(YoY) | 39.5 |

이거 말고도 전략이 몇 개 더 있었지만 성과가 별로 좋지 않아서 생략했다.

1주일이나 시간이 있어서 1만 번 정도는 백테스트를 해봤을 줄 알았는데 겨우 20~30번 정도밖에 안 해서(?) 조금 실망스럽기는 하지만 일단 설명에 들어갔다.

1~4번 전략은 저평가 팩터(P 가족)만 활용해서 만든 전략으로, 정말 싸고 저평가된 기업을 사는 전략들이다.

5번은 오로지 성장 지표만 포함한 전략이다.

6~8번은 저평가, 성장 지표 둘 다 포함한 전략이다.

엄마가 "너는 이 중 어떤 걸 추천해?"라고 물었다. 나는 사실 저평가 지표만 사용한 전략들, 성장 지표만 사용한 전략들, 가치와 성장지 표를 같이 사용한 전략들 세 가지 다 좋다고 본다.

**1. 저평가주**
**2. 성장주**
**3. 둘을 절충한 성장가치주**

모두 괜찮은 전략이므로 결국 가치냐, 성장이냐의 선택인데 이는 사람 스타일마다 다르다. 저평가 주식을 선호하는 사람도 있고, 성장에 열광하고 저평가 지표는 덜 보는 투자자도 많다. 이건 정말 답이 없는 질문이다. 세 방법 모두 수익은 얼추 비슷하다.

나는 개인적으로 두 가지 모두를 어느 정도 충족하는 성장가치주를 선호한다. 어렸을 때는 그레이엄의 영향을 많이 받아 저평가 주식을 선호했는데 이제는 성장도 중요시한다.

내 의견을 말하자 엄마도 나랑 같은 스타일로 하겠다고 이야기했다. "음, 그럼 나도 그렇게 할래. 성장가치주 전략인 6~8번 중 연복리 수익률이 가장 높은 6번 전략으로 하자."

오케이, 나쁘지 않아 보인다. 매우 보편적인 가치 지표 2개, 성장 지표 2개로 만들어진 전략이다. 엄마 이름을 따서 임희숙 전략(엄마 전략)이라고 부르겠다.

**투자전략**

## 임희숙 전략

1. 소형주(시가총액 하위 20%)
   - 기본 필터 모두 적용
2. PER, PBR, 매출총이익 성장률(YoY), 영업이익 성장률(YoY) 4개 지표의 각 순위 계산
3. 4개 지표의 평균 순위 계산
4. 평균 순위가 우수한 20개 종목에 투자
5. 분기 1회 리밸런싱

전략을 위와 같이 정리했으니, 이제는 백테스트를 통해 이 전략을 분석해 보자.

# 임희숙 전략 한국 백테스트 결과

## 한국 백테스트 결과

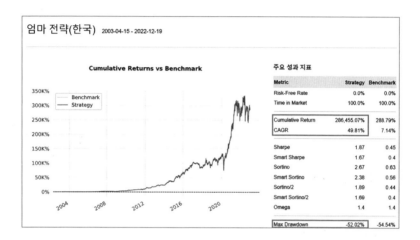

엄마 전략(한국) 2003-04-15 - 2022-12-19

**Cumulative Returns vs Benchmark**

주요 성과 지표

| Metric | Strategy | Benchmark |
|---|---|---|
| Risk-Free Rate | 0.0% | 0.0% |
| Time in Market | 100.0% | 100.0% |
| Cumulative Return | 286,455.07% | 288.79% |
| CAGR | 49.81% | 7.14% |
| Sharpe | 1.87 | 0.45 |
| Smart Sharpe | 1.67 | 0.4 |
| Sortino | 2.67 | 0.63 |
| Smart Sortino | 2.38 | 0.56 |
| Sortino/2 | 1.89 | 0.44 |
| Smart Sortino/2 | 1.69 | 0.4 |
| Omega | 1.4 | 1.4 |
| Max Drawdown | -52.02% | -54.54% |

연복리 수익률(CAGR)이 49.8%로, 20년 동안 이 전략으로 투자했으면 총수익(Cumulative Return)이 286,455%로 원금이 2,865배가 되었을 것이다. 그런데 MDD가 52%나 된다.

## 최근 1, 3, 5, 10년간 수익률

| | 엄마 전략 | 벤치마크 |
|---|---|---|
| 1Y | 5.9% | -22.05% |
| 3Y (ann.) | 32.55% | 2.31% |
| 5Y (ann.) | 27.62% | -1.04% |
| 10Y (ann.) | 31.74% | 1.64% |
| All-time (ann.) | 49.81% | 7.14% |

최근 20년간 수익률은 높았는데 최근엔 어땠을까?

최근 1, 3, 5, 10년 동안 벤치마크인 코스피 수익률이 매우 저조했는데도 불구하고 엄마가 만든 전략의 수익률은 매우 높았다. 최근에도 연 30% 정도의 초과수익을 꾸준히 유지하고 있다.

## 연별 수익

### EOY Returns vs Benchmark

| Year | Benchmark | Strategy | Multiplier | Won |
|------|-----------|----------|------------|-----|
| 2003 | 34.00% | 29.53% | 0.87 | - |
| 2004 | 10.51% | 37.64% | 3.58 | + |
| 2005 | 53.96% | 281.77% | 5.22 | + |
| 2006 | 3.99% | 48.25% | 12.08 | + |
| 2007 | 32.25% | 146.68% | 4.55 | + |
| 2008 | -40.73% | -25.03% | 0.61 | + |
| 2009 | 49.65% | 155.09% | 3.12 | + |
| 2010 | 21.88% | 69.24% | 3.16 | + |
| 2011 | -10.98% | 36.45% | -3.32 | + |
| 2012 | 9.38% | 70.59% | 7.52 | + |
| 2013 | 0.72% | 29.14% | 40.72 | + |
| 2014 | -4.76% | 53.14% | -11.16 | + |
| 2015 | 2.39% | 88.66% | 37.15 | + |
| 2016 | 3.32% | 40.21% | 12.11 | + |
| 2017 | 21.76% | -12.94% | -0.59 | - |
| 2018 | -17.28% | 11.57% | -0.67 | + |
| 2019 | 7.67% | 33.30% | 4.34 | + |
| 2020 | 30.75% | 61.76% | 2.01 | + |
| 2021 | 3.63% | 37.42% | 10.32 | + |
| 2022 | -21.01% | 1.49% | -0.07 | + |

2003, 2017년을 제외하고는 매년 벤치마크인 코스피지수보다 수익이 높았다. 2008, 2017년에는 손실이 발생했다.

## 고통스러운 순간

**Worst 10 Drawdowns**

| Started | Recovered | Drawdown | Days |
| --- | --- | --- | --- |
| 2008-06-12 | 2009-04-09 | -52.02% | 301 |
| 2020-01-20 | 2020-06-05 | -43.60% | 137 |
| 2018-05-16 | 2019-04-08 | -27.86% | 327 |
| 2022-06-07 | 2022-12-19 | -27.76% | 195 |
| 2021-07-16 | 2022-03-23 | -22.24% | 250 |
| 2019-04-15 | 2019-11-04 | -22.09% | 203 |
| 2017-02-02 | 2018-04-30 | -21.22% | 452 |
| 2011-08-02 | 2011-10-27 | -20.83% | 86 |
| 2006-05-16 | 2006-11-01 | -19.29% | 169 |
| 2007-09-18 | 2008-05-07 | -18.01% | 232 |

이 전략도 2008~09년에 반토막이 났고, 20% 정도의 손실은 총 8번 있었다. 즉, 2.5년에 한 번은 포트폴리오가 20% 이상의 손실을 겪었다는 뜻이다.

## 월별 수익

| | JAN | FEB | MAR | APR | MAY | JUN | JUL | AUG | SEP | OCT | NOV | DEC |
|---|---|---|---|---|---|---|---|---|---|---|---|---|
| 2003 | 0.00 | 0.00 | 0.00 | 3.20 | 6.68 | 1.31 | 0.39 | 8.10 | -3.41 | -1.59 | 2.61 | 9.72 |
| 2004 | -2.20 | 3.46 | 4.81 | -1.60 | -0.15 | -1.40 | 2.08 | 4.69 | 3.03 | 5.60 | 11.36 | 3.47 |
| 2005 | 27.47 | 35.48 | -3.54 | 1.37 | 9.50 | 6.08 | 19.51 | 0.22 | 18.78 | 13.56 | 15.95 | 3.91 |
| 2006 | -2.02 | 1.81 | 2.57 | 8.48 | -4.29 | -2.94 | -1.69 | 10.58 | 0.03 | 5.79 | 14.32 | 9.32 |
| 2007 | 4.21 | 26.79 | 10.59 | 11.85 | 15.97 | -0.95 | 14.33 | 10.43 | 14.21 | -4.51 | -5.46 | 0.94 |
| 2008 | -4.66 | 8.22 | -0.92 | 7.01 | 5.93 | -2.52 | -3.08 | -7.73 | -5.82 | -28.49 | -4.26 | 15.11 |
| 2009 | 13.06 | 3.71 | 15.44 | 32.07 | 17.68 | -4.20 | 11.62 | 3.52 | -0.80 | -3.91 | 6.83 | 7.57 |
| 2010 | -2.64 | 6.27 | 20.44 | 8.42 | -7.11 | 0.62 | 11.42 | 2.11 | 4.32 | 10.59 | -4.92 | 7.41 |
| 2011 | 1.40 | 0.79 | 8.88 | 5.18 | -7.66 | 1.20 | 16.00 | -3.65 | -9.44 | 16.64 | -0.82 | 6.55 |
| 2012 | 7.03 | 31.58 | -1.23 | -8.41 | 0.26 | 5.86 | -0.27 | 13.42 | 9.29 | -1.26 | 2.13 | 1.21 |
| 2013 | 2.31 | 9.80 | 7.88 | 3.26 | 4.92 | -9.19 | 6.23 | 2.17 | 2.90 | -0.80 | -1.29 | -0.95 |
| 2014 | 0.62 | 17.18 | 1.23 | 11.49 | 8.43 | -1.65 | 9.91 | 2.40 | 1.44 | -3.53 | -1.17 | -0.86 |
| 2015 | 5.91 | 19.92 | 7.28 | 6.73 | -4.07 | 9.33 | -1.86 | -2.22 | 0.72 | 11.11 | 6.63 | 8.04 |
| 2016 | -4.76 | -0.44 | 10.41 | 6.17 | 1.23 | -0.60 | 7.06 | -1.50 | 10.31 | -3.84 | 6.84 | 4.89 |
| 2017 | 6.19 | -4.32 | 1.31 | -1.41 | 2.82 | -1.93 | -4.74 | 0.53 | -11.39 | 0.74 | -0.19 | -0.28 |
| 2018 | 10.15 | -3.40 | 5.57 | 9.90 | 4.32 | -8.25 | -2.81 | 6.16 | 1.07 | -15.32 | 4.90 | 1.93 |
| 2019 | 12.45 | 3.44 | 1.79 | 2.91 | -6.59 | 3.54 | -8.62 | 4.06 | 6.45 | 2.26 | 1.95 | 7.18 |
| 2020 | -2.34 | -5.34 | -15.52 | 19.15 | 6.50 | -1.63 | 10.08 | 9.71 | 6.76 | 7.23 | 8.81 | 10.31 |
| 2021 | 3.55 | 4.16 | 12.08 | 13.01 | 5.37 | 6.83 | -3.52 | -4.45 | 2.40 | 2.17 | -18.73 | 13.99 |
| 2022 | -2.86 | 4.52 | 12.20 | -0.26 | -0.36 | -14.16 | 6.10 | 1.14 | -15.99 | 12.17 | 7.18 | -3.64 |

월별 수익을 살펴보면 한 달 만에 5%, 10% 하락한 구간도 비일 비재하다.

## 임희숙 전략 미국 백테스트 결과

이 전략을 미국에서 사용했다면 어땠을까? 이번에는 미국 백테스트 버전을 살펴보자.

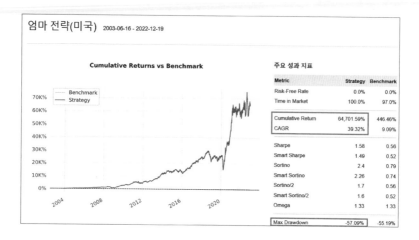

엄마 전략(미국) 2003-06-16 - 2022-12-19

연복리 수익률(CAGR)이 39.3%, 20년 동안 이 전략으로 투자했으면 총수익(Cumulative Return)이 64,702%로 원금이 647배가 되었다. 한국보단 좀 못하지만 이 정도도 대단한 수익이다.

그런데 MDD는 57%다. 한국보다도 더 높다.

## 최근 1, 3, 5, 10년간 수익

|  | 엄마 전략 | 벤치마크 |
|---|---|---|
| 1Y | 11.84% | -16.02% |
| 3Y (ann.) | 36.56% | 7.67% |
| 5Y (ann.) | 21.7% | 9.15% |
| 10Y (ann.) | 25.93% | 12.25% |
| All-time (ann.) | 39.32% | 9.09% |

최근 20년간 수익은 좋았는데 최근엔 어땠을까?

엄마가 만든 전략은 미국에서도 최근 1, 3, 5, 10년 동안 벤치마크인 S&P500지수의 수익 대비 꾸준한 초과수익을 냈다.

## 연별 수익

### EOY Returns vs Benchmark

| Year | Benchmark | Strategy | Multiplier | Won |
|------|-----------|----------|------------|-----|
| 2003 | 10.70% | 106.80% | 9.98 | + |
| 2004 | 11.04% | 124.17% | 11.25 | + |
| 2005 | 5.17% | 27.24% | 5.26 | + |
| 2006 | 15.70% | 68.61% | 4.37 | + |
| 2007 | 5.49% | 30.92% | 5.63 | + |
| 2008 | -38.15% | -30.36% | 0.80 | + |
| 2009 | 29.40% | 209.21% | 7.12 | + |
| 2010 | 13.92% | 60.81% | 4.37 | + |
| 2011 | 2.42% | 4.10% | 1.69 | + |
| 2012 | 13.49% | 36.78% | 2.73 | + |
| 2013 | 33.92% | 84.09% | 2.48 | + |
| 2014 | 15.14% | 14.93% | 0.99 | - |
| 2015 | 1.24% | 3.02% | 2.43 | + |
| 2016 | 11.28% | 31.25% | 2.77 | + |
| 2017 | 21.72% | 36.56% | 1.68 | + |
| 2018 | -5.75% | -12.50% | 2.17 | - |
| 2019 | 32.05% | 17.15% | 0.54 | - |
| 2020 | 18.02% | 80.53% | 4.47 | + |
| 2021 | 29.71% | 27.64% | 0.93 | - |
| 2022 | -18.90% | 9.39% | -0.50 | + |

2014, 2018~2019년, 2021년에는 S&P500지수보다 수익률이 낮
았는데, 이를 제외하고는 매년 S&P500지수보다 수익이 높았다.
2008, 2018년에 손실이 발생했다.

## 고통스러운 순간

**Worst 10 Drawdowns**

| Started | Recovered | Drawdown | Days |
|---|---|---|---|
| 2008-06-18 | 2009-06-11 | -57.09% | 358 |
| 2018-09-04 | 2020-06-08 | -49.05% | 643 |
| 2011-07-22 | 2012-02-20 | -25.93% | 213 |
| 2022-08-17 | 2022-12-19 | -24.46% | 124 |
| 2015-10-27 | 2016-05-31 | -20.49% | 217 |
| 2021-11-12 | 2022-04-19 | -17.49% | 158 |
| 2022-05-06 | 2022-08-03 | -17.37% | 89 |
| 2005-03-08 | 2005-07-20 | -17.06% | 134 |
| 2012-05-02 | 2012-09-07 | -16.59% | 128 |
| 2007-11-01 | 2008-04-30 | -16.39% | 181 |

미국 성장가치주라도 망하는 구간이 없을 수는 없다. 이 전략도
2008~2009년과 2018~2020년에 반토막이 났고, 20% 정도의 손실은
총 5번 있었다. 즉, 4년에 한 번은 포트폴리오가 20% 이상의 손실을
겪었다는 뜻이다.

## 월별 수익

| | JAN | FEB | MAR | APR | MAY | JUN | JUL | AUG | SEP | OCT | NOV | DEC |
|---|---|---|---|---|---|---|---|---|---|---|---|---|
| 2003 | 0.00 | 0.00 | 0.00 | 0.00 | 0.00 | 1.76 | 8.13 | 22.23 | 4.42 | 10.18 | 18.07 | 13.19 |
| 2004 | 21.18 | -0.22 | 7.43 | 10.48 | 0.19 | 19.39 | 6.81 | -5.96 | 2.12 | 4.07 | 12.39 | 8.84 |
| 2005 | 0.58 | 6.71 | -5.09 | -7.49 | 3.42 | 6.36 | 7.43 | 5.50 | 0.08 | -1.95 | 4.54 | 5.56 |
| 2006 | 10.52 | 2.95 | 6.74 | 6.07 | -4.15 | 1.56 | 6.81 | 7.70 | 0.22 | 9.99 | 3.34 | 2.61 |
| 2007 | 1.34 | 3.23 | 2.07 | -1.18 | 8.22 | 0.05 | 2.27 | 0.08 | 6.00 | 15.70 | -7.82 | -0.97 |
| 2008 | -4.06 | 3.80 | 1.57 | 8.88 | 16.00 | -1.73 | -4.17 | 0.73 | -18.01 | -15.11 | -13.91 | -4.10 |
| 2009 | 6.07 | -14.69 | 34.70 | 34.57 | 0.96 | 18.06 | 14.66 | 6.32 | 17.31 | 1.19 | 5.51 | 3.59 |
| 2010 | -0.08 | 4.60 | 13.23 | 3.27 | -2.50 | -3.59 | 2.11 | -0.55 | 15.17 | 9.20 | 3.89 | 5.50 |
| 2011 | 16.97 | 0.47 | 5.68 | -2.39 | -4.71 | -1.18 | 6.62 | -12.45 | -8.90 | 9.58 | -2.78 | 0.65 |
| 2012 | 19.92 | 2.85 | 4.27 | 4.17 | -12.70 | 0.28 | 3.39 | 7.43 | 6.96 | -4.18 | 0.75 | 1.69 |
| 2013 | 12.06 | 3.93 | 6.69 | 0.91 | 2.45 | -1.94 | 15.93 | -3.61 | 10.29 | 9.03 | 7.09 | 1.55 |
| 2014 | 0.39 | 2.79 | 0.20 | -1.27 | 8.71 | 7.74 | -0.20 | 1.59 | -7.03 | 4.86 | -1.88 | -0.88 |
| 2015 | -2.65 | 9.97 | -1.97 | 8.10 | -3.22 | -2.45 | -4.58 | -1.10 | 2.76 | 7.14 | -5.69 | -1.83 |
| 2016 | -9.55 | 5.63 | 3.18 | 3.96 | 8.74 | -1.19 | 7.51 | -2.84 | 1.90 | 1.14 | 7.56 | 2.93 |
| 2017 | 8.23 | 1.00 | 1.39 | 1.14 | 5.59 | 1.04 | 1.36 | -2.07 | 7.25 | 1.09 | 3.93 | 2.09 |
| 2018 | -1.16 | -3.58 | 1.99 | 3.47 | 10.40 | 1.21 | 1.77 | 3.69 | -0.81 | -8.90 | -5.47 | -13.62 |
| 2019 | 8.72 | 4.52 | 2.16 | 0.82 | -3.69 | 0.86 | 0.87 | -11.19 | 6.99 | 1.04 | 2.42 | 3.87 |
| 2020 | 1.96 | -10.92 | -23.67 | 28.75 | 10.44 | 16.88 | 14.28 | 6.93 | -2.57 | -1.83 | 19.08 | 12.58 |
| 2021 | 11.46 | 16.32 | 1.34 | 0.02 | 1.67 | 2.13 | -5.13 | 1.63 | 0.01 | 0.87 | -5.08 | 1.32 |
| 2022 | -3.72 | 6.17 | 4.98 | 2.91 | 1.58 | -12.86 | 15.71 | 4.10 | -18.38 | 11.10 | 7.12 | -4.34 |

한 달 만에 10% 하락한 구간이 12번이다. 2008년에는 9~11월 석 달 연속으로 포트폴리오가 10% 이상 하락한 적도 있었다.

이 작업이 끝나자 엄마는 "이게 다야?"라고 물었다. 퀀트 투자가 이렇게 쉽다는 사실에 허탈한 느낌이었다. 아니, 나는 여기까지 가르 치기가 쉽지만은 않았는데?

사실 아직 다 끝나진 않았다. 전체 자산 포트폴리오를 구성하고, 실전 투자에 들어갈 일이 남았다. 그러나 엄마의 포인트는 이해한다. 나는 퀀트 투자는 2주면 초등학생에게도 충분히 가르칠 수 있다고

늘 말한다. 쉽게 배우고 엄청난 성과를 낼 수 있는데 아직도 비퀀트
투자를 하는 사람들을 이해하지 못하겠다. 비퀀트 투자자를 이해해
보려고 앞서 여러 가지 이유를 열심히 추측하긴 했으나, 사실 내 마
음속 깊은 곳에서는 절대로 납득이 안 된다. 이렇게 쉬운 퀀트 투자
를 왜 대부분 투자자들이 하지 않는지!

## 퀀트 투자 고수와 하수의 차이

퀀트 투자는 쉽다. 유치원생도 지표 몇 개 조합하면 워런 버핏의
수익률을 뛰어넘는 전략들을 만들어낼 수 있다. 그런데 이처럼 누구
나 쉽게 접근할 수 있는 퀀트 투자에도 고수와 하수가 있다. 퀀트 투
자에서 고수와 하수의 차이는 무엇일까?

'하수는 위기상황에서 전략을 지키지 못하고, 고수는 가능하다'
가 핵심이다.

예를 들면 엄마가 만든 임희숙 전략(한국)을 보면 연복리 수익률
은 거의 50%에 달한다. 그러나 최악의 구간에는 손실이 꽤 컸다는
사실을 알 수 있다.

# 최악의 손실 구간

## Worst 10 Drawdowns

| Started | Recovered | Drawdown | Days |
|---------|-----------|----------|------|
| 2008-06-12 | 2009-04-09 | -52.02% | 301 |
| 2020-01-20 | 2020-06-05 | -43.60% | 137 |
| 2018-05-16 | 2019-04-08 | -27.86% | 327 |
| 2022-06-07 | 2022-12-19 | -27.76% | 195 |
| 2021-07-16 | 2022-03-23 | -22.24% | 250 |
| 2019-04-15 | 2019-11-04 | -22.09% | 203 |
| 2017-02-02 | 2018-04-30 | -21.22% | 452 |
| 2011-08-02 | 2011-10-27 | -20.83% | 86 |
| 2006-05-16 | 2006-11-01 | -19.29% | 169 |
| 2007-09-18 | 2008-05-07 | -18.01% | 232 |

최근 20년간 반토막 난 구간이 2번, 최근 20년간 -20% 이상의 손실이 발생한 구간이 8번이나 있었다. 2~3년에 한 번 -20% 이상의 손실이 발생했다는 것이다.

따라서 전략의 전체 수익은 좋아도 중간에 박살 나는 구간이 자주 나오는데, 이때 하수는 대부분 전략을 포기한다. 내 수강생 중에도 -20%는 고사하고 -5% 손실이 났다고 패닉에 빠지는 경우가 매우 많다. 그런데 시뮬레이션을 돌려보면 -5% 손실은 2~3달에 한 번은 발생한다는 사실을 알 수 있다. 즉 2~3달에 한 번씩 전략을 포기하고 비퀀트 투자를 할 유혹에 빠진다는 뜻이다.

엄마는 전략을 버틴다는 게 무슨 뜻인지 물었다. "전략을 버틴다는 건 분기 리밸런싱을 하면서 그 전략을 꾸준히 20년 동안 실행하라는 말이야?"

그렇다. 기계적으로 전략을 20년 동안 실행해야, 분기마다 리밸런싱을 한다면 80번 리밸런싱을 했어야 연복리 수익률 50%를 낼 수 있다. 2~3개월 해보고 5% 손실이 발생했다고 전략을 그만두면 다음의 선택지밖에 남지 않는다.

**1. 투자 자체를 포기하면 0%를 벌 것이다.**
**2. 본인이 내키는 대로 투자를 하면 연복리 50%가 아니라 −50%와 근접할 수익을 낼 가능성이 훨씬 더 크다.**

고수는 퀀트 전략을 실행하고 수익이 안 나거나 손실이 발생하는 구간이 와도 허허 웃으면서 "아, 또 그때가 왔네"라며 버틴다. 하수는 처음 해보는 거니까 "이런! 역시 이 방법은 안 되는 거였어!"라며 전략을 포기하고 다른 방식으로 투자하거나 투자를 아예 포기할 가능성이 크다.

그럼 이렇게 버틸 수 있는 차이는 무엇일까? **'백테스트의 차이+투자 경험'**이라고 생각한다.

엄마는 자식에 대한 신뢰가 무한대이므로 내 전략을 그대로 따라할 수 있을 것이다. 그런데 대부분 사람들은 나에게 그만한 신뢰가 있을 수 없으므로 직접 연구를 해야 한다. 특히 '안 통할 때는 얼마나 깨지는가?', '얼마나 자주 그렇게 깨지는가?', '한 달 만에 몇 퍼센트

깨질 수 있는가?' 이런 걸 직접 연구해야지, 그냥 하라는 대로 어영부영 전략을 시작하면 시련이 오는 시기에 다 포기해 버리게 된다.

엄마는 이런 말을 남겼다. "백테스트라는 건 어렵다는 편견이 있는데, 퀀터스 같은 프로그램을 쓰니까 그렇지는 않아. 하지만 '남이 다 했는데 내가 왜 또 굳이 하냐?'라는 생각이 들어서 시간 낭비 같거든. 이걸 설득하는 게 중요하겠다. 심리적 편향 같은 말은 추상적이라 잘 안 먹혀. 심리적 편향 따위는 일반적인 성향일 뿐이고 대부분 사람은 '나는 안 그런데!'하고 끝나거든. 심리적 편향은 남에게만 적용된다고 착각하는 거지. 그런데 이건 이익과 직결되는 일이고, 내 주식투자 내공 쌓기의 핵심이기 때문에 꼭 필요한 작업이라고 설명해줘. 백테스트 100번 하는 게 중요하다고 간곡히 설명하는 게 정말 중요하네. 백테스트 없이는 열매가 안 나오잖아."

결국 퀀트 투자 고수가 되기 위해서는 직접 여러 번 백테스트를 해봐야 한다는 것을 강조하며 9교시를 마친다.

예습·복습

## 9교시 숙제

▶ 9교시 내용 복습

- 개별주 전략 완성하기
- 백테스트의 중요성을 알고 직접 해보기

# 10교시

"수업 끝! 이대로만 투자하면 되겠다!"

# 비퀀트 투자와 포트폴리오 구성

QUANT

# 비퀀트 투자도 하고 싶다면

이제 자산배분, 마켓타이밍, 개별주 퀀트 투자를 다루고 임희숙 전략도 만들었으니 마지막으로 종합 포트폴리오를 만들 차례다. 그러나 서비스(?)로 비퀀트 개별주 투자에 대해서도 설명하고 넘어가도록 하겠다.

살다 보면 퀀트 전략대로만 기계적으로 투자하지 않고, 특정 주식을 사고 싶다는 생각이 들 수 있다. 쇼핑을 갔는데 미친 듯이 잘 팔리는 물건이 있거나, 괜찮은 온라인 서비스를 이용하는데 내 주위 사람들도 하나둘씩 이 서비스를 이용하기 시작하고 있어서 이 회사가 잘될 것이라는 확신이 생길 수도 있다.

예를 들면 내 친구는 요가를 열심히 하는데, 2015년부터 룰루레몬이라는 회사가 엄청나게 잘될 것을 알고 있었다고 한다. 그런데 당시 그녀는 주식에 전혀 관심이 없어서 그 주식을 사지 않았다. 룰루레몬은 2015년부터 우리가 이 얘기를 나눈 2020년 중반까지 5배 이상 올랐다. 이런 식으로 우리는 일상생활 속에서 오를 주식을 찾을 수 있다.

나와 「삼프로TV」에서 방송을 같이했던 박근형 부장은 이렇게 말했다. "게임주에 관심이 생기면 실제로 게임을 열심히 해본다. 게임이 중독성이 있고 게이머들의 돈을 살살 빼오면 바로 그 기업이 돈을 잘 버는 기업이다." 박근형 부장은 게임 애널리스트나 게임 주식을 거래하는 펀드매니저 중 게임을 한 번도 안 해본 친구들이 태반일 테니, 게임을 열심히 하면(?) 회사 보도자료만 읽어보는 그들보다 앞서 나갈 수 있다고 여러 번 말했다. 이렇듯 세상을 잘 연구하면 이를 주식과 연관시켜서 돈을 벌 수 있다.

실제로 한국 투자자의 90% 이상은 비퀀트 방식으로 특정 개별주에 투자한다. 나는 이렇게 투자하는 것이 나쁘다고 생각하지 않는다. 우리는 일상생활을 하면서 충분히 투자 아이디어를 구하고 종목을 발굴할 수 있다. 신문을 보든, 쇼핑을 하든, 친구들을 만나서 이런저런 얘기를 하면서든 많은 영감을 받을 수 있다.

엄마가 반문했다. "그런데 너는 기업이 뭐 하는 곳인지는 전혀 안 보잖아. 수치만 보고."

그게 나에게 잘 맞는 방법이기 때문이다. 나는 세상이 어떻게 돌아가는지 관심이 없고, 어떤 기업이 무엇을 하는지에도 관심이 없고 최신 트렌드에는 더 관심이 없다. 그래서 나는 수치만 보는 퀀트 투자로 돈을 버는 것이다.


## 비퀀트 투자에서 가장 중요한 리스크 관리

그럼 스스로 판단했을 때 좋다고 생각하는 개별주 몇 개에 비퀀트 방식으로 투자할 때 가장 중요한 것은 무엇일까?

정답은 리스크 관리다. 내가 보기에는 무조건 이 게임, 이 옷이 잘 될 것 같은데 그 회사 주가는 떨어지는 경우가 비일비재하다. 이때

오기로 그 주식을 보유하면 안 된다. 내가 놓치는 지점이 있을 수도 있으니, 내 눈에는 이 회사의 주식이 너무 좋아 보여도 주가가 내려가면 내가 틀렸다고 인정하고 일단 손절하는 편이 좋다. 손절 후 나중에 재진입할 수도 있지 않은가?

많은 투자자가 투자금을 올인해서 1억 원을 5억 원으로 만든 후, 다음 투자에서는 5억 원을 올인해서 1억 원도 못 건지는 경우가 수두룩하다. 이걸 막아야 한다.

**개별주의 경우는 '어떤 종목을 사는가?'보다는 '어떻게 사고파는가?' 가 훨씬 더 중요하다. 개별주 투자에서 가장 중요한 룰은 '절대로 한 종목에서 총자산의 0.5~2% 이상을 잃지 마라'이다.**

여기서 엄마에게 퀴즈를 냈다. "자산이 1억 원일 때 총자산의 1% 이상을 잃지 않으려면 엄마가 발굴한 특정 종목에 투자할 수 있는 금액은 어느 정도일까?" 엄마는 "100만 원? 1%니까 한 종목에 100만 원만 투자하라는 거야?"라고 답했다.

틀렸다. 한 종목에서 잃는 금액이 100만 원을 넘지 말라는 것은 100만 원만 투자하라는 뜻이 아니다. 손절을 잘해야 한다는 이야기다. 예를 들어 1,000만 원을 투자하고 주가가 10% 하락할 때 손절하면 100만 원만 잃게 된다.

처음부터 100만 원만 투자하면 상장폐지를 당해도 100만 원만 잃기는 하지만, 주가가 올라도 큰 수익을 낼 수 없다. 그런데 1,000만 원을 투자한다면? 10% 하락 시 손절하면 최대 손실은 100만 원(총자산의 1%)이지만, 이 주식이 만약 50%, 100% 오른다면 수백만 원에서 잘하면 1,000만 원 이상의 꽤 큰돈을 벌 수 있다. 단, 꼭 손절을 활용해서 손실을 100만 원으로 제한해야 한다.

만약 5개 기업에 투자한다면 어떨까? 각 기업에 200만 원씩 투자하고 각각 10% 떨어지면 손절하겠다는 기준을 만들어야 한다. 최악의 경우 다섯 개 종목을 동시에 손절해도 100만 원, 총자산의 1%만 잃는다.

엄마는 "그럼 1억 원을 갖고 5개 종목을 사려고 하는데 한 종목에 겨우 200만 원을 투자하라는 거야?"라고 물었다.

예상했던 질문이다. 주식이 떨어지면 그 200만 원을 빠르게 손절하는데, 반대로 이 주식이 오르면 200만 원을 추가 베팅하면 된다. 이걸 '피라미딩(pyramiding)', '애드업(add-up)'이라고 한다. 한국에서는 '불타기'라는 표현을 쓰기도 한다. 일단 조금 사놓고 가격이 오르면 추가매수를 하는 기법을 뜻한다.

"퀀트 전략은 리스크 관리를 어떻게 하지? 손절하라는 말은 아직 못 들었는데?" 리스크 관리가 궁금해진 엄마가 물었다.

일단 퀀트 전략은 보통 20개 종목 정도로 분산투자를 하는데, 그런 전략도 MDD 50~60%를 피해 가기는 어렵다.

그런데 다시 한번 강조하지만 사람은 MDD가 20%를 넘어가면 본전 만회 심리 때문에 판단력이 망가지기 때문에 우리는 자산배분과 마켓타이밍을 통해 MDD를 낮추는 방법을 배웠다. 예를 들면 자산배분을 하고, 주식·채권·실물자산에 투자를 하되 주식 비중만 퀀트 개별주 전략에 투자하는 방법을 활용할 수 있다.

이야기를 듣던 엄마가 이런 말을 했다. "저런 게 복잡하니까 대부분 투자자가 퀀트를 복잡하다고 생각하겠다. 그래서 그냥 단순히 삼성전자 주식을 사는구나."

바로 그런 투자자들이 이 내용을 자세히 읽어봐야 한다. 퀀트 투자를 하지 않고 '좋아 보이는' 1~5개 종목에 투자하는 투자자들 말이다. 1억 원을 가지고 한 개 종목에 투자하는 예시를 다시 한번 요약하겠다.

**1억 원 중 1,000만 원어치 주식을 매수하고 다음과 같이 행동한다.**

- **시나리오 1**: 900만 원(-10% 하락)으로 떨어지면 손절(-100만 원 또는 자산의 -1% 손실)

- **시나리오 2**: 1,200만 원(10% 상승)으로 오르면 추가매수

  - 주식이 최고점 대비 10% 하락하면 전량 매도(매도 지점을 상향 조정)

  📖 1만 원에 최초 매수, 1만 2,000원에 추가매수한 뒤 매도 지점을 최고점인 1만 2,000 에서 10% 떨어진 1만 800원으로 조정

  - 추가매수 후 주식이 또 20% 오르면 다시 한번 추가매수

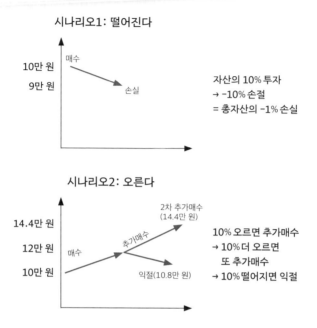

**총 자산 1억 원, 첫 매수 1,000만 원**

시나리오1: 떨어진다

10만 원
매수
9만 원
손실

자산의 10% 투자
→ -10% 손절
= 총자산의 -1% 손실

시나리오2: 오른다

2차 추가매수
(14.4만 원)
14.4만 원
12만 원
추가매수
매수
10만 원
익절(10.8만 원)

10% 오르면 추가매수
→ 10% 더 오르면
또 추가매수
→ 10% 떨어지면 익절

떨어지면 무조건 손절, 오르면 추가매수 및 매도 포인트 상향조정이 핵심이다.

# 2% 이내로 손실을 제한해야 하는 이유

여기서 '굳이 자산의 0.5~2%로 손실을 제한해야 하는가?'는 논의할 가치가 있다. 잭 슈웨거(Jack Schwager)의 『시장의 마법사들』등 유명 트레이더를 인터뷰한 책에는 성공한 투자자가 여러 명 등장하는데, **보수적인 트레이더는 한 번 거래에 자산의 0.5% 미만의 손실을 허용했으며, 공격적인 투자자도 2%를 넘은 경우는 아예 없었다!**

한 주식에 '몰빵'해서 한 번 깨지면 자산의 10%, 20%, 30%를 날리는 개미 투자자들이 비일비재한데, 세상에서 가장 위대한 투자자들이 어떻게 투자하는지 깊이 새겼으면 좋겠다.

다시 한번 강조하지만 '똘똘한 개별주'에 투자하는 것, 충분히 할 수 있다. 다만 틀릴 경우에 대비해야 한다. 그 종목이 좋아 보이는 것과 별개로, 하락할 때 내 총자산의 1% 이상을 잃지 말아야 한다.

엄마는 깨달음을 얻은 듯 이렇게 말했다. "그걸 안 해서 사람들이 망하는구나." 나도 그렇게 생각한다. 개별주 투자로 돈을 번 위너들은 실제로 저런 식으로 많이 투자한다. 루저들은 어떻게 할까? 1억 원이 있으면 1개 또는 5개 종목에 '몰빵'한다. 떨어지면 손절해야 하는데, 손절은 절대 안 한다. 오히려 어디선가 돈을 끌고 와서 추가 매수를 하는 경우가 대부분이다(이것을 물타기라고 한다). 많은 경우 오기와 자존심 때문에 빚까지 낸다.

그런데 이 주식이 매수 가격까지 돌아오면 좋지만 돌아오지 못하는 경우도 꽤 많다. 이 주식이 -70%까지 떨어지면 내 돈을 다 날리고 빚까지 갚아야 하는 꼴이 된다.

실제로 이렇게 물타기를 한 후 주식이 본전으로 돌아오는 확률은 꽤 높다. 10개 주식 중 7~8개 주식은 하락 후 다시 본전으로 돌아온다. 그런데 이런 식으로 '몰빵+손절 안함+물타기'를 계속 하다 보면 언젠가는 무조건 '안 돌아오는' 주식에 걸릴 수밖에 없다.

**하락한 10개 주식 중 7~8개는 다시 본전으로 돌아오지만**

**나머지 2~3개에 걸리면 전 재산을 날리게 된다.**

그런데 주식투자를 오래 하면 할수록 '안 돌아오는' 종목에 언젠가 걸릴 확률이 100%와 가까워진다. 그러니까 저 방법을 쓰는 사람은 언젠가는 다 망하는 것이다. 이를 도표로 살펴보자.

### 본전 만회 확률 80%일 경우, '존버' 후 본전 만회에 성공할 확률

| 투자 횟수(회) | 본전 만회 확률(%) |
|:---:|:---:|
| 1 | 80 |
| 2 | 64 |
| 3 | 51.2 |
| 5 | 32.7 |
| 10 | 10.7 |
| 20 | 1.1 |
| 30 | 0.12 |

우리가 한 개 종목에만 투자해서 '존버'했을 경우 본전으로 돌아올 확률은 80%이다. 브라보! 그런데 그걸 두 번 한다면? 두 번 다 무사히 본전으로 회복할 가능성은 64%가 된다. 세 번은? 51.2%다. 만약 10번 '존버'를 한다면, 10개 주식이 다 무사히 본전으로 돌아올 가능성은 10.7%에 불과하다. 최소한 한 놈이 '돌아오지 않는 강'을

건널 가능성이 거의 90%인 것이다. 20번 '존버'의 경우, 20개 주식이 모두 본전으로 돌아올 확률은 1.1%이며, 30번 '존버'의 경우 모든 종목이 본전으로 돌아올 가능성은 0.12%에 불과해진다.

이래서 '몰빵+손절 안함+물타기' 전략은 오래 하면 할수록 필연적으로 망하는 것이다.

**참고로 '한 번 투자할 때 최대한 자산의 0.5~2%만 잃는 룰'은 인생 전체에 매우 광범위하게 적용할 수 있다.**

예를 들면 은퇴 후 치킨집을 차리는 등 자영업을 시도하는 직장인이 많다. 은퇴하는 시기쯤 되면 퇴직금도 받고 일부 저축해둔 돈도 있어 3~5억 원 정도를 확보한 사람들이 꽤 많을 것이다. 그리고 그 5억 원의 자산 중 치킨집 개업에 3억 원을 투자해서 망하는 사람들이 많다. 한 번에 순자산의 60%를 통으로 말아먹는 것이다! 심지어 퇴직 후 창업에 순자산 전체를 투자하거나 빚을 내서 순자산 100% 이상을 투자하는 사람도 많다. 그러면 한 번 실패하면 다음이 없어지는데, 누구나 알다시피 창업의 성공 확률은 그리 높지 않다.

5억 원을 가지고 은퇴를 했다면 무슨 일을 해야 할까? 아무리 많이 잃어도 1,000만 원, 자산의 2% 이상 잃지 않는 선에서 사업을 해야 한다. 그런 사업이 어디 있냐고 되물을 수도 있지만, 온라인 사업 중 소액으로 시작할 수 있는 사업은 생각보다 많다. 그리고 그런 사업을 찾지 못했으면 차라리 시작하지 않는 편이 낫다.

엄마는 "그럼 치킨집을 차리는 것보다 리어카 끌고 통닭 파는 게 낫겠네!"라는 의견을 던졌다. 많은 사업가가 처음 사업할 때는 작게 시작하라고 조언한다. 그런데 대부분 은퇴자는 은퇴 자금의 상당 부분을 투자하거나, 빚까지 내서 순자산의 100% 이상을 투자한 후 사업이 망하면 재기 불능 상태에 빠진다.

그런데 최대 1,000만 원 날리는 사업에 도전하면, 설사 돈을 날린다고 해도 1,000만 원만 손해 보면 끝이다. 이런 사업은 10번을 실패해도 다시 시도할 자금이 충분히 남아 있다. 11번째 사업에서 성공해서 작은 손실을 전부 만회하면 된다. 그리고 10번 사업을 시도하면 그 과정에서 노하우와 지혜가 생길 테니 성공 확률은 점점 올라갈 것이다.

"그런데 이 0.5~2%의 룰은 누가 만들어낸 거야?" 엄마가 물었다.

위대한 트레이더들은 이 내용을 이미 알고 있었다. 『시장의 마법사들』 등 관련 서적이나 인터뷰에서도 이 내용은 자주 언급되었다. 그러나 그렇게 강조해도 대부분 투자자는 흘려듣는다. 대부분은 리스크 관리에 별로 관심이 없기 때문이다. 인간은 자연스럽게 리스크를 관리할 수 있는 동물이 아니다.

나는 이 내용을 터틀 트레이딩(turtlecampus.co.kr) 강좌를 통해서 배웠다. 워낙 중요한 내용이라, 나는 저 강좌를 진행하는 김지철(Iron Kim)님을 '사부'라고 부른다.

엄마는 어이없다는 반응을 보였다. "아니, 투자 책을 그렇게 많이 읽었는데 그 내용을 거기서 배웠다고?"

책은 많이 읽었는데 나도 모르게 그 내용을 놓쳤다. 분명히 읽었는데 중요하게 받아들이지 않아서인지 기억에 남지 않고 스쳐 지나간 것이다. 그런데 신기하게도 사부에게 이 이야기를 듣고 난 후에 다시 책을 보니까 위대한 트레이딩 고수들의 대부분이 이 룰을 강조했다는 사실이 보였다. 내가 놓치고 있던 투자의 맹점을 사부가 알려주었다.

"일단 내 총자산이 얼마인지 파악하고, 그걸 통해서 얼마까지 깨져도 되는지 미리 파악하는 연습을 늘 해야겠군." 엄마가 말했다.

다시 한번 강조하는데, '한 번 투자할 때 자산의 0.5~2%만 잃기' 룰은 인생 전체에도 광범위하게 적용할 수 있기 때문에 새겨들을 만하다.

이 룰을 고시 공부에 적용해 보자. 수명이 보통 100년이므로 그것의 1~2%인 1~2년 동안 모든 걸 불살라서 시험에 도전하자. 그리고 실패하면 실패를 인정하고 다른 일을 시도하는 것이 낫다. 끝까지 포기하지 못하고 5년, 10년 동안 시험에 매달려서 '고시 폐인'이 되는 사람이 많지 않은가? 1~2년 시도하고 포기했다면 얼마든지 다른 일을 할 수 있었을 것이다.

인간관계도 작게 투자해 보고, '안 될 놈'과의 관계는 빨리 정리하자. '될 놈'에 시간, 돈, 에너지를 추가로 투자하는 것이 남는 것이다. 사람은 고쳐서 쓰는 것이 아니라는 옛말도 있지 않던가.

## 왜 인간은 손절을 못할까?

사실 개별주 투자는 매우 간단하다. 매수한 개별주의 주가가 떨어지면 총자산 0.5~2% 규모에서 손절한다. 만약 오르면 추가매수하고 최고점 대비 어느 정도 꺾일 때 팔면 된다.

물론 이 프로세스를 제대로 실행하는 사람이 많았으면 개별주 투자를 해서 돈을 번 사람이 훨씬 많았을 것이다. 그래서 엄마에게 이런 질문을 던졌다. "사람들이 왜 손절을 못 하는 거 같아? 나도 쉽게 되는 편이고 엄마도 잘하는데, 실제로 주위에서는 손절을 하는 사람을 본 적이 거의 없어. 왜 그럴까?"

엄마가 대답했다. "아까우니까! 내 돈 아니면 손절하라고 하는 게 쉽지. 근데 지금 팔면 손해잖아. 만약 지금까지 50% 깨졌다면 조금만 기다리면 손실이 30% 정도로 줄어들 것 같다는 희망이 있거든. 한마디로 손해 보기 싫으니까 그런 거지."

내가 봐도 그렇다. 모든 투자는 이익을 전제로 한다. 그리고 투자는 불확실성의 연속이므로 지금 상황을 나에게 유리하게 해석하는 것이다. 그래서 핑계를 대고 자기합리화하면서 본인의 포지션을 고수하게 된다. 지금 아무리 주가가 하락하고 회사가 이상해 보여도 팔지만 않으면 '언젠가는' 화려한 컴백이 가능하리라고 생각하는 것이다.

엄마는 이렇게 말했다. "나는 처음부터 정했어. 투자로 돈을 벌 수 있지만 돈을 잃을 수도 있다는 게 내 전제야. 근데 사람은 대부분 그렇게 생각하지 않아. 일단 사면 무조건 10원이라도 벌어야 한다고 생각해.

특히 내가 사면 말이야. 손해를 본다는 건 있을 수 없는 거야! 그런데 이건 엄밀히 말하면 착각이지.”

이게 정말 신기한 일이다. 다른 사람들이 무수히 손해를 보는 게 보이는데, ‘나는, 내가 산 주식은 손해를 보면 안 된다, 모든 종목에서 다 돈을 벌어야 한다’고 생각하는 것은 거의 망상이나 다름없다. 그런데 내가 수많은 투자자를 20년간 관찰한 결과, 사람은 망상의 동물인 것 같다.

나도 투자를 오래 했지만 투자 결과를 정확히 예측하기란 불가능하다. 10개 종목에 투자하면 6~7개 종목 정도만 돈을 벌어도 매우 선방한 것이다. 6~7개 종목에서 돈을 벌고 3~4개 종목에서 잃는다. **여기서 중요한 건 수익이 나는 종목을 빨리 팔지 않고 수익이 나게 내버려 둬서 손실이 나는 종목에서 발생한 손실을 충분히 상쇄하는 것이다.**

이를 무한 반복하면 자산은 계속 늘어날 수밖에 없다. 그래서 나는 내가 한 모든 투자에서 승리를 할 수 있다고 기대하지 않는다. 실제로 그렇게 될 가능성도 전혀 없다.

왜 사람은 주위 사람들이 투자로 돈을 잃는 게 보이는데도 내가 매수한 종목에서는 손실을 용납하지 못하는 것일까? 엄마는 이 점에서 좋은 마음가짐을 가지고 있다. “내가 수익을 기대했는데 손실이 났어. 그렇다면 좀 실망하게 되는 건 사실이야. 그렇지만 시장은 움직이니까 이번의 손해는 어떻게 보면 다음번에는 이익을 가져올 수 있다고 생각해.”

중요한 마음가짐이다. 투자에서 수익을 내야 하긴 하는데, 그걸 꼭 이 특정 종목에서 낼 필요는 없기 때문이다. 100개 종목에 투자해서 30번 손실이 나고 팔면 어떤가? 나머지 70개로 벌면 되는데!

# 드디어! 엄마 포트폴리오 탄생

지금까지 정말 먼 길을 왔다!

자산배분도 알아보고, 계절성과 추세추종을 포함한 마켓타이밍도 배우고, 개별주 전략도 배웠다. 드디어 구체적으로 포트폴리오를 어떻게 구성할 것인지 알아보자. 이를 위해 엄마에게 몇 가지 대안을 제시했다.

## 1안 한국형 올웨더+주식 비중은 개별주 투자

'퀀트 투자 무작정 따라하기'에서 제안한 방식이다.

기본적으로 한국형 올웨더 전략에 투자하되, 주식 비중만 엄마가 개발한 임희숙 전략을 사용하는 것이다.

### 1안: 한국형 올웨더+주식 비중은 개별주 투자

| 자산군 | 투자처 | 비중 |
|---|---|---|
| 한국 주식 | 임희숙 전략(한국) | 17.5 |
| 미국 주식 | 임희숙 전략(미국) | 17.5 |
| 한국 채권 | KOSEF 국고채 10년(148070) | 25 |
| 미국 채권 | TIGER 미국채 10년 선물(305080) | 25 |
| 금 | ACE KRX 금현물(411060) | 15 |

이렇게 투자하면 아마 연복리 수익률이 15%를 조금 넘고, MDD 는 10% 정도의 성과가 기대된다.

## 2안 정적자산배분과 동적자산배분의 결합

자산 일부는 1안과 같이 투자하고, 나머지 자산은 동적자산배분 몇 개에 나눠서 투자하는 것이다. 이 전략도 연복리 수익률 10~15% 에 MDD 10% 이하가 기대된다.

**2안: 50% 정적자산배분, 50% 동적자산배분**

| 구분 | 전략 | 비중 |
|---|---|---|
| 정적자산배분 | 1안 전략(한국형 올웨더+주식 비중은 개별주 투자) | 50 |
| 동적자산배분 | BAA | 16.6 |
|  | 변형 듀얼모멘텀 | 16.6 |
|  | 채권 동적자산배분 | 16.6 |

## 3안 맞춤형 전략

정적자산배분, 동적자산배분, 개별주 투자를 자유자재로 섞어서 투자하는 방식이다.

"너는 이 중에서 어떤 전략을 써?" 엄마가 질문했다.

내가 쓰는 건 3안의 맞춤형 전략이라고 했더니 "그럼 너는 어떻게 하는지 설명해줘"라는 요청을 받았다.

나는 이 책을 쓸 무렵(2022년 10월) 2022년 11월~2023년 4월 주식시장이 좋을 것으로 전망해서 초과수익을 낼 수 있는 개별주 퀀트 투자의 비중을 높이고 싶었다.

개별주 퀀트 전략은 MDD가 큰데 그걸 감수하고 투자를 시작하는 이유는 계절성 시간에 설명한 3대 우주의 기운 때문이었다. 첫째, 2로 끝나는 해에 미국 주식시장 저점이 자주 온다. 둘째, 중간선거가 있는 해에 미국 주식시장 저점이 자주 온다. 셋째, 11~4월 수익률이 5~10월 수익률을 압도적으로 능가한다. 이 3개가 겹치는 2022년 10월 주식 비중을 크게 가져가고 싶었다. 이때 투자하면 돈을 벌 확률이 높다고 생각했다.

여기서 '확률'에 대한 나의 생각을 좀 말해보겠다. 대부분 사람은 확률을 무시하는 것은 당연하고, 확률을 얘기해 줘도 "이런저런 이유로 이번에는 주가가 확률과 다르게 움직일 것이다"라는 말을 많이 한다. 그냥 최근 10년 동안 8번 이 상황에서 주식이 올랐으니 이번에도 오를 가능성이 크다는 것보다는 어떤어떤 이유로 이번엔 다르다고 말하는 것이 그럴듯해 보인다. 실제로 상황이 확률과 다르게 전개되면 영웅이 되고, 전망이 틀렸으면 모른 척하고 다른 것을 예측하면 된다. 어차피 과거의 예언은 아무도 기억하지 못하기 때문이다.

그런데 내 돈을 실제로 투자할 때는 늘 높은 확률에 베팅해야 한다고 생각한다. 이번 상황이 조금 달라 보인다고 해서 80% 확률을 무시하고 20% 확률에 베팅할 수는 없다. 물론 이번에는 확률이 안 맞을 수 있으나, 확률에 반대로 베팅하는 건 장기적으로 자살행위이기 때문이다.

그런데 확률이란 것의 특성상, 당연히 틀리는 구간이 나온다. 확률이 80%면 10번 중 2번은 틀린다. 그리고 내가 베팅했을 때가 바로 그 안 맞는 2번일 수 있다. 그래서 대비는 필요하다. 이번에 확률이 틀릴 경우에도 크게 잃지 않게 안전장치를 만들어야 하는 것이다. 그 안전장치는 손절일 수도 있고, 추세추종에 기반한 마켓타이밍일 수도 있고, 자산배분일 수도 있다. 그래서 내가 생각하는 투자의 핵심은 다음과 같다.

1. **무조건 높은 확률에 베팅한다.**
2. **그러나 확률이 안 맞을 때 손실이 너무 커지지 않게 대책을 마련해 놓는다.**

많이 버는 것도 중요하지만, 내 투자가 확률과 다르게 흘러가도 손해를 감당할 수 있는 수준으로 제한하는 것이 내 투자의 핵심이다. 이걸 위해서 우리는 MDD를 제한하는 여러 기법을 배웠다.

## 2022년 11월부터 2023년 4월까지 강환국이 실제로 투자한 전략

서론이 길었는데, 구체적으로 나의 2022년 11월부터 2023년 4월까지 투자전략은 다음과 같았다.

**1. 개별주 퀀트 전략 60%, 동적자산배분 40%를 기본 기조로 한다.**

- 개별주 선략은 한국, 미국에 '소형주 무작정 따라하기 성장가
  치 전략'에 투자한다.

- 동적자산배분은 BAA, 변형 듀얼모멘텀, 채권 동적자산배분에
  각각 13.3%를 투자한다.

**투자전략**

## 소형주 무작정 따라하기 성장가치 전략

1. 소형주(시가총액 하위 20%)

   – 기본 필터 모두 적용

2. PSR, PGPR, POR, PER, 매출, 매출총이익 성장률, 영업이익, 순이
   익 성장률(YoY) 8개 지표의 각 순위 계산

3. 8개 지표의 평균 순위 계산

4. 평균 순위가 우수한 20개 종목에 투자

5. 분기 1회 리밸런싱

참고로 이 전략의 수익률과 MDD 지표는 임희숙 전략과 큰 차이
가 없다. 혹시 더 자세한 내용을 알고 싶다면 나의 전작 『퀀트 투자
무작정 따라하기』나 내 유튜브를 참고하기 바란다.

## 2. 2022년 10월 말에 투자를 시작한다.

- 그런데 2022년 장이 너무 안 좋아서, 10월 말 60%를 동시에 투자하지 않고 20%만 투자한다.

## 3. 11월 말에는 상황을 보고 아래와 같이 행동한다.

- 11월 말까지 내가 10월 말에 산 주식이 수익을 냈으면 20%를 추가매수하고
- 그때까지 S&P500지수가 3,432 이하로 떨어지면 전체 포트폴리오를 손절한다. 이 경우 나는 내 자산의 1~2% 정도를 잃을 것으로 추정한다.
- 내가 수익을 내지 못하고 S&P500지수가 3,432 이하로 떨어지지 않으면 추가매수나 손절 없이 10월 말에 산 주식을 보유만 한다.

## 4. 12월 말에는 상황을 보고 아래와 같이 행동한다.

- 10월 말, 11월 말에 산 주식 포트폴리오가 12월에 수익을 냈으면 20%를 추가매수하고
- 그때까지 S&P500지수가 3,432 이하로 떨어지면 전체 포트폴리오를 손절한다.
- 이 경우 나는 내 자산의 5~6% 정도를 잃을 것으로 추정한다.
- 12월에 내 주식 포트폴리오가 수익을 내지 못하고 S&P500지수가 3,432 이하로 떨어지지 않으면 추가매수나 손절 없이 10월 말에 산 주식을 보유만 한다.

**5. 12월 말에 가진 포트폴리오는 2023년 4월 말에 전량 매도한다.**

이 내용을 그림으로 설명하면 아래와 같다.

### 강환국의 투자 계획(2022. 11~2023. 4)

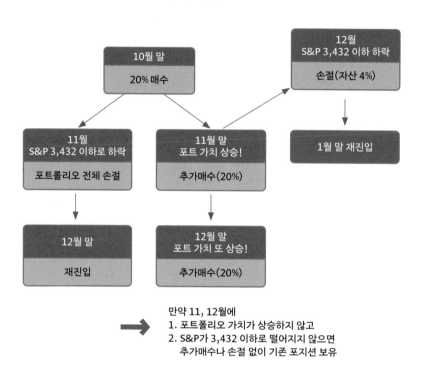

엄마는 왜 나는 『퀀트 투자 무작정 따라하기』에 나오는 손쉬운 '한국형 올웨더+주식 비중은 개별주 투자'로 하지 않고 이런 복잡한 방법을 쓰냐고 물었다. 매우 훌륭한 질문이다.

『퀀트 투자 무작정 따라하기』에서 소개한 '한국형 올웨더+주식 비중은 개별주 전략으로 투자'하는 포트폴리오는 '손절을 못 하는 초보자들'을 위해 만든 포트폴리오다.

별다른 시간 투자나 중간 손절 없이 연복리 수익률 15% 이상, MDD 15% 이하를 추구하는 투자자를 위해 만든, 이해하기 쉬운 포트폴리오다.

그런데 나는 손절에 어려움과 거부감이 없는 사람 아닌가? 그리고 한국형 올웨더 포트폴리오의 주식 비중은 35%에 불과한데, 5교시의 계절성 파트에서 설명했듯이 나는 2022년 말~2023년 상반기 장을 좋게 보고 있기 때문에 개별주 베팅을 좀 더 크게 한 것이다. 실제로 코스피, 코스닥지수는 내가 투자를 한 2022년 10월 26일부터 2023년 4월 21일까지 각각 13.1%, 27.2% 상승했다.

## 전략을 실행할 때 가장 중요한 것

사실 맞춤형 전략을 실행할 때 중요한 점은 '강환국이 어떻게 투자하는가?'가 아니다. 심지어 '저 전략이 2022년 11월부터 2023년 4월이라는 특정 기간에 돈을 벌었나?'도 아니다(벌긴 벌었다). 심지어 나는 내 맞춤형 전략이 1안, 2안의 전략들보다 더 좋다고 생각하지도 않는다.

**중요한 것은 나는 매수 전 언제 매도할지, 주식이 오르면·내리면·횡보하면 어떤 행동을 취할지 미리 정한다는 것이다. 이것이 내 '투자 계획'인데, 계획을 정했으면 어떤 일이 발생하든 무조건 이 계획을 따라야 한다. 이것이 투자에서 가장 중요하다.**

내가 세운 전략을 요약하자면 10월 말에 투자를 시작해서, 오르면 추가매수, S&P500지수가 크게 떨어지면 손절, 횡보하면 보유하고 4월 말에 모든 주식을 파는 전략이다.

기본적으로 사람은 투자하기 전에는, 내가 돈을 넣기 직전까지는 어느 정도 인간다운 사고를 할 수 있다. 그러나 내 돈이 들어간 후에도 객관적인 사고를 할 수 있는 사람은 아직 만나본 적이 없다. 물론 나도 그런 현인의 수준에 올라가지 못했다. 적나라하게 말해서 투자자는 투자 전에는 인간, 투자 후에는 원숭이가 된다. 아무리 투자 전 IQ가 높은 사람이더라도 모두 사이 좋게 IQ 50인 원숭이 친구들이 된다.

따라서 아직 인간적인 사고가 가능할 때, 즉 매수 전에 어떤 상황이 오면 우리가 매수한 자산을 매도할지 미리 결정해 둬야 하는 것이다.

"아니, 미래 예측은 불가능한데 그걸 어떻게 미리 결정할 수 있나?"라고 반박할 사람들도 있을 것이다. 그런데 사실 주가가 움직이는 경우의 수는 몇 개 없다.

1. **오른다**
2. **내린다**
3. **횡보한다**

이 세 시나리오에 맞춰서 내 계획을 만들고 그 계획을 무조건 따르면 된다. 이것이 '원숭이가 된 후에도 인간다운 투자를 하는' 유일한 방법이다.

다시 한번 말하지만, '강환국 맞춤형 전략'이 대단히 훌륭한 전략이라고 생각하지는 않는다. 이런 엇비슷한 전략은 수백 개를 만들 수 있다.

그러나 내게는 2022년 11월부터 2023년 4월까지 투자 시나리오별로 명확한 계획이 있다. 명심하자. 투자에서는, 계획이 없거나 있어도 따르지 않는 사람의 돈이 계획이 있는 사람의 호주머니로 흘러들어간다.

## 엄마에게 추천하는 최종 포트폴리오

"좋아, 그래서 나에게는 어떤 전략을 추천해?" 엄마가 물었다.

사실 1안(한국형 올웨더+주식 비중은 개별주 전략)이 가장 무난하고 쉽기는 한데, 몇 년 동안은 경험을 쌓는 것이 중요하니까 개별주 전략, 동적자산배분 등 다양한 전략을 모두 체험하는 것이 좋다는 의견을 냈다. 이 모든 것을 몇 년 정도 실전에서 연습하고 능숙하게 다룰 수 있으며 엄마에게 여러 기서 두기가 생길 것이다.

엄마는 생각하더니 "음, 그럼 네가 하는 방식으로 똑같이 해볼래!"라고 답했다. 아아, 오랫동안 설명했는데 결국 돌고 돌아 나와 똑같은 전략이네!

이것도 참 궁금해졌다. 사실 퀀트 투자를 하면 지표를 조금 바꾸고 전략을 좀 바꿔도 거의 엇비슷한 성과가 나오는 수백여 개의 전략이 있고, 내 전략은 그중 하나일 뿐인데 왜 엄마뿐만 아니라 내 수강생 중에서도 상당히 많은 사람들이 내 전략을 따라 하는 것일까? 나 같으면 나만의 독자적인 전략을 만들 것 같은데. 그래서 왜 그런지 이유를 물었다.

엄마는 "그건 여러 이유가 있지"라며 체계적으로 대답했다.

① **게으름**: 대부분 사람은 게을러. 그런데 네가 책에 해답을 제시해 주잖아. 물론 네가 만든 전략은 수많은 괜찮은 전략 중 하나에 불과하지. 그런데 바꿔 말하면 '꽤 괜찮은' 전략임에는 틀림없잖아? 그러니까 책에 썼을 거 아냐. 직접 전략을 연구하고 싶은 생각이 없는 거지.

② **확신**: 네가 너랑 다른 지표 넣어서 전략을 만들 수 있다고 강조해도 너는 15년 넘게 퀀트 투자를 해온 사람이고 네 책을 보고 퀀트를 시작하는 사람은 경험이 적어. 그러니까 본인이 제대로 하고 있는지 확신이 생기기 어렵지. 그러니까 그냥 네가 하

는 거 따라 하는 거야.

③ **권위**: 네가 퀀트 투자 쪽에서는 대한민국에서 제일 알려져 있
잖아. 사람은 권위가 있는 사람을 따르는 편향이 있으니까 권
위자인 네 전략을 따르는 거지.

아하, 내가 늘 궁금했던 또 하나의 의문이 풀렸다.

# 퀀트의 수익률, 앞으로도 지속될 수 있을까?

모든 수업을 마치기 전, 엄마가 핵심을 꿰뚫는 질문을 했다. "사
람들이 가장 궁금해하는 건 퀀트 투자의 엄청난 과거 수익이 미래에
도 계속될지 여부가 아닐까?"

그래서 내가 선택한 전략의 최근 1, 3, 5, 10년 수익을 유심히 관
찰해야 한다. 내가 쓰는 지표들의 유효성이 밝혀진 것은 최소 20년,
30년 전부터인 경우가 많은데, '최근에도 계속 지수 대비 초과수익이
유지되는가?'가 핵심이다.

나 같은 퀀트 투자자에게 물어보면 당연히 퀀트의 수익률이 미래
에도 지속될 것이라고 말한다. 그러나 내가 하는 말에 근거가 없는
것은 아니다.

## 1 자산배분

자산배분이 MDD를 줄인다는 논리는 1교시의 '경제 4계절' 부분에서 설명했다. 그런데 이 논리가 미래에 변할까? 그럴 가능성은 거의 없다고 본다. 경제는 고성장, 저성장, 고물가, 저물가 체제를 반복할 것이며, 계절마다 수익이 높은 자산군이 있고 수익이 낮은 자산군도 있을 것이다. 따라서 주식, 채권, 실물자산, 달러화에 같이 투자하면 '포트폴리오 우상향+낮은 MDD'가 미래에도 유지될 것으로 본다.

## 2 소형주 투자

예나 지금이나 주식투자를 잘하는 사람은 극소수에 불과하지만 그중 상당 부분은 기관투자자로 일한다. 그런데 기관투자자는 운용하는 자금 규모가 커서 소형주에 투자하는 것이 사실상 불가능하다. 따라서 절대다수가 투자 지식이 부족하고 감정적으로 투자하는 개인 투자자들이 대다수를 차지하는 소형주 시장에서는 시장의 비효율성이 앞으로도 지속되리라 추정된다.

## 3 가격·이익 모멘텀

시장에서 '추세'라는 것이 형성되는 이유는 초기의 '과소반응'과 후기의 '과잉반응'이라고 배웠다. 갑자기 투자자들의 지능이 급상승해서 호재나 악재를 곧바로 가격에 100% 반영하는 효율적 시장이 올까? 그럴 가능성은 매우 작다.

## 4 저평가 주식

인간이란 본능적으로 지금 하찮은 존재를 영원히 하찮을 것으로, 지금 잘나가는 존재를 계속 잘나갈 것으로 착각하는 경향이 있다. 그러나 세상은 그렇게 간단하게 돌아가지 않는다. 벤저민 그레이엄은 고대 로마 시인 호라티우스(Horatius)를 인용하며 "현재 추락한 자(주식)는 제자리를 찾을 것이고, 현재 영광 속에 있는 자(주식)는 추락할 것이다"라고 말했다. 비인기 저평가 주식이 제자리를 찾고 인기 고평가 주식이 추락하는 현상은 미래에도 계속 지속될 것 같다.

이 외에 독일 교수 두 명이 쓴 논문이 하나 있다(Heiko Jacobs, Sebastian Müller - Anomalies across the globe: Once public, no longer existent? - Journal of Financial Economics, 2020). 두 교수는 이미 공개된 퀀트 지표 또는 전략 241개의 공개 전 수익과 공개 후 수익을 분석했다.

우리는 좋은 전략이 공개되면 사람들이 많이 사용해서 그 전략의 수익이 떨어지지는 않을지 우려한다. 그런데 교수들이 연구한 결과는 생각과 달랐다. **미국에서는 전략이 공개된 이후 지표 또는 전략의 수익이 떨어졌다. 그러나 미국을 제외한 다른 국가에서는 그런 현상을 볼 수 없었다.**

이를 본 엄마는 의아해하며 질문했다. "아니, 왜 미국만 특별한 거야?"

미국이든, 다른 나라든 시장을 움직이는 투자자는 기관투자자다. 그런데 미국에는 **헤지펀** **드**\*라는 기관들이 3조 달러 이상의 자금을 운

> **헤지펀드**\*
> 소수의 투자자로부터 자금을 모집하여 운영하는 일종의 사모펀드

용하는데, 헤지펀드는 실제로 투자자에게 받은 자금으로 수익을 내 아 성과보수를 받을 수 있다. 성과보수는 보통 수익의 20%이고 그보다 더 받는 펀드들도 있다. 따라서 이 펀드들은 기를 쓰고 수익을 내서 성과보수를 극대화할 강한 인센티브가 있다.

"그럼 헤지펀드 말고 다른 금융기관들은 성과보수를 받는 게 아니야?"라고 엄마가 물었다.

헤지펀드가 아닌 다른 기관들은 '보유 자산'의 일부를 운용보수로 받는 경우가 대부분이고, 수익에 비례한 성과보수를 받는 경우는 별로 없다. 그래서 '영업'을 통해서, 투자자들이 혹할 만한 좋은 스토리를 만들어서 자산을 늘리는 것이 중요하지, 그 돈을 잘 불려서 수익을 내는 것이 중요하지 않다. 따라서 논문을 읽고 열심히 투자전략을 연구해서 수익을 극대화하고자 하는 노력은 적을 수밖에 없다. 그냥 '남들 하는 수준에서', 주가지수와 엇비슷한 수익만 내면 큰 욕을 먹지 않는다.

마지막으로, 5년 전 나는 『할 수 있다! 퀀트 투자』라는 책을 썼는데, 그 책에서 소개한 전략들도 초과수익을 계속 유지하는지 최근에 분석해 본 적이 있다. 책이 나온 지 5년이 지났으나 그 책에서 가장 유명한 '강환국 슈퍼 가치전략' 등을 비롯한 전략들은 최근 5년 (2017~2022년)에도 계속 초과수익을 내고 있다.

엄마는 이렇게 말했다. "네가 저 말을 하고 나서 이런저런 전략의 최근 1, 3, 5, 10년 수익률도 같이 분석해 봤는데, 특히 소형주 전략의 경우 주가지수 대비 초과수익이 크게 적어지지 않더라고."

모든 의심이 해소되었나? 지금까지, 퀀트 투자를 시작하기 위해 알아야 할 모든 내용을 배웠다. 이제 본격적으로 투자를 시작하자!

**예습·복습**

## 10교시 숙제

▶ **10교시 내용 복습**

　– 투자 시 손실 제한의 중요성 이해하기

　– 전체 포트폴리오 구성하기

▶ **바로 투자를 시작하기!**

임 여사는 2022년 11월부터 포트폴리오대로 투자를 시작했다. 그녀는 6개월 동안 투자해 이 책 출간 시점 기준 약 800만 원 정도의 수익을 냈다고 한다. 지금부터 조금씩 발전해 나갈 임 여사의 퀀트 투자를 응원한다.

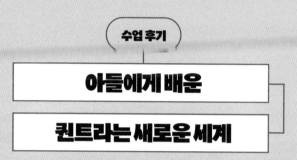

# 아들에게 배운
# 퀀트라는 새로운 세계

나에게 배움이란 언제나 새로운 세계를 경험하는 일이다. 새로운 세계를 마주하면 낯설고 어색한 느낌이 들기 마련이다. 처음에는 낯설고 어색해도 차츰 호기심과 낙관적인 기대를 안고 배움을 시작한다. 그 과정에서 새것을 알아가는 즐거움을 맛보기도 하고, 어려움에 직면해서 애를 먹기도 한다. 하지만 한번 배우겠다고 마음을 먹었다면 제대로 마무리할 때까지 끈기 있게 노력하는 것이 중요하다.

평생 다른 사람을 가르치며 살던 내가 가르침을 받기로 했다. 65세가 넘어 '어르신'으로 불리는 나이에 전공 분야와 전혀 다른 영역에 도전하는 일이어서 약간의 용기가 필요하기까지 했다. 자본주의 사회에서 자주 들어왔지만 제대로 알지 못했고 알려고 들지도 않았던 분야인 투자에 대해서, 그것도 퀀트 투자에 대해서 배워보겠다고 마음을 먹었으니 말이다. 퀀트 투자를 배우고 싶다고 말하자 아들은 곧바로 "그럼, 해보자!"고 흔쾌히 대답했다. 그렇게 해서 2022년 이른 가을의 어느 날, 아들과 나는 느닷없이 퀀트 수업을 시작하게 되었다. 정년 퇴직한 엄마가 퀀트 전문가인 젊은 아들에게 투자를 배우게 된 것이다.

한 사람의 학생을 대상으로 한 퀀트 수업은 언제나 집에서 점심 식사를 마친 뒤 2~3시간 동안 진행되었다. 첫 수업을 받던 날, 솔직히 나는 설레고 기뻤다. 두 살밖에 안 되었던 아들에게 처음으로 언어와 숫자를 가르친 사람은 바로 나였다. 그 아들이 성장해서 금융 언어와 경제 수학을 쉽게 풀이하면서 엄마를 가르치니 어떻게 기쁘지 않을 수 있겠는가? 평소에 '배움은 언제 어디서나, 누구에게나 가능하다'고 생각해 왔지만, 아들에게서 배우는 기회를 얻게 된 것은 나에게 뜻밖의 행운이고 즐거움이었다.

첫 수업에서 선생은 퀀트를 왜 배우고 싶냐고 물었고, 나는 "돈을 벌려고!"라고 짧게 대답했다. 내 딴에는 지극히 경제적인 대답을 했다고 생각했는데, 그 대답을 듣고 선생은 만족한 듯 보였다. 하지만 그때 말하지 않은 다른 이유도 있었는데, 그건 조금 뒤에 살며시 말하련다.

퀀트 수업을 받기 전에 나는 단순히 주식 매매에 따른 손익 계산에만 관심이 있던 초보적인 투자자였다. 경제와 투자에 대한 지식이 빈약해서 퀀트 투자에 대해서는 아는 것이 거의 없었다. 기왕 왕초보 수준이니 퀀트에 대해 모르는 것은 물론, 그동안 주식 매매를 하면서 궁금했던 것이나 애매했던 것까지 모두 물어보기로 작정했다. '질문이는 사람이 배운다'는 나의 교육 신념이기도 하다. 다행히 때로 엉뚱하기까지 했던 내 질문들을 선생이 진지하게 받아들이고 성실하게 응답해 주었기에 나이 든 학생은 체면을 유지할 수 있었다. 수업 중 가장 즐거웠던 순간은 내가 한 질문에 대해 선생과 조곤조곤 대화를 나누던 시간이었다. 선생은 나의 질문에 어떻게 대답할 것인가를 놓고 뭔가 생각을 하는 눈치였는데, 그것이 바로 내가 수업에 이바지하는 몫이었다.

나는 선생이 골라준 책을 미리 읽고, 선생의 강의를 듣고, 수업 내용을 복습하고, 문제를 풀이하면서 퀀트 투자의 특성과 다양한 전략, 퀀트 이론의 역사적 발전, 퀀트 투자 방법을 단계적으로 배워나갔다. 그렇게 퀀트 투자의 '내용'과 '방법'을 익히고 투자에 영향을 미치는 여러 맥락을 고려해야 한다는 것을 알게 되면서, 나는 점점 넓은 시야로 투자를 바라보게 되었다. 그 결과 퀀트 전략은 투자에 대한 해석과 판단 기준에 따라 다양하게 수립될 수 있다는 것을 깨달았고, 투자는 전문가에게 판단을 미룰 일이 아니라 스스로 공부해 실전 경험을 쌓으면서 본인이 최종적인 결정을 내리고 그것에 책임을 지는 행위임을 터득했다. 수업을 받기 전만 해도 퀀트 투자는 단순하다고 생각했는데, 수업을 받으며 퀀트 투자의 묘미를 실감하게 된 것이다. 그러한 깨달음을 바탕에 두고 실제 퀀트 투자의 길에 들어서니 마음이 설렌다.

이제 첫 수업 시간에 아들에게 말하지 않은, 퀀트 투자를 배우려고 한 또 다른 이유를 밝혀야겠다. 그 대답은 "너를 더 알고 싶어서"였다. 배움의 과정은 상대를 서로 알아가는 시간이기도 하다. 나는 수업을 통해 나의 퀀트 선생을 더 알기를 바랐다. 12년 동안 다니던 좋은 직장을 스스로 그만두고 시간과 열정을 바쳐 퀀트를 연구하고 가르치는 데 몰입하는 아들을, 엄마는 더 잘 이해하면서 삶을 함께 나누고 싶었다. 그런 바람을 이룰 기회를 선뜻 제공하고, 나이 든 학생에게 친절하고 현명하게 자신의 생각과 경험을 나누어 준 아들 강환국에게 진심으로 고마운 마음을 전한다.

앞으로 퀀트 투자를 하면서 많은 경험을 하게 되면 아들에게 할 질문이 늘어날 것이다. 그 질문들이 계기가 되어 이후 아들에게서 퀀트 투자에 관한 심화 수업을 받을 수 있기를 희망한다.

2023년 봄

강환국의 엄마 **임희숙**

임희숙은 독일 함부르크대학교 교육학부 철학박사이며 교육학자이다.

# 평생 저축밖에 몰랐던 66세 임 여사,
# 주식으로 돈 벌다

**초판 1쇄 발행** · 2023년 6월 14일
**초판 4쇄 발행** · 2024년 1월 5일

**지은이** · 강환국
**펴낸이** · 김선준
**책임편집** · 오시정
**편집팀** · 최한솔, 최구영, 오시정
**마케팅팀** · 권두리, 이진규, 신동빈
**홍보팀** · 한보라, 이은정, 유채원, 유준상, 권희, 박지훈
**디자인** · 김혜림 **조판** · 예다움 **표지 일러스트** · 그림요정더최광렬
**경영관리팀** · 송현주, 권송이

**펴낸곳** · 페이지2북스 **출판등록** · 2019년 4월 25일 제 2019-000129호
**주소** · 서울시 영등포구 여의대로 108 파크원타워1. 28층
**전화** · 070) 4203-7755 **팩스** 070) 4170-4865
**이메일** · page2books@naver.com

**종이** · ㈜월드페이퍼 **인쇄/제본** · 한영문화사
ISBN 979-11-6985-032-2 (03320)